한국 죽지사 연구

한국 죽지사 연구

양령 저

머리말

　죽지사는 중국 巴楚 지역 土家族의 민요에서 기원하여, 당나라 때 劉禹錫 등의 문인들에 의해 정제되어 하나의 전형적인 시가 양식으로 발전하였다. 이는 뚜렷한 民間性, 地域性과 通俗性을 바탕으로 한시의 정원에 독특한 경지를 이루었다. 죽지사는 중국 고전 시가의 보배일 뿐만 아니라, 漢字文化圈의 문학 교류를 통해 한국에 전파되어 수백 년에 걸친 수용, 모방, 변용의 과정을 거쳐, 결국 독특한 민족적 특색을 지닌 문학의 꽃을 피우게 되었다. 이는 중국의 원형과는 구별되면서도 토착의 풍토에 깊이 뿌리내린 '한국 죽지사'를 형성한 것이다.

　필자가 죽지사 연구와 인연을 맺게 된 데에는 주로 두 가지 이유가 있다. 첫째, 필자는 중국 죽지사의 발상지인 파촉 지역에서 태어났으며, 한 명의 토가족 구성원으로서 토가족 민요에서 비롯된 죽지사에 대해 어릴 적부터 깊은 정서적 동일감과 문화적 친근감을 가지고 자랐다. 둘째, 이후 학문적 탐구 과정에서 한국 문학을 접하게 되었고, 죽지사가 한국 고전 문학에서도 나타난다는 사실을 알게 되었는데, 이 발견은 매우 놀라웠을 뿐만 아니라 한국 죽지사를 체계적으로 연구하려는 학문적 지향을 품게 하는 계기가 되었다.

　이 책은 죽지사가 한국에서 전파되고 발전해 온 궤적을 체계적으로 정리하고, 각 역사적 시기별 창작 양상, 주제 의식, 표현 형식을 심층적으로 고찰하는 데 주력한다. 중한 비교 시각을 통해 죽지사가 동아시아 한문학사에서 지니는 독특한 가치를 밝히고자 한다. 이 책은 시간의 흐름을 축으로 하여 한국 죽지사의 발전을 세 가지 주요 단계로 구분한다. 고려 말에서 조선 초의 草創期로서 영남 사림파가 본토화된 창작을 개척한 시기, 조선 중기의 過渡期로서 당나라 죽지사를 모방하는 풍조 속에서 自意識이 나타나기 시작한 시기, 조선 후기의 全盛期로서 작가층이 중인 계층까지 확대되고 주제도 향토 풍속, 역사적 회고, 이국적 견문 등으로 광범위해지며 형태도 다양하게 발전한 시기를 다룬다.

이 책은 한국 죽지사에 대한 체계적이고 통시적 연구의 전문 저서로서, 죽지사의 '토착화' 과정을 정리함으로써 동아시아 한문학 교류를 이해하는 데 새로운 시각과 사례를 제공하고자 한다.

아울러, 이 책은 필자의 박사 학위 논문을 기초로 수정 및 보완하여 이루어진 것이다. 저의 지도교수님이신 신익철 선생님과 박사 학위 논문 심사 위원님들께 깊은 감사를 드린다. 또한 저를 양성해 주시고 지원해 주신 모교 한국학중앙연구원에도 감사드린다. 본서에 부족한 점이 있더라도 학계 동인들의 아낌없는 지적을 부탁드린다. 이 연구가 동아시아 한문학의 정원에 새로운 잎사귀 하나를 더할 수 있기를 바란다.

2025년 11월
中國 湖南에서
楊 玲

차례

머리말…5

제1장 서언 …… 11
  1. 연구의 출발점 ……………………………………………… 11
  2. 연구사 검토 및 연구 방법 ………………………………… 13

제2장 죽지사의 개념과 범주 …… 23
  1. 죽지사의 개념 ……………………………………………… 23
  2. 죽지사의 범주 ……………………………………………… 41

제3장 시기별 창작 양상 …… 58
  1. 草創期: 여말선초의 죽지사 ……………………………… 59
    1) 죽지사의 受容期 ………………………………………… 60
    2) 조선 죽지사의 萌芽期 ………………………………… 68
  2. 過渡期: 조선 중기의 죽지사 ……………………………… 83
    1) 唐 죽지사의 擬作 ……………………………………… 85
    2) 朝鮮的 정조를 담은 죽지사 창작 ………………… 100
  3. 全盛期: 조선 후기의 죽지사 …………………………… 105
    1) 唐·宋 죽지사의 의작과 변모 ……………………… 106
    2) 中庶層의 외국죽지사 창작 ………………………… 111
    3) 토속적 죽지사 창작의 大流行 ……………………… 115

제4장 창작 의식과 표현 방식의 특징　　　　　⋯⋯ 128

1. 창작 동기 ⋯⋯⋯⋯⋯⋯⋯⋯⋯⋯⋯⋯⋯⋯⋯⋯⋯⋯⋯⋯⋯⋯⋯⋯⋯ 128
　1) 探詩 정신의 계승 ⋯⋯⋯⋯⋯⋯⋯⋯⋯⋯⋯⋯⋯⋯⋯⋯⋯⋯⋯ 129
　2) 민족의식의 자각 ⋯⋯⋯⋯⋯⋯⋯⋯⋯⋯⋯⋯⋯⋯⋯⋯⋯⋯⋯⋯ 140
　3) 유배 및 은거 의식의 표출 ⋯⋯⋯⋯⋯⋯⋯⋯⋯⋯⋯⋯⋯⋯ 148

2. 주제화 양상 ⋯⋯⋯⋯⋯⋯⋯⋯⋯⋯⋯⋯⋯⋯⋯⋯⋯⋯⋯⋯⋯⋯⋯ 156
　1) 민중의 삶과 풍속의 관찰 ⋯⋯⋯⋯⋯⋯⋯⋯⋯⋯⋯⋯⋯⋯⋯ 156
　2) 秀麗江山과 歷史文物의 묘사 ⋯⋯⋯⋯⋯⋯⋯⋯⋯⋯⋯⋯ 189
　3) 使行 체험의 반영과 異國에 대한 관심 ⋯⋯⋯⋯⋯⋯ 209

3. 형식 및 표현 방식 ⋯⋯⋯⋯⋯⋯⋯⋯⋯⋯⋯⋯⋯⋯⋯⋯⋯⋯⋯ 231
　1) 형식의 다양화와 重層的 성격 ⋯⋯⋯⋯⋯⋯⋯⋯⋯⋯⋯⋯ 231
　2) 토속적 시어 활용과 민족적 정취 ⋯⋯⋯⋯⋯⋯⋯⋯⋯⋯ 254

제5장 결언　　　　　　　　　　　　　　　　⋯⋯ 271

【부록】〈특정 지명을 시어로 쓴 한국 죽지사〉 ⋯⋯⋯⋯⋯⋯⋯⋯ 283
　　　　〈조선 후기 죽지사 목록〉 ⋯⋯⋯⋯⋯⋯⋯⋯⋯⋯⋯⋯⋯ 286
참고문헌 ⋯⋯⋯⋯⋯⋯⋯⋯⋯⋯⋯⋯⋯⋯⋯⋯⋯⋯⋯⋯⋯⋯⋯⋯⋯ 292
찾아보기 ⋯⋯⋯⋯⋯⋯⋯⋯⋯⋯⋯⋯⋯⋯⋯⋯⋯⋯⋯⋯⋯⋯⋯⋯⋯ 303

표 차례

〈표1〉 후렴구(和聲)가 있는 죽지사 ·· 34
〈표2〉 『中華竹枝詞全編』에 수록된 광의적 죽지사 명칭 ················ 49
〈표3〉 조선 전기 죽지사 목록 ·· 70
〈표4〉 조선 중기 죽지사 목록 ·· 84
〈표5〉 조선 중기 죽지사와 당나라 죽지사의 비교 ························ 85
〈표6〉 고향을 제재로 한 죽지사 ·· 116
〈표7〉 유배지 및 부임지를 제재로 한 죽지사 ···························· 118
〈표8〉 기행 및 心像 속의 조선 강역을 제재로 한 죽지사 ·········· 122
〈표9〉 『海東竹枝』 所載 「名節風俗」 목록 ···································· 187
〈표10〉 관서 지역을 읊은 죽지사 ·· 190
〈표11〉 영남 지역을 읊은 죽지사 ·· 200
〈표12〉 연행죽지사 목록 ·· 210
〈표13〉 일본죽지사 목록 ·· 218
〈표14〉 죽지사의 句式 변모 양상 ·· 232
〈표15〉 〈代李太白魂誦傳竹枝詞〉 및 〈夢傳竹枝詞〉의 구조 ·········· 237
〈표16〉 죽지사의 형식적 요소 ··· 242
〈표17〉 〈擬賦娥林竹枝詞六十八章〉의 소제목 분류 ····················· 250
〈표18〉 『海東竹枝』 詩題의 한글 표기 ······································· 265

제1장

서 언

1. 연구의 출발점

　죽지사는 민간성, 지역성과 통속성을 특징으로 하는 시가 양식이다. 중국 소수민족인 토가족의 민요에서 기원하여 劉禹錫(772~842)을 비롯한 당나라 문인들의 改作과 潤色, 蘇軾(1037~1101) 등 송나라 문인들의 활발한 唱和에 힘입어 하나의 전형적인 양식으로 정착되었다. 원나라에 접어들어 楊維楨(1296~1370)을 대표로 한 西湖 지역의 죽지사 창작 집단이 결성되었으며, 명나라 시기까지 지속적으로 이들의 작품이 창화되었다. 원·명에 걸쳐 죽지사는 한층 폭넓은 작가층을 확보해 나갔고, 청나라 때 전성기를 맞이하면서 황제부터 일반 서민까지 각 계층에 의해 전국에서 매우 활발하게 창작되었다.
　수세기를 거쳐 작가층이 확대됨에 따라 죽지사의 창작 지역도 크게 확장되었다. 남녀 연정과 민간 풍속 외에도 소재가 한층 풍부해졌고, 형식도 단일한 칠언 사구체를 넘어 다양화되었으며, 문인들의 죽지사 창작 의식도 끊임없이 변해갔다. 특히 청대에 이르러 죽지사는 다양한 변화를 겪으면서 성장하였다. 地方志 편찬의 열풍, 實學 및 考證學의 유행 등에서 영향을 받았고, 다른 양식과 融合되면서,

죽지사는 청나라 風土詩 중의 가장 대표적인 양식으로 부상하였다.

중국이 여타의 한자문화권 나라들과 문학을 교류함에 따라, 죽지사는 중국을 넘어서 한자문화권이라는 넓은 공간에 전파되었고, 양식 발전에 있어서 보다 많은 가능성을 확보하게 되었다. 특히 한국의 경우, 고려 시기에 죽지사가 수용되면서 李齊賢(1287~1367)을 비롯한 고려 말기 문인들이 이미 중국 죽지사에 대해 잘 알고 있었으며, 조선 초기에 들어 金宗直(1431~1492) 등 영남 사림파 문인들에 의해 죽지사가 본격적으로 창작되기 시작하였다. 조선 중기에는 보다 많은 조선 문인들이 죽지사 창작에 참여하였는데, 이들의 작품은 대개 모의의 차원에서 지어진 것으로 보인다. 조선 후기에 접어들면 죽지사는 한층 더 활발하게 창작되었을 뿐만 아니라, 朝鮮風의 성행에 힘입어 나름의 개성을 확보하는 데 이르렀다.

이처럼 한국 죽지사의 발전은 발원지인 중국의 경우와 상이한 모습을 보인다. 특히 조선 후기의 죽지사는 모의의 수준을 넘어 조선의 문학과 풍토에 접목됨으로써 조선 특유의 주체성을 확보하고 새로운 문학 양식으로 성장하였다. 이는 한자문화권에서 공히 창작되었던 죽지사 양식의 전체적인 발전에 중요한 역할을 한다는 점에서 의의를 지닌다.

이러한 문학사적 의의에 주목하여, 이 책은 한국 죽지사의 전개 양상과 그 특징을 살펴보고자 한다. 구체적으로 중국에서 기원한 죽지사가 한국에서 어떻게 수용되었고, 수용 후에 한국 문학과 어떻게 접목되면서 土着化를 이루었는지를 고찰할 것이다.

그런데 토착화된 한국 죽지사의 면모를 파악하려면, 해당 양식의 발원지인 중국의 죽지사와의 비교 연구가 필요하다. 한국 죽지사의 개성을 살피는 작업은, 곧 한국에 수용된 중국의 죽지사와 한국의 죽지사가 어떻게 다른지를 살피는 작업이기 때문이다. 다시 말해, 토착화되기 이전의 죽지사와 토착화된 이후의 죽지사를 비교해야 한국 죽지사의 특성이 명확히 드러날 것이기에 이 책에서 한국 죽지사의 전개 양상과 특징을 살펴봄에 있어 중국 죽지사와의 비교에 유의하여 논의하고자 한다.

죽지사 최초의 작품에 해당하는 당나라 죽지사와의 영향 관계를 고려해서 한국 죽지사를 논의한 선행연구들은 한국 죽지사의 일면에만 접근하였을 뿐이다. 필자는 한국 죽지사의 전반적인 전개 양상과 특징을 살펴봄에 있어서 다양한 측면에서 중국 죽지사와의 비교를 진행하고자 한다. 이처럼 중국 죽지사와의 비교를 통해 한국 죽지사의 전개 양상과 특징을 투철하게 규명함으로써, 한자문화권에서 공히 창작되었던 죽지사 양식의 본질에 대해서도 심화된 이해가 가능할 것이라 생각한다.

2. 연구사 검토 및 연구 방법

죽지사와 관련된 연구는 한·중 양국 학계에서 일찍부터 이루어져 왔으며 최근에도 지속되고 있다. 먼저 한국 학계의 경우를 보면, 초기에 장효현을 비롯한 연구자들에 의해 죽지사에 대한 관심이 시작되었고, 현재는 김영죽 등의 연구자들에 의해 그 관심이 지속되고 있다.

　첫째, 시대별로는 조선 후기의 죽지사를 다룬 연구가 가장 큰 비중을 차지하고, 소수의 연구자에 의해 조선 전기의 작품이 다루어지기도 하였다. 예를 들어 장효현은 조선 후기의 죽지사를 대상으로 삼아 해당 작품의 세계상과 작가 의식, 양식적 의의와 한계를 연구하였고, 조선 후기 학자인 徐有英의 죽지사를 집중적으로 다룬 바 있다.[1] 김영죽은 조수삼과 김진수를 비롯한 조선 후기 중인계층의 죽지사를 집중적으로 다루었다.[2] 최고경은 조선 초기 영남 사림파의 죽지사를 대상으로 살펴보았다.[3]

　이들 연구는 시기별로 한국 죽지사를 살펴보고 해당 시기 죽지사 창작의 흐름을 파악하거나 작품의 특징을 도출하는 데 이르렀다는 의의가 있다. 하지만 이들 연구는 조선 후기 혹은 조선 초기 한 시기

---

1) 장효현, 「조선 후기 竹枝詞 연구」, 『한국학보』 제10집, 일지사, 1984; 장효현, 「徐有英의 竹枝詞에 關한 고찰」, 『사회과학연구』 제4집, 호서대학교 사회과학연구소, 1985.
2) 김영죽, 「秋齋 趙秀三의 「外夷竹枝詞」 소고」, 『민족문학사연구』 제36집, 민족문학사학회, 2008(a); 김영죽, 「秋齋 趙秀三의 燕行詩와 「外夷竹枝詞」」, 성균관대학교 박사학위논문, 2008(b); 김영죽, 「秋齋의 紀俗에 대한 관심과 기록 - 「歲時記」, 「上元竹枝詞」를 중심으로」, 『반교어문연구』 제24집, 반교어문학회, 2008(c); 김영죽, 「秋齋 趙秀三의 竹枝詞類 創作에 대한 一考察」, 『한문학보』 제21집, 우리한문학회, 2009; 김영죽, 「19세기 中人層知識人의 海外體驗一考: 碧蘆齋金進洙의 燕行과 「燕京雜詠」을 중심으로」, 『韓國漢文學研究』 제48집, 한국한문학회, 2011(a); 김영죽, 「조선 후기 竹枝詞를 통해본 18, 19세기 중인층 지식인의 他者인식 - 조선 후기 胥吏 출신 秋齋 趙秀三의 竹枝詞類 작품 연구를 중심으로」, 『한문학보』 제24집, 우리한문학회, 2011(b).
3) 최고경, 「조선 초기 '조선 죽지사' 연구」, 『한국한시연구』 제26집, 한국한시학회, 2018; 최고경, 「조선 죽지사의 두보 「기주가」 변용 양상 연구」, 『인문과학연구』 제60집, 강원대학교 인문과학연구소, 2019.

나 한 작가의 죽지사를 연구대상으로 하였기에 연구의 범위가 제한적이다. 따라서 한국 죽지사의 전모를 파악하지 못하였다는 아쉬움이 있다.

통시적으로 한국 각 시기의 죽지사를 다룬 논문은 단 이제희의 논문4) 한 편만 보인다. 하지만 그의 이 논문에는 몇 가지 한계가 있다. 먼저 작품 수량의 한계다. 연구대상으로 선정한 죽지사 작품의 수가 매우 적었던 것이다. 그중에서도 한국 최초의 죽지사로 金孟性(1437~1487)의 〈伽川竹枝曲〉을 꼽았는데 이는 분명 잘못된 주장이다. 후세의 여러 문헌자료에서 밝힌 대로, 김맹성은 김종직의 〈凝川竹枝曲九章書與梁娃〉의 영향을 받아 〈가천죽지곡〉을 지었다. 또 다른 문제는 한국 죽지사의 시기 설정과 관련되어 있다. 그의 논문에서는 한국 죽지사의 창작 시기를 조선 전기와 후기로 양분하였다. 하지만 조선 초기 영남 사림파의 죽지사와 중기 당시풍 경향의 죽지사는 사실상 서로 다른 특징을 지니고 있었으므로, 이들을 조선 전기라는 하나의 시기로 묶어서 살펴보는 것은 적당하지 않다. 이처럼 이제희는 한국 죽지사를 전반적으로 연구하려고 시도하였으나 미진한 부분을 남겼다는 한계가 있다.

둘째, 나라별로는 한국 죽지사를 다룬 연구 외에 중국 죽지사를 연구대상으로 삼은 연구,5) 그리고 일본, 베트남, 태국의 죽지사에

---

4) 이제희, 「韓國竹枝詞 硏究」, 인하대학교 석사학위논문, 2001.
5) 김현주, 「中唐 劉禹錫 詞의 내용 분석」, 『세계문학비교연구』 제29집, 세계문학비교학회, 2009; 박인성, 「唐代 竹枝詞 板論」, 『중국어문논총』 제23집, 중국어문연구회, 2002; 박인성, 「北宋代 竹枝詞 內容考-唐代 竹枝詞와의 비교를 겸하여」, 『중국어문논총』 제24집, 중국어문연구회, 2003; 구순순, 「竹枝詞發展的重要裏程碑

대한 연구가 부분적으로나마 진행되었다.[6] 이들 중에 죽지사의 발원지인 중국의 죽지사를 다룬 연구가 가장 큰 비중을 차지한다. 이들 연구는 타국의 죽지사를 연구대상으로 삼은 것이지, 비교문학 연구의 시각에서 출발하여 한국 죽지사와의 비교를 동시에 진행하지는 않았다.

한국 학계에서 비교문학 연구의 시각에서 이루어진 연구는 박은옥의「竹枝詞의 한,중 비교 연구」와 신익철의「18-19세기 한국과 대만의 죽지사 창작 양상에 대하여」, 필자의 졸고「金進洙의「燕京雜詠」과 得輿의「都門竹枝詞」·「京都竹枝詞」비교 연구」세 편이 보인다.[7] 박은옥은 한국의 12가사 중의〈죽지사〉와 한시 죽지사의 개념을 혼동하여 둘을 같은 것으로 여기는 문제점을 가지고 있다.

元代楊維楨等著〈西湖竹枝集〉硏究」,『동양예학』제30집, 동양예학회, 2013; 황윤하,「淸代 北京竹枝詞 硏究: 市井風俗을 중심으로」, 이화여자대학교 석사학위논문, 2011; 여승환,「淸末 上海竹枝詞에 표현된 上海 京劇戱園의 공연활동 특징」,『中國文學硏究』제57집, 한국중문학회, 2014; 박종훈,「徐振의「朝鮮竹枝詞」에 보이는 朝鮮認識」,『溫知論叢』제0집29, 온지학회, 2011(a); 박종훈,「淸 柏俊의〈朝鮮竹枝詞〉에 드러난 朝鮮認識」,『한국언어문화』제44집, 한국언어문화학회, 2011(b); 양뢰뢰,「徐振의 朝鮮竹枝詞에 나타난 實境의 풍격」,『인문과학논집』제22집, 강남대학교 인문과학연구소, 2011; 정생화,「우동의「朝鮮竹枝詞」에 대하여」,『한국한문학연구』제48집, 한국한문학회, 2011.

6) 전청순,「朝鮮後期 日本竹枝詞 硏究」, 부산대학교 석사학위논문, 1998; 정은진,「조선 후기 지식인의 暹羅〔泰國〕에 대한 관심과 문학적 형상화」,『대동한문학』제46집, 대동한문학회, 2016; 양훈식,「阮攸의 蒼梧竹枝歌 연구」,『국제어문』제82집, 국제어문학회, 2019.

7) 박은옥,「竹枝詞의 한,중 비교 연구」,『한국음악사학보』제47집, 한국음악사학회, 2011; 신익철,「18-19세기 한국과 대만의 죽지사 창작 양상에 대하여」, 從『全臺詩』到全臺詩 - 國際學術硏討會論文集, 國立臺灣文學館, 2020; 양령,「金進洙의「燕京雜詠」과 得輿의「都門竹枝詞」·「京都竹枝詞」비교 연구」,『장서각』제46집, 한국학중앙연구원, 2021.

필자는 한·중 각 한 명의 작가의 작품을 비교한 것으로 연구의 범위가 너무 좁다. 신익철의 연구는 본격적인 비교 연구로 볼 수 있다. 다만 중국의 작품을 대만 지역의 죽지사로 제한하였다.

본문의 연구대상과 관련하여 중국 학계에서 이루어진 죽지사에 대한 선행연구를 살펴볼 필요가 있다. 중국에서는 1920년대 胡懷琛[8]으로부터 죽지사에 대한 연구가 시작되었고, 1930년대 馬稚靑[9]은 정식적으로 죽지사 연구의 막을 열었으며 현재까지 활발하게 진행하고 있다.

먼저 시대별 죽지사 연구로 매우 큰 비중을 차지하고 있다. 주로 당[10], 송[11], 원·명[12], 청[13] 다섯 시기로 나누어 연구가 이루어졌다.

---

8) 胡懷琛, 「辨竹枝詞非詠風俗」, 『小說世界』, 1926. 胡懷琛, 「辨竹枝詞非詠風俗」, 『小說世界』, 1926.
9) 馬稚靑, 「竹枝詞硏究」, 『津逮季刊』, 1932.
10) 陳正平, 「巴渝〈竹枝歌〉與文人擬作的〈竹枝詞〉」, 『達縣師範高等專科學校學報』, 第3期, 2002; 範明英, 「巴渝竹枝詞的雅俗文化互動硏究」, 『海南師範大學學報(社會科學版)』, 第11期, 2015; 黃賢忠, 「巴渝竹枝詞內涵三論」, 『湖北民族學院學報(哲學社會科學版)』, 第6期, 2016; 吉文斌, 「古代巴楚〈竹枝〉的歌聲形態」, 『蘭州學刊』, 第11期, 2014; 李良品, 「竹枝詞源流考」, 『重慶敎育學院學報』, 第4期, 2000; 田永紅, 「巴人竹枝詞源流及其藝術特色(上)」, 『銅仁學院學報』, 第3期, 2007(a); 田永紅, 「巴人竹枝詞源流及其藝術特色(下)」, 『銅仁學院學報』, 第4期, 2007(b); 向柏松, 「巴人竹枝詞的起源與文化生態」, 『湖北民族學院學報(哲學社會科學版)』, 第1期, 2004; 熊篤, 「竹枝詞源流考」, 『重慶師範大學學報(哲學社會科學版)』, 第1期, 2005; 曾羽霞, 「〈九歌〉傳統與唐代〈竹枝詞〉」, 『湖北師範大學學報(哲學社會科學版)』, 第2期, 2019; 趙舒, 「論〈竹枝詞〉的源流及雅化」, 紀念辛棄疾誕生870周年"辛棄疾與詞學"國際學術論壇論文集, 2010; 張琴, 「論唐代文人竹枝詞」, 『山西大學師範學院學報(綜合版)』, 第1期, 1993.
11) 傅如一, 張琴, 「宋代文人竹枝詞的變遷」, 『山西大學學報(哲學社會科學版)』, 第3期, 1994; 伍聯群, 「論唐宋文人竹枝詞的新變」, 『齊齊哈爾大學學報(哲學社會科學版)』, 第1期, 2011; 楊穎, 「宋代文人竹枝詞題材內容分類硏究」, 『黑龍江

대부분의 연구자들이 한 시기의 죽지사를 집중적으로 다루는 가운데, 莫秀英은 당나라부터 청나라까지 각 시기 문인 죽지사의 소재와 내용을 비교하였다.[14] 이는 최초로 통시적인 시각에서 중국 죽지사를 다룬 연구인데 다만 소재와 내용을 언급하는 데 그친다는 한계를 갖고 있다. 孫傑의 『죽지사 발전사』[15]는 통시적으로 기원과 역사,

---

敎育學院學報』, 第11期, 2009.
12) 吉文斌, 「依聲制辭――試論楊維楨首倡的西湖竹枝詞創作與〈西湖竹枝集〉的編錄」, 『蘭州學刊』, 第10期, 2012; 王輝斌, 「楊維楨與元末西湖竹枝酬唱」, 『重慶敎育學院學報』, 第1期, 2011; 王忠, 「元末〈竹枝詞〉的繁榮及其文化意蘊」, 『中州學刊』, 第4期, 1999; 魏素素, 「元代西湖詩詞文硏究」, 浙江工業大學 碩士學位論文, 2019; 周維强, 「縱有微風吹不亂 靑山織在浪花中――楊維楨與〈西湖竹枝詞〉」, 『西湖』, 第2期, 2005.
13) 花宏豔, 「〈申報〉洋場竹枝詞考論」, 『曁南學報(哲學社會科學版)』, 第9期, 2018; 黃昌英, 「淸代宋慶常〈石阡竹枝詞〉的史料價値硏究」, 貴州師範大學 碩士學位論文, 2021; 李肖銳, 「淸代竹枝詞類組詩硏究」, 蘇州大學 碩士學位論文, 2017; 梁穎珠, 「論淸代竹枝詞之俗美特質」, 『廣西大學學報(哲學社會科學版)』, 第29卷, 2007; 梁穎珠, 「論淸代竹枝詞的題材創新」, 『閱讀與寫作』, 第3期, 2011; 梁穎珠, 「論淸代竹枝詞的文學價値」, 『廣西大學學報(哲學社會科學版)』, 第1期, 2014; 彭恩, 吳建勤, 「從淸朝鄂西土家文人竹枝詞看土家族婚俗」, 『涪陵師範學院學報』, 第6期, 2006; 彭延波, 「從淸代土家族竹枝詞中看音樂藝術之美」, 『北方音樂』, 第24期, 2009; 王愼之, 王子今, 「淸人竹枝詞所見女軍史料硏究(上)」, 『中華女子學院學報』, 第4期, 1997; 王愼之, 王子今, 「淸人竹枝詞所見女軍史料硏究(下)」, 『中華女子學院學報』, 第1期, 1998; 吳玲玲, 「從竹枝詞看貴州淸代酒文化(一)」, 『牡丹江大學學報』, 第1期, 2020; 嚴奇岩, 「從竹枝詞看淸代貴州民族家庭中的女性角色」, 『湖北民族學院學報(哲學社會科學版)』, 第3期, 2010; 鄭俊華, 林晨辰, 「從竹枝詞看明淸浙江瀕海民生――以海洋漁業爲中心」, 『浙江海洋大學學報(人文科學版)』, 第4期, 2020; 朱易安, 「淸代中期竹枝詞的市井化趨向及其意義」, 『復旦學報(社會科學版)』, 第1期, 2016; 朱易安, 「論淸代竹枝詞創作範式轉變與地位提升」, 『文藝理論硏究』, 第2期, 2017.
14) 莫秀英, 「從唐代到淸代文人竹枝詞題材內容的發展演變」, 『中山大學學報論叢』, 第2期, 2002.
15) 孫傑, 『竹枝詞發展史』, 上海人民出版社, 2014.

소재와 내용, 형식 등 다양한 측면에서 죽지사의 시기별 발전적인 흐름을 밝혀 주었다. 이는 중국 죽지사 연구의 집대성으로 볼 수 있는데, 죽지사의 발전 역사를 조명하는 데 주력함으로써 구체적 작품 분석과 죽지사의 미학 및 문학적인 의미를 철저히 도출하지 못하였다는 아쉬움이 남아 있다.

또한 죽지사는 民俗學, 方志學과 歷史學의 시각에서 이루어진 연구가 적지 않은 비중을 차지하고 있는데, 근년에 들어 중국 학계에서 죽지사의 문학, 미학 또는 언어학적 연구가 부족함을 인식하고 연구의 방향을 바꾸려는 노력이 있었다. 이에 따라 비교문학의 시각을 도구로 삼는 연구 흐름이 나타났다. 羅傑은 비교문학 이미지학(Imagologie of comparative literature)의 측면에서 중국 죽지사를 연구할 필요성을 제기하였는데, 다만 중국 죽지사에서 나온 이국이나 소수민족의 이미지를 연구해야 한다고 강조하였고, 구체적 논의에 있어서도 중국 서남 지역 소수민족의 이미지를 다루는 데 그쳤다. 그의 논문에서 이국적 이미지는 다루어지지 않았고 외국 죽지사도 언급되지 않았다.[16]

중국 학계에서 중국 죽지사와 외국 죽지사의 비교 연구에 대하여 이루어진 선행연구를 살펴보면 趙姸의 「比較文學視野下的中韓樂府詩研究」, 夏田嬌의 「18, 19世紀中韓竹枝詞的比較研究」와 필자의 졸고 「中韓竹枝詞比較研究」세 편이 보인다.[17] 그러나 조연은

---

16) 羅傑, 「比較文學視域下竹枝詞中的雲南少數民族形象書寫」, 『中國比較文學』, 第2期, 2017, 158~167쪽; 羅傑, 「關於竹枝詞比較文學形象學研究的思考」, 『南華大學學報(社會科學版)』, 第20卷, 第2期, 2019, 103~108쪽.

중국과 한국의 악부시를 비교하는 데 양국의 일부 죽지사 작품만을 소개하였을 뿐이어서 본격적인 양국의 죽지사 비교로 나아가지 못하였다. 하전교는 18~19세기 중국과 한국의 죽지사를 간략하게 소개하였다. 필자는 사대부 문학과 雅·俗 문학의 시각에서 중국과 한국의 죽지사를 비교하였다. 이들 연구는 중국 죽지사를 연구의 핵심으로 삼아 이루어진 것으로, 한국 죽지사에 관한 언급은 부차적인 내용에 그쳤다는 한계가 있다.

최근에 한국 학자 김영죽은 한국 죽지사 자료 집성의 필요성과 의미를 논하면서 해당 방법론을 같이 제기하였다.[18] 중국 학자 齊柏平[19]은 죽지사를 문학, 음악, 무용 및 민속학 등 여러 분야와 밀접하게 관련된 문학 형태로 보았고, 사실상 죽지사 연구는 연구 과제와 방법이 구축되어 있는 '竹枝學'이라고 주장하였다. 따라서 필자는 한·중 양국 학계에서 죽지사 연구의 열풍이 계속 이어질 것이라고 생각한다.

정리하자면, 한국 학계에서는 한국 죽지사의 시기 설정과 시대별 발전 양상 규명을 제대로 하지 않았으며, 한·중 죽지사를 비교한 연구는 연구의 범위가 매우 좁다. 중국 학계에서 중국 죽지사를 다룬 연구가 많은데 한·중 죽지사를 비교한 세 편의 논문은 연구의 내용

---

[17] 趙妍,「比較文學視野下的中韓樂府詩研究」, 中央民族大學 博士學位論文, 2010; 夏田嬌,「18, 19世紀中韓竹枝詞的比較研究」, 曲阜師範大學 碩士學位論文, 2017; 楊玲,「中韓竹枝詞比較研究」, 吉林大學 碩士學位論文, 2018.
[18] 김영죽,「韓國 竹枝詞 資料 集成의 필요성과 의미 – 그 방법론을 겸하여」,『한문고전연구』제40집, 한국한문고전학회(구 성신한문학회), 2020.
[19] 齊柏平,「竹枝研究及其理論構建」,『音樂藝術』, 제4기, 2020.

이 다소 소략한 편이라 할 수 있고, 중국 작품을 핵심으로 삼았다는 시각차가 존재한다.

이렇게 보면 한국 죽지사의 전반적인 전개 양상과 특징을 살펴보는 연구가 미완의 과제로 남아 있고, 또한 다양한 측면에서 한국 죽지사와 중국 죽지사의 비교를 진행한 연구는 더더욱 없다. 이에 이 책은 한국 죽지사의 전개 양상과 특징을 규명하기 위해 중국 죽지사와의 비교를 진행하고, 이를 통해 한자문화권에서 공히 창작되었던 죽지사 양식의 본질에 더 가까이 접근하고자 한다.

무엇보다 우선시 되어야 할 작업은 바로 죽지사라는 개념어를 정의하는 일이다. 죽지사에 대한 명확한 정의가 존재하지 않는바, 이 책에서는 '概念史' 방법론을 사용해서 죽지사를 정의할 예정이다. 특히 중국 연구자 葉曄에 의해 중요하다고 지적된 바 있는 '比較概念史' 연구 방법을 적용하여 동태적인 시각에서 죽지사를 정의해 나갈 것이다.[20]

또한 한국 죽지사의 전반적인 전개 양상과 특징을 살펴볼 때 비교문학의 시각에서 출발하여 다양한 측면에서 중국 죽지사와의 비교를 진행할 것이다. '比較詩學'에 관련된 선행연구에서 밝힌 듯이 비교 시학에 관한 합리적 영향 연구는 실증주의적 방법론에 따라 충분

---

[20] 葉曄은 개념사 방법론에 따른 동태적인 시각에서 고려와 조선조에 '詞'의 '效體'와 그의 변모를 다루면서 동아시아 한문학 연구에 있어서 문학적 개념을 비교하는 이른바 '比較概念史' 연구의 중요성을 제기하였다. 이 책에서는 '죽지사'라는 개념을 대상으로 한·중 비교 연구를 하는 것은 바로 이른바 '비교개념사' 연구에 해당하는 것이다.(葉曄,「'效體'誤讀與高麗朝鮮詞的另一種活力」,『國學學刊』, 第2期, 2021, 94쪽.)

한 증거 자료를 통해 비교 작품의 기원을 세밀하게 입증하고, 각국 서로의 영향 관계를 밝히고, 그러고 나서 각자의 주체성에 주안점을 두어 구체적인 변모 양상을 검토해야 한다는 주장을 제기하였다.[21] 이 책에서는 한국 죽지사를 핵심주제로 삼아 중국 죽지사와의 영향 관계를 밝힌 후에 한국 죽지사의 주체성에 주목한다. 구체적으로 중국 죽지사와의 비교를 적당히 진행하면서 한국 죽지사의 전개 양상과 특징의 구체적인 면모를 도출하고자 한다.

이 책의 논의 순서는 다음과 같다. 제2장에서는 개념사 방법론에 따라 죽지사의 개념을 정의하고 죽지사의 범주를 설정한다. 이는 본서의 연구대상을 명확하게 정하는 작업이다. 제3장에서는 한국 죽지사의 통시적인 전개를 살펴볼 것이다. 제4장에서는 제3장의 통시적 관찰 결과를 바탕으로 한국 죽지사의 특징을 규명할 것이다. 주로 창작 의식과 표현 방식의 측면에서 출발하여 한국 죽지사의 특징을 도출할 것이다. 제5장은 전체적으로 연구 내용을 정리하여 이 책을 마무리하는 결언이다.

---

21) 曹順慶, 曾詣, 「比較詩學如何開創新格局」, 『西南民族大學學報(人文社科版)』, 第8期, 2016.

제2장

죽지사의 개념과 범주

 이 책의 연구대상과 범위를 명확히 정하기 위해서 동아시아 한문학 비교 연구의 시각에서 개념사 방법론에 따라 죽지사의 개념 정의와 범주 설정을 시도해보겠다. 먼저 기존의 죽지사 개념 정의에 대해 몇 가지의 의문을 제기하고, 중국과 한국 각 시기의 죽지사 및 관련 문헌자료를 통해 해당 작가층의 죽지사에 대한 인식과 작품의 특징들을 파악하고자 한다. 이를 바탕으로 죽지사의 개념을 다시 정리하고, 이 책의 핵심 연구대상인 한국 죽지사의 협의적 및 광의적인 범주를 재설정하고자 한다.

1. 죽지사의 개념

 일반적으로 죽지사의 개념 정의는 악부와의 관계, 기원, 내용, 형식 이 네 가지 측면에서 이루어졌다. 중국의 어휘와 백과 단어를 두루 실은 대형 종합 사전인 『辭海』에서 정의한 죽지사는 다음과 같다.

 죽지사는 악부 〈근대곡〉의 명칭이고 원래 巴渝 지역(현재의 重慶)

의 민가였다. 당나라 시인 유우석이 夔州刺史로 있을 때 민가에 근거하여 새로운 詞를 개작하였는데, 주로 三峽의 풍광과 남녀 간의 연정을 노래한 것으로 세상에 성행하였다. 이 뒤로 역대의 시인들이 〈죽지사〉를 지은 것이 많았는데, 또한 그 지역의 풍속과 남녀의 연정을 노래한 것이 많았다. 형식은 모두 칠언 절구이고 시어는 통속적이고 음조는 경쾌하다.[22]

위는 죽지사에 관한 일반적인 정의이자 선행연구의 주장을 종합적으로 정리한 결과로 볼 수 있다. 그러나 악부와의 관계로 발생한 음악성을 제대로 조명하지 않았을 뿐만 아니라, 내용을 남녀 연정과 민간의 풍속으로 한정하고, 형식은 칠언 절구로 단정해서 소개하고 있어서 한계가 있다.

먼저 기원에 관해 보완해보고자 한다. 죽지사는 일반적으로 巴 지역에서 기원하였다고 한다. 그러나 소식 등 일부 문인의 말에 따르면 楚 나라 지역에서 기원한 것이라고 주장되기도 하였다. 손걸은 "죽지가는 원래 초나라 지역의 소리이다〔竹枝歌本楚聲〕."라는 소식의 주장을 비롯한 여러 증거 자료를 들어 유우석이 초나라 朗州 지역에서 유배 생활을 하였을 때 최초로 죽지사를 창작하였다고 보았다.[23] 또한 명나라 沐璘(1431~1458)는 〈滇池竹枝詞〉의 서문에서

---

22) "竹枝詞: 樂府〈近代曲〉名. 本巴渝(今重慶)一帶民歌. 唐詩人劉禹錫任夔州刺史時, 根據民歌改作新詞. 歌詠三峽風光和男女戀情, 盛行於世. 此後各代詩人寫〈竹枝詞〉的很多, 也多詠當地風俗和男女愛情. 形式都是七言絶句. 語言通俗, 音調輕快."(『辭海』(2020年 重刊本))
23) 孫傑, 위의 책, 3~16쪽.

"죽지사는 원래 파초 지역의 소리이다〔竹枝詞本巴楚間音也〕."라고 하였는데, 이는 죽지사가 원래 파초 지역의 민가였음을 말한 증거로 볼 수도 있다.

필자가 보기에 파와 초 지역이 원래 가까운 지역이므로 지역 문화의 분위기도 비슷하였을 것으로 짐작된다. 예를 들어 파초 지역의 산수를 가리키는 '巴山楚水'란 말은 여러 문인의 시에 많이 등장하였는데, 유우석은 〈酬樂天揚州初逢席上見贈〉에서 "파초 지역은 산수가 처량한 곳으로, 이 몸이 버림받고 지낸 지가 이십삼 년 세월이라네〔巴山楚水淒涼地, 二十三年棄置身〕."라고 하였으며, 그의 〈竹枝詞〉 2수 중의 제2수에서도 "초수와 파산의 강에는 비가 많다〔楚水巴山江雨多〕."라고 하며, 파와 초를 하나의 지역으로 묶어서 표현하였다. 또한 중국의 학자 季羨林은 〈漫談竹枝詞〉에서 파 땅과 초는 같은 문화권에 속하였을 가능성이 높은데 두 지역의 민간신앙 및 제사 의식과 악장이 아마도 서로 통하는 부분이 있었을 것이라고 주장한다.[24]

이러한 주장들을 통해 죽지사의 기원 지역을 파나 초 가운데 한 곳으로 한정하기보다는 두 지역을 아울러서 '파초' 지역으로 보는 것이 보다 합리적이라고 생각한다.

다음으로 죽지사 양식의 내용적 측면을 살펴본다. 일반적 정의에

---

[24] 季羨林, 〈漫談竹枝詞〉, "巴渝地鄰荊楚, 可能屬於同一文化圈. 民間宗敎信仰以及祭神儀式和樂章, 容或有相通之處."라고 한 적이 있다.(『談國學』, 華藝出版社, 2008.) 원래 제목은 〈淸代海外竹枝詞序〉이다. 孫傑, 위의 책, 13쪽에서도 이를 소개한 바 있다.

서 확인하였듯 죽지사는 남녀 연정과 민간 풍속을 많이 다루었다. 하지만 이에 그치지 않는다. 지역 회고와 민간 현실 폭로 등 지역적, 민간 친화적 내용도 죽지사에서 많이 등장하였다. 예를 들어 당나라 李涉(770~840)의 〈竹枝詞〉에는 춘추전국 시기 초나라의 궁궐인 '楚宮'이 등장하고 진나라가 초나라를 공격한다는 역사 사건이 언급되는데,[25] 송나라 소식의 〈竹枝歌〉 9수부터는 지역 회고류 소재가 본격적으로 등장하였다.

소식은 〈죽지가〉 9수의 서문에서 "〈죽지가〉는 초 나라 사람들의 소리에서 유래하여 마음속 깊이 맺힌 원망과 측은함이 큰 슬픔에 빠져있는 것과도 같은데, 이는 아마도 지난날의 자취를 바라봄에 족히 원망을 불러일으키는 일들이 있어서 그런 것이 아니겠는가? 대저 순임금 두 부인의 죽음을 마음 아파하고, 굴원의 죽음을 슬퍼하며 초 懷王을 생각하고 項羽를 가련하게 여기는데, 이 또한 초나라 사람들의 마음이 전해져서 그런 것이다. 또한 산천과 풍속이 거칠고 투박하여 힘들게 일하며 살아가는 모습들도 옛사람들의 글과 아우 子由의 시에서 볼 수 있다. 그런 까닭에 내가 특별히 초나라 사람들이 옛일에 대하여 느끼는 마음에 따라 9장으로 된 시 한 편을 지어 그들이 미처 말하지 못하였던 바를 보충하고자 한다."[26]라고 하였다.

---

[25] 李涉, 〈竹枝詞〉, "十二山晴花盡開, 楚宮雙闕對陽臺. 細腰爭舞君沈醉, 白日秦兵天下來."(『禦定全唐詩』卷四百七十七, 丘良王, 潘超, 孫忠銓, 丘進, 『中華竹枝詞全編·一』, 北京出版社, 2007, 7쪽.)

[26] 蘇軾, 〈竹枝歌並序〉, "竹枝歌本楚聲, 幽怨惻怛, 若有所深悲者, 豈已往者之所見, 有足怨者歟? 夫傷二妃而哀屈原, 思懷王而憐項羽, 此亦楚人之意, 相傳而然者. 且其山川風俗, 鄙野勤苦之態, 固已見於前人之作與今子由之詩; 故特緣楚人

즉, 소식은 초나라 사람들의 뜻을 읊으면서 그 전의 죽지사 작가들이 언급하지 않은 것을 보충하려고 하였다. 구체적으로 아홉 수의 죽지사 중 제1, 2수는 '舜', 제3, 4수는 '屈原', 제5수는 '楚懷王', 제6, 7, 8수는 '項羽'를 회상하였고, 제9수에서는 초나라를 전체적으로 회고하였다.[27]

이후에 지역 회고류 죽지사로는 통주로 가는 도중에 예전의 일들 회고한 원나라 宋褧(1294~1346)의 〈竹枝詞通州道中作至元四年春〉 여섯 수 등으로 이어졌고[28], 명나라 楊焯(?~?)의 〈西陵詠古竹枝詞〉 5수, 倪瓚(1301~1374)의 〈죽지사〉 8수[29], 청나라 許楚(?~?)의 〈西湖

疇昔之意, 爲一篇九章, 以補其所未道者."(茅維, 『東坡先生詩集注』 卷三十二, 『中華竹枝詞全編·六』, 646쪽.)

27) 蘇軾, 〈竹枝歌〉九首, 其一, "蒼梧山高湘水深, 中原北望度千岑. 帝子南遊飄不返, 惟有蒼蒼楓桂林."; 其二, "楓葉蕭蕭桂葉碧, 萬裏遠來超莫及. 乘龍上天去無蹤, 草木無情空寄泣."; 其三, "水濱擊鼓何喧鬨, 相將扣水求屈原. 屈原已死今千載, 滿船哀唱似當年."; 其四, "海濱長鯨徑千尺, 食人爲糧安可入? 招君不歸海水深, 海魚豈解哀忠直?"; 其五, "巇嗟忠直死無人, 可憐懷王西入秦. 秦關已閉無歸日, 章華不復見車輪."; 其六, "君王去時簫鼓咽, 父老送君車軸折. 千裏逃歸迷故鄉, 南公哀痛彈長鋏."; 其七, "三戶亡秦信不虛, 一朝兵起盡譁呼. 當時項羽年最少, 提劍本是耕田夫."; 其八, "橫行天下竟何事, 棄馬烏江馬垂涕. 項王已死無故人, 首入漢庭身委地."; 其九, "富貴榮華豈足多, 至今惟有塚嵯峨. 故國淒涼人事改, 楚鄉千古爲悲歌."(『東坡先生詩集注』 卷三十二, 『中華竹枝詞全編·六』, 646~647쪽.)

28) 宋褧, 〈竹枝詞通州道中作至元四年春〉, 其三, "玉泉山下綠絲垂, 曾見先皇駐蹕時. 翠輦金輿何處去? 煙條露葉不勝悲."; 其四, "金鞍曉拂枝頭露, 珠帽晴沾苑內塵. 古來每見人悲樹, 如今卻見樹悲人."(『燕石集』 卷四, 『中華竹枝詞全編·一』, 69쪽.)

29) 倪瓚, 〈竹枝詞〉八首, 其一, "錢王墓田松柏稀, 嶽王祠堂在湖西. 西泠橋邊草春綠, 飛來峰頭烏夜啼."; 其五, "阿翁聞說國興亡, 記得錢王與嶽王. 日暮狂風吹柳折, 滿湖煙雨綠茫茫."(『倪雲林先生詩集』 卷之六, 『中華竹枝詞全編·四』, 370쪽.)

竹枝詞〉[30])와 徐德諒(?~?)의 〈西湖竹枝變歌〉[31] 등 각 시기 일련의 작품이 나왔다.

한국 죽지사 중에도 지역 회고류가 상당 부분을 차지하고 있다. 俞好仁(1445~1494)의 〈咸陽灆潽竹枝曲十絶〉[32], 睦大欽(1575~1638) 〈竹枝歌壬子月課〉[33], 李縡(1680~1746)의 〈代李太白魂誦傳竹枝詞〉[34], 李匡德(1690~1748)의 〈夢傳竹枝詞〉[35]가 있고 조선의 지역 회고류 죽지사가 풍부하게 수록된 崔永年(1856~1935)의 『海東竹枝』「歷代奇聞爲上編」도 주목할 만하다. 이처럼 지역 회고적 내용은 중국과 한국 양국의 죽지사에서 빈번하게 다뤄져서 죽지사의 개념을 정의할 때 포함해야 할 내용이라고 본다.

더하여, 죽지사는 민간 현실을 폭로하는 내용도 많이 다루었다. 송나라 蘇轍(1039~1112)의 〈竹枝詞〉 9수[36]는 최초로 민중의 현실을

---

30) 許楚, 〈西湖竹枝詞〉의 소제목 '初陽臺', '巢居閣', '半閑堂', '閣妃功德院', '寶石山', '天然圖畫閣', '湖心蒓菜', '螺頭舫', '雷峰塔', '九裏松', '石屋', '玉泉篆', '朱弁墓', '西溪', '葛嶺', '歲寒岩', '半焦魚'.(『靑岩詩集』 五卷, 『中華竹枝詞全編·四』, 193쪽.)

31) 徐德諒, 〈西湖竹枝變歌〉의 소제목 '西湖', '嶽墓', '錢塘', '蘇堤', '蘇小小墓', '大佛寺', '此君堂', '玉泉寺', '冷泉亭'.(『桂門詩鈔』, 『中華竹枝詞全編·四』, 230쪽.)

32) 俞好仁, 『潘谿集』 卷之二, 〈咸陽灆潽竹枝曲十絶〉, 其一, "學士樓頭明月輝, 儒仙一去鶴仍歸. 鷄林黃葉千年後, 誰認當時丁令威."; 其五, "沙斤城畔起陰雲, 坤靈夜泣雨紛紛. 庚申萬鬼啾啾哭, 似恨當時張使君."

33) 睦大欽, 『茶山集』 卷之一, 〈竹枝歌壬子月課〉, "黃陵誰唱竹枝詞, 江上行人不勝悲. 怨血至今留不滅, 九疑無語隔湘湄."

34) 李縡, 〈代李太白魂誦傳竹枝詞〉, "西南峽口巫山碧, 大江飜瀾神曳煙. 騎鯨仙子朗吟過, 魍魎秋色迷長天. … 看君塵骨未蟬蛻, 何日重逢香案前. 江村鷄唱人語絶, 蕙帶荷蓋歸翩翩."(『仝人詩詞』, 서울대학교 규장각 소장본.)

35) 李匡德, 『冠陽集』 卷之二, 〈夢傳竹枝詞〉, "楚魂乘雲降北渚, 九疑峯高橫綠烟. … 湛湛江水上有楓, 續招詩魂芳椒煎."

다룬 작품으로, 이후 많은 작가가 죽지사에 민중이 직면한 바들을 다루는 작품을 많이 남기게 되었다. 특히 청나라에 들어서면 서민 작가층의 성장으로 그 경향이 한층 농후해졌다. 청나라 得與(?~? 嘉慶年間)는 〈都門竹枝詞〉와 〈京都竹枝詞〉를 비롯한 장편 연작 작품에서 민간 빈곤층의 어려운 삶을 기록하고 벼슬아치들의 부패상을 폭로하였다.[37] 조선에서도 趙冕鎬(1804~1887)는 〈龍灣竹枝〉 20수[38]와 〈追補龍灣竹枝〉 5수[39] 등의 작품에서 당시 사회의 실상을 드러

---

36) 蘇轍, 〈竹枝詞〉, 九首, 其一, "舟行千裏不至楚, 忽聞竹枝皆楚語. 楚言啊哳安可分, 江中明月多風露."; 其二, "扁舟日落駐平沙, 茅屋竹籬三四家. 運春並汲各無語, 齊唱竹枝如有嗟."; 其三, "可憐楚人足悲訴, 歲樂年豐爾何苦. 釣魚長江江水深, 耕田種麥畏狼虎."; 其四, "俚人風俗非中原, 處子不嫁如等閑. 雙鬟垂項發已白, 負水采薪長苦艱."; 其五, "上山采薪多莉棘, 負水人溪波浪黑. 天寒斫木手如龜, 水重還家足無力."; 其六, "山深瘴暖霜露幹, 夜長無衣猶苦寒. 平生猶似麋與鹿, 一旦白發已百年."; 其七, "江上乘舟何處客, 例肆喧嘩占平磧. 遠來忽去不記州, 罷市歸船不相識."; 其八, "去家千裏未能歸, 忽聽長歌皆慘淒. 空船獨宿無與語, 月滿長江歸路迷."; 其九, "路迷鄉裏渺何極, 長怨歌聲苦淒急. 不知歌者樂與悲, 遠客乍聞皆掩泣.".(『欒城集』卷一, 『中華竹枝詞全編·五』, 568~569쪽.))
37) 필자, 위의 논문(2021), 331~333쪽에서 이를 자세히 소개한 바 있다.
38) 趙冕鎬, 『玉垂集』卷之二十三, 〈龍灣竹枝〉二十首, 其一, "南船不斷北船過, 散擲黃金萬頃波. 絕塞風雲今變態, 教坊新譜竹枝歌."; 其六, "佳人才子爾俱憐, 頃刻爲雲頃刻烟. 唱盡新調情轉苦, 乙公祠亦毀多年."; 其七, "城中兒女杭羅裙, 五五三三雜珮紛. 遊到鹽山問父老, 當年何罪林將軍."; 其十五, "蜀燒按酒桂花蟲, 玉校書家繡燭紅. 輕視千金重一夜, 隨廳上直洞房中."; 其十七, "灣州業利重通商, 年使興成十倍常. 各國人來日開港, 前頭爾輩亦蒼茫."; 其十八, "漢冲齋戒不成香, 扇際都揮翡翠光. 眞的欲求問何處, 老娼儂裏敢盤囊."; 其十九, "黃昏鼓角動邊情, 執事聽令吹打鳴. 每日二時同一例, 開門聲是閉門聲."
39) 趙冕鎬, 『玉垂集』卷之二十四, 〈追補龍灣竹枝〉, 五首, 其二, "鈴索蕭然篆盎苦, 妓生奉硯墨常催. 從前恬嬉成何習, 卹覻卽今等內來."; 其三, "雜技平民大害財, 官家禁飭至嚴哉. 生憎討捕將校惡, 富漢江牌不捉來."; 其四, "各廳官屬敢言疲, 苦待衙門退令遲. 使道公心深遠慮, 備邊燭底讀書時."; 其五, "南垣多毁西廂摧, 稱意春風長草萊. 尙有夕妝花幾本, 若待主人今不開."

내었다. 이처럼 민간 현실의 폭로는 죽지사의 내용으로 폭넓게 활용되었기 때문에 죽지사의 개념에서 반영하는 것이 적절하다고 본다.

다음으로는 죽지사의 형식을 정리해보고자 한다. 앞에서 언급한 바와 같이 『사해』에서는 죽지사를 칠언 절구의 형식으로 단정하였는데, 필자는 이에 동의할 수 없다. 죽지사를 최초로 지었다고 여겨지는 유우석의 작품만 보아도 죽지사는 절구처럼 押韻과 平仄을 엄격히 준수하지 않았다. 이러한 작품을 절구의 拗體로 보는 주장도 있지만, 청나라 顧瑤光(?~?)은 〈虎丘竹枝詞〉의 서문에서 "죽지사는 악부이므로 근체시 칠절과 판이하다[竹枝詞, 樂府也, 與今體詩七絕判然不同]."[40]라며, 죽지사는 칠언 절구와 아주 다르다고 설명하였으며, 王士禛(1634~1711)도 『帶經堂詩話』에서 "죽지는 풍토를 읊은 것이니 사소하고 해학적인 내용까지 담길 수 있다. 대개 풍취를 위주로 하기에 절구와 구별된다[竹枝詠風土, 瑣細詼諧皆可入. 大抵以風趣爲主, 與絕句逈別]."[41]라며 죽지사의 내용과 성격상의 특징으로 보았을 때 절구와는 다르다고 주장하였다. 근래에 와서도 任半塘(1897~?)[42]을 비롯한 연구자들이 검토한 바, 죽지사의 특징은 요체에 있고, 절구와는 다르므로 칠언 절구는 죽지사의 형식을 대표할 수 없다.

필자는 절구가 죽지사의 대표 형식이 될 수 없다는 주장에 찬성한

---

40) 顧瑤光, 『虎丘竹枝詞』, (『中華竹枝詞全編·三』, 390쪽.)
41) 王士禛, 『帶經堂詩話』, 卷二十九, 乾隆二十七年(1762)刻本.
42) 任半塘, "竹枝之特點在拗體, 去七絕較遠."(『唐聲詩』(下), 上海古籍出版社, 2006.)

다. 구체적으로 말하자면 대표적인 죽지사 형식으로 칠언 절구보다 七言 四句가 더 정확하다고 생각한다. 하지만 이후에 五言, 六言, 雜言 등 다양한 변격이 출현하였기에 칠언 사구는 일반적인 형식으로 볼 수 있지만, 죽지사의 형식적 특징을 완전히 담아내지는 못한다.[43]

또한 유우석의 〈죽지사〉 9수와 소식의 〈죽지가〉 9수 등의 작품은 기본적으로 연작 형식이며, 여기에 서문이 붙어있다. 심지어 黃庭堅(1045~1105)의 〈죽지사〉 2수 뒤에는 발문도 있다.

이후의 죽지사는 서문과 발문에 더하여, 주석까지 달리기도 한다. 예를 들어 원나라 송경의 〈죽지사〉 2수 중의 제2수 시구 뒤에는 "虹橋는 通州河 동쪽 삼십 리에 있다〔虹橋在通州河東三十裏〕."[44]라는 주석이 달려 있다. 이 작품을 기점으로 죽지사에 주석을 붙이는 경향이 꾸준히 나타났다. 특히 실학과 고증학의 영향을 받게 되는 청나라 시기에 접어들면, 용어와 배경, 출처 등에 관한 주석을 통해 시구의 내용을 보충 설명하는 것이 죽지사의 일반적인 경향이 되었다. 주석의 분량도 애초에는 짧았는데, 나중에는 한 편의 설명문만큼 늘어났다. 주석이 길게 첨가되고 장편 연작 경향이 강화되면서 일백 수가 넘는 작품들이 많이 등장하기도 하였다.

이처럼 죽지사는 칠언 사구의 시에 서문, 발문, 주석 등이 추가되는 경우가 많이 나타났다. 또한 시구의 장편 연작과 주석의 장편화

---

[43] 죽지사 형식상의 변격은 제4장에서 구체적으로 살펴볼 것이다.
[44] 宋聚, 〈竹枝詞〉 二首, 其二, "野春平碧生曖煙, 虹橋南畔沙漫天. 潞陽河上見酒旆, 直下複有釣魚船. 虹橋在通州河東三十裏."(『燕石集』 卷四, 『中華竹枝詞全編·一』, 394쪽.)

도 형식상의 특징이라 할 수 있다. 따라서 칠언 절구로 죽지사의 형식을 축소시키기보다는 이러한 형식적 특징들을 포괄적으로 포함하여 죽지사의 양식적 개성을 한층 명확하게 정의할 필요가 있다고 여겨진다.

마지막으로 죽지사의 음악성 및 악부와의 관계 살펴보고자 한다. 죽지사는 파초 지역 민간에서 기원한 시가 형식으로 초창기의 작품 대부분은 곡조에 맞추어 부를 수 있었다. 유우석은 〈죽지사〉 9수의 서문에서 죽지사를 지어 노래를 잘하는 사람들로 하여금 전하게 하였다고 하였다.[45] 소식의 〈歸朝歡·和蘇伯固〉에는 서남 지역의 소수민족인 莫徭 사람들이 죽지사를 부르는 모습이 기록되어 있다.[46] 송나라 황정견의 〈죽지사〉의 발문을 보면, 그는 죽지사 작품을 옛 악부의 곡조에 맞추어 창작하고 파 땅의 여인에게 전해 부르게 하였다고 한다.[47] 송나라 李複(1052~?)은 〈죽지가〉의 서문에서 죽지사는 진나라의 악부를 보태기 위한 것이라고 하였다.[48] 명말 청초의 屈大均(1630~1696)은 〈唱竹枝〉에서 죽지사를 불렀음을 밝혔다.[49] 청나

---

45) 劉禹錫, 〈竹枝詞〉 九首, 〈序〉, "故餘亦作竹枝九篇, 俾善歌者揚之."(『全唐詩』 卷三百六十五, 『中華竹枝詞全編·一』, 3쪽.)
46) 蘇軾, 〈歸朝歡·和蘇伯固〉, "君才如夢得, 武陵更在西南極. 竹枝詞, 莫徭新唱, 誰謂古今隔."(『全宋詞』)
47) 黃庭堅, 〈竹枝詞〉 二首, 〈跋〉, "『古樂府』有: "巴東三峽巫峽長, 猿啼三聲淚沾裳. 但以抑怨之音而爲數疊, 惜其聲今不傳. 子自荊州上峽入黔中, 備嘗山川險阻, 因作二疊傳與巴娘, 令以〈竹枝〉歌之."(『山谷詩集·內卷』卷十二, 『中華竹枝詞全編·六』, 535쪽.)
48) 李複, 〈竹枝歌〉, "其辭甚陋, 其調因寫道路所聞見, 猶昔人竹枝紇羅之曲, 以補秦之樂府云."(『潏水集』卷十六, 『中華竹枝詞全編·七』, 193쪽.)
49) 屈大均, 〈唱竹枝〉, "不唱楊枝唱竹枝, 誰憐花淚碧離離. 南梳北裏無心好, 辜負

라 吳祖修(?~?)는 〈姑蘇竹枝詞〉 서문에서 이해하기 쉬운 죽지사를 지어 노래를 잘하는 이에게 부르게 하며 迎神과 送神의 곡으로 쓰기도 한다고 하였다.[50] 중국 각 시기의 이러한 사례들을 보면 한시 양식인 죽지사는 곡조를 붙여서 예전의 민가 악부처럼 음악성을 부여되었음이 흔한 일이라고 볼 수 있다. 하지만 시간이 갈수록 죽지사의 음악성 유무에 있어서 변모가 생겼다.

죽지사의 음악성을 직접적으로 입증해 줄 수 있는 것은 시구에 첨가된 후렴구인 '和聲'이다.[51] 예를 들어 청나라 何采(?~?)는 〈竹枝太平擊壤歌〉에서 죽지를 '調'로 칭하고 죽지사의 화성을 언급하였는데, 이는 죽지사의 음악성을 염두에 두었던 것이다. 또한 그는 우아한 시어를 사용하여 현지 죽지의 곡조와 비슷한 농가를 죽지사로 바꾸어 짓고 농부들에게 부르게 하였다고 한다.[52]

화성이 붙어있는 죽지사로서 현존하는 작품은 다음과 같다.

春光絶麗時."(『翁山詩外』 卷十五, 『中華竹枝詞全編·六』, 374쪽.)
50) 吳祖修, 〈姑蘇竹枝詞〉, "睢州先生薨已六年, 而吳氏猶謳思之不忘. 餘因采其語韻之, 取其俚而易曉, 當令善歌者葉之管弦, 以當迎神送神之曲."(『柳塘詩集』 卷十一, 『中華竹枝詞全編·三』, 450쪽.)
51) 원나라 賈仲明(1343~1422)은 가창되는 희곡 〈竹枝歌〉를 지은 바 있다. 이는 죽지사의 음악성과 관련성이 완전히 없다고 볼 수 있지만, 한시 죽지사와 장르가 다르니 이 책의 음악성 문제 부분에서는 희곡 〈죽지가〉를 다루지 않는다.
52) 何采, 〈竹枝太平擊壤歌〉, "此調一名巴渝辭. '竹枝'、'女兒'者, 歌時相和之聲, 猶采蓮曲之'擧棹'、'年少'也. 躬耕太平山中, 聽田間揷秧歌頗類此調, 惜其言不雅馴, 因集詞名十闋, 口授農人, 扶犁而歌之, 漁童牧豎拍舷扣角而爲之節, 庶幾乎擊壤之風乎!"(『南澗詞選』, 『中華竹枝詞全編·五』, 567쪽.)

〈표1〉 후렴구(和聲)가 있는 죽지사 [53]

시기	작가	작품명	작품 수	和聲
당나라	孫光憲(901~968)	〈竹枝詞〉	2	竹枝, 女兒
	皇甫松(800~866)	〈竹枝〉	6	竹枝, 女兒
청나라	陳維崧(1625~1682)	〈粵東詞〉	4	竹枝, 女兒
	丁澎(1622~1686)	〈巴渝詞〉	4	竹枝, 女兒
	焦袁熹(1661~1736)	〈竹枝〉	2	竹枝, 女兒
	何采(?~?)	〈竹枝太平擊壤歌〉	10	竹枝, 女兒
	陳玉鵾(?~?)	〈竹枝桔槔詞〉	2	竹枝, 女兒
	陸次 (?~?)	〈夜郎竹枝詞〉	3	竹枝, 女兒

위의 작품에서는 시구에 '竹枝'와 '女兒'라는 화성을 붙여 불렀던 것이고, 이는 죽지사의 음악성을 직접적으로 드러내는 증거로 볼 수 있다. 당나라의 경우, 기존 총 32수의 죽지사(작가 8명) 가운데 화성이 있는 것은 8수(작가 2명)가 있으므로 즉 25%의 작품에 화성이 있는 것이다. 그러나 청나라의 경우에는 전체 작품의 수량에 비하여 화성이 붙어있는 작품이 매우 적다.

즉, 최초에는 민가에서 기원하면서 음악성을 지니는 작품이 일정한 비중을 차지하였으나, 시간이 갈수록 점차 민가의 곡조를 잃게 된 것이다. 몇만 수에 달하는 청나라의 죽지사 가운데 극히 일부만 화성을 갖춘 것은 그 일부 죽지사가 옛 죽지사를 떠올리면서 창작된 것에서 비롯하였다고 여겨진다. 따라서 음악성은 청나라 죽지사의

---

53) 〈표1〉은 丘良壬 외, 위의 책을 기본 자료로 하고, 王利器, 王愼之, 王子今, 『歷代 竹枝詞』, 陝西人民出版社, 2003을 보완 자료로 참조하여 정리하였음을 밝혀둔다.

전반적인 특징으로 꼽을 수 없는 것으로 보인다.

죽지사 음악성의 이러한 변모는 악부시의 전반적인 변모와 상통하는 것으로 짐작된다. 악부시는 당나라에서 新樂府가 탄생한 후로 徒詩化의 경향에 따라 음악성이 점차 없어지게 되었다. 앞에서 언급한 황정견의 〈죽지사〉 발문에서는 죽지사와 고악부 사이의 성격적 유사성이 언급되었고, 이복의 〈죽지가〉 서문에서는 죽지사로 진나라 악부를 보충하고자 하였음이 드러났다. 또한 청나라 고요광은 〈호구죽지사〉의 서문에서 "죽지사는 악부이고 근체시 칠절과 판이하다."라고 하여 죽지사를 악부시 종류에 귀속시켰다. 이들 사례를 통해 초창기부터 전성기까지 중국 문인들은 죽지사가 악부시에 속한다는 전제하에 죽지사를 창작하였음을 엿볼 수 있다.

다만 중국 학계에서는 죽지사를 어떤 종류의 악부시로 봐야 할지에 대해 논란이 있다. 송나라 郭茂倩은 『악부시집』에서 죽지사를 '近代曲辭'에 귀속시켰다.[54] '근대'는 송나라의 시점에서 보는 것이고, '곡사'는 음악성을 강조한 것이다. 후세의 많은 연구자는 곽무천의 이 주장을 그대로 받아들였다. 하지만 전반적으로 살펴보면 곽무천의 이 주장은 당나라 때 민간에서 기원하고 음악성을 지닌 초기 죽지사 작품에 적용되고, 그 이후의 음악성을 상실한 죽지사와는 잘 맞지 않는다.

중국 현대 학자인 王輝斌은 『唐後樂府詩史』에서 당나라 이후 신

---

54) 郭茂倩, 『樂府詩集』(中華書局1991年版), 第八十一卷, 〈近代曲辭三〉에 죽지사 22수가 수록되어 있다.

악부를 '卽事類樂府'와 '歌行類樂府', '竹枝類樂府' 세 가지로 나누고 죽지사를 '신악부'로 간주한다.[55] 신악부시의 창작은 당나라부터 시작되었다. 신악부시는 음악과의 관련성이 약해지고 전에 없던 새로운 樂府題로 창작된다.

한편, 죽지사의 음악성과 악부시의 관계에 있어서 한국 죽지사는 중국 죽지사와는 다른 면모를 지니고 있다. 고려 말기에 수용된 죽지사는 최초에 고려 현지의 민가와는 직접적인 관련이 없었다. 고려 말기의 安軸(1282~1348)을 비롯한 문인들은 파초 지역의 민가 죽지에서 기원한 중국 죽지사를 염두에 두고 고려 현지의 민가 혹은 기생들이 부르는 노래를 '죽지가'로 칭하였다.[56] 조선 초기의 문인들도 고려 말기와 같은 맥락에서 죽지사를 언급하였다. 다만, 중국처럼 화성을 붙이거나 고악부의 곡조에 맞추어 죽지사를 부른다는 기록이 없고, 한시 양식의 죽지사를 민간인에게 전해 부르게 한다는 내용만이 김종직의 〈凝川竹枝曲九章書與梁娃〉라는 작품에서 보인다.

이 작품의 제목을 통해 김종직이 중국 죽지사를 염두에 두어 죽지사 아홉 수를 지었고 양씨 여인에게 주어 부르게 하였음을 알 수 있다. 또한 〈密陽志〉의 "연당의 서쪽에 교방이 있고 예로부터 〈죽지곡〉 9장이 전해 온다."[57]라는 내용을 통해 김종직의 죽지사가 이후

---

55) 王輝斌, 『唐後樂府詩史』, 黃山書社, 2010.
56) 安軸, 『謹齋集』 卷二, 〈同使上妓謠十首幷引〉, "雖未誦學士之梅花畦, 聊自呈儂家之竹枝歌."
57) 申翊全, 『東江遺集』 卷之十六, 〈密陽志〉, "蓮堂之西敎坊. 舊傳〈竹枝曲〉九章.

에 교방에서 널리 유행하였음을 알 수 있다. 또한 이재의〈代李太白
魂誦傳竹枝詞〉도 기생들에게 인기가 많았다는 기록이 보인다.[58] 이
를 통해 조선 후기에도 기생들이 문인들이 지은 한시 죽지사에 곡조를
붙여서 예전의 민가 악부처럼 음악성을 부여하였음을 알 수 있다. 다
만 중국처럼 죽지사의 시구에 화성을 첨가한 작품은 보이지 않는다.

또한 조선 후기에 가창된 12가사 중에〈죽지사〉라는 작품이 있는
데, 첫 번째 사설은 이재의〈대이태백혼송전죽지사〉의 "천지는 늙지
않고 달은 변함없는데, 적막강산에 백 년 인생이로다〔乾坤不老月長
在, 寂寞江山今百年〕"에서 따왔다. 이는 이재의 죽지사의 영향을
분명히 받았다고 할 수 있고, 죽지사 양식이 음악성과 한층 가까워
졌다는 증거가 되기도 한다.

악부시와의 관계에 대하여 조선 시대 작가들은 죽지사와 악부시
를 명확히 구분하지 않았다. 특히 조선 후기에 이러한 인식이 두드
러지게 보인다. 당시 작가들은 내용, 형식, 창작 방식 등의 측면에서
죽지사와 유사한 악부시 작품들을 죽지사로 간주하는 경향을 보였
다. 대표적으로 李德懋(1741~1793)는 "신 영월 광수의 호는 석북이
다. 젊었을 때는 시가로 이름이 나서 장옥을 휩쓸었다. 일찍이,〈관
서죽지사〉108수를 지었는데, 화려하고 폭넓은 기상을 다하였다."[59]

不知何人所製. 伎女二十三人."(〈밀양지〉에서〈죽지곡〉9장의 작가가 누구인지 모
르다고 서술하고 있지만 현재 학계에서는 이를 김종직의〈凝川竹枝曲九章書與梁
娃〉로 보고 있다.)
58) 李德懋,『靑莊館全書』卷之六十六,〈入燕記上〉, "三十日庚寅; 天氣淸和, 留鐵
甕. … 羣妓誦陶菴先生〈代李太白魂誦傳竹枝詞〉詩, 淋漓跌宕."
59) 李德懋,『靑莊館全書』卷三十四,『淸脾錄三』,〈申石北〉, "申寧越光洙, 號石

라고 말하면서, 신광수의 〈관서악부〉를 죽지사로 간주하였다.

현재 한국 학계에서 죽지사와 악부시의 관계에 대한 논의를 살펴보면 다음과 같다. 최해종이 申維翰(1681~1752)의 〈日本竹枝詞〉를 악부의 작품으로 열거한 것을 시작으로 심경호, 조동일, 김영숙, 박혜숙과 신장섭 등 학자들은 죽지사와 악부시의 관계를 논하였다. 다만 악부시의 개념이 워낙 포괄적이기 때문에 그 유형을 설정하는 데 논자에 따라 다소 차이가 있다.

심경호는 조선 후기의 악부제 시들을 '소악부', '의고악부', '죽지사', '잡가요', '영사악부' 다섯 가지로 분류하였는데 죽지사는 하나의 독립적 분류로 제시되었다.[60] 조동일은 죽지사를 '기속악부'로 간주하였다.[61] 김영숙은 한국 악부시의 유형으로 '의고악부', '의근대곡사', '의신악부', '의사악부', '영사악부', '소악부', '잡가요' 일곱 가지를 들고 죽지사는 '의근대곡사'에 넣었다.[62]

박혜숙은 이전의 연구자들의 주장을 비판적으로 받아들여 한국 악부시의 유형으로 '의고악부'(중국 악부시의 의방: 죽지사 포함), '영사악부', '기속악부', '소악부' 네 가지를 들고 있다. 다만 죽지사가 시간이 흐르면서 세부적 모방이 아니라 그 본래의 민가적인 정신을 주체적으로 수용하는 방향으로 나아감으로써 여타의 의고악부와는

　　北. 少以詩歌, 擅名場屋. 嘗作關西竹枝詞一百八首, 極其繁華騈宕之狀."
60) 심경호, 「조선 후기 한시의 자의식적 경향과 해동악부체」, 『한국문화』 2, 서울대학교 한국문화연구소, 1981, 29쪽.
61) 조동일, 『한국문학통사』, 『지식산업사』 제3권, 1989.
62) 김영숙, 「조선 후기 악부의 유형적 연구」, 『어문학』 44·45합집, 한국어문학회, 1984, 33쪽.

다른 의고악부로 발전해 갔다고 보았다. 또한, 조선 후기에 오면 죽지사는 토속적 성격이 강화됨에 따라 기속악부와 내용상 구분되지 않았다. 이에 박혜숙은 죽지사를 통해 의고악부와 기속악부가 조선 후기에 가장 인상적으로 해후하고 있다고 보았다. 즉 죽지사를 기속악부와 동일시할 수는 없고 죽지사가 의고악부라는 사실은 한국 죽지사의 초기적 면모에서뿐만 아니라, 청의 문인 尤侗의 〈外國竹枝詞〉를 모방하여 창작된 조선 후기의 비슷한 죽지사에서도 확인된다고 주장하였다.[63]

박혜숙 이후에 신장섭은 한국의 악부시를 '의고악부', '소악부', '기속악부', '영사악부'로 분류하고 죽지사를 기속악부에 포함시켰다.[64] 김명순은 민간의 풍속 세태를 소재로 한 기속악부와 민풍 토속을 칠언 절구의 연작시 형태에 담아낸 죽지사는 대부분 기속시에 포함된다고 하고 기속악부와 죽지사를 기속시의 하위 개념으로 병치한다고 하였다.[65]

이처럼 한국 학계에서는 죽지사와 악부시의 관계에 대해 통설이 형성되지는 않지만, 죽지사를 악부시의 하위 장르로 간주하는 것은 일반적인 주장이다.

요컨대 한·중 죽지사는 전기에는 민가에서 기원하면서 음악성을 지니는 작품이 일정한 비중을 차지하였으나, 후기로 갈수록 한시 양식으로 정착되면서 점차 음악성을 잃게 되었다는 공통점을 지닌다.

---

63) 박혜숙, 『형성기의 한국악부시 연구』, 한길사, 1991, 60~61쪽.
64) 신장섭, 『한국의 악부시와 작품 세계』, 이치, 2008(a), 45~62쪽.
65) 김명순, 『조선 후기 한시의 민풍 수용 연구』, 보고사, 2005, 16쪽.

하지만 죽지사와 악부의 관계에 대해서는 양국 선인들의 변별의식이 상이하고, 현재 양국 학계에서 악부시의 분류 및 죽지사와의 관계에 대해 아직도 의견이 분분하다. 필자는 죽지사와 악부는 여러모로 연관 지을 수 있지만, 여기에서 죽지사의 여러 특질을 고려하여 죽지사를 악부시의 하위 장르로 기타 악부시 유형들과 구분할 수 있는 독립적인 장르로 규명하는 것은 보다 합리적이라고 여긴다.

이상의 논의를 정리하여 죽지사의 개념을 정의해본다면 다음과 같다.

죽지사는 악부시의 하위 장르로서, 당나라 巴楚 지역의 민가에서 기원하여 劉禹錫을 비롯한 문인들의 改作과 潤色을 통해 형성된 하나의 시가 양식이다. 내용면에서는 남녀 연정과 민간 풍속, 지역 회고, 민간 현실 문제의 폭로 등을 읊고, 형식면에서는 七言四句 連作型이 일반적이고, 五言, 六言, 雜言 등 다양한 변격으로 창작되며 시에 서문, 주석, 발문 등이 첨가되는 경우가 흔히 보이고, 시간이 갈수록 점차 음악성이 없어진다.

위의 개념 규정은 죽지사에 관한 기존의 개념 정의에 비하여 기원지, 내용, 형식, 음악성 및 악부와의 관계 등의 측면에서 죽지사의 특징을 한층 명확하게 보여준다는 점에서 의미가 있다고 할 수 있다.

이상의 정의를 토대로 다음 절에서는 이 책의 연구대상을 한층 더 명료히 밝히기 위하여 죽지사 양식의 세부적인 범주, 특히 한국 죽지사의 범주를 설정해 나가고자 한다.

2. 죽지사의 범주

죽지사에 관한 명확한 개념이 한·중 학계에서 통용되고 있지 않음에 따라, 죽지사의 구체적인 범주에 대한 통설 역시 형성되지 않은 상황이다. 여기서는 필자가 내린 정의에 따라 죽지사의 범주에 수용 가능한 작품들을 살펴보고자 한다.

먼저 관련 선행연구를 살펴보고자 한다. 중국 학계에서 최초로 죽지사의 범주 설정을 시도한 연구자는 翁聖峰이다. 그는 죽지사의 정의에 관해 '惟名定義'와 '實在定義' 두 가지로 나누었다. '유명정의'는 작품 명칭이 '죽지사'로 되어 있거나, 명칭은 죽지사가 아니지만, 서문에 죽지사임을 밝혀 놓은 것을 죽지사로 포함하자는 주장이다. '실재정의'는 명칭이나 서문에 '죽지사'라고 밝혀 놓지는 않았지만, 실질적으로는 죽지사의 성격에 맞는 작품도 죽지사로 포함하자는 주장이다.[66] 徐恭時는 『上海洋場竹枝詞』[67]의 서문에서, 명칭은 죽지사가 아니지만, 실질적으로 죽지사의 성격에 맞는 작품을 '竹枝體'라고 칭하였다. 또한 현재 학계에서는 죽지사를 협의적 죽지사와 광의적 죽지사로 나누는데, 이 중 광의적 죽지사를 '죽지체'라고 부르기도 한다.

葉曄은 옹성봉의 '유명정의'와 '실재정의'의 주장을 받아들이고, '죽지체'의 시대적 변화의 흐름에 주목하여 기존의 연구에는 후대의

---

66) 翁聖峰, 『清代臺灣竹枝詞之研究』, 臺北·文津出版社, 1996, 96~116쪽.
67) 顧炳權, 『上海洋場竹枝詞』, 上海書店, 1996.

개념을 이전 시기의 사례로 추정하는 문제점이 있다고 하였다. 예를 들어 청나라 시기에 죽지사는 地名百詠과 棹歌 등의 기타 風土詩와 합류하여 다른 풍토시에 큰 영향을 끼치면서 이러한 풍토시들의 상위 개념으로 자리 잡기도 하였는데, 일부 연구자들은 상위 개념으로서의 죽지사를 청 이전 시기의 풍토시에도 적용하였다. 즉, 송나라 시기의 지명백영과 朱熹〈武夷九曲棹歌〉를 비롯한 청 이전 시기의 기타 풍토시도 죽지사의 범주에 귀속시켰다. 이와 관련되어 엽엽은 청에서 죽지사와 기타 풍토시의 합류 경향이 나타나기 전에 각 양식은 나름의 기원과 특징을 지니는 독립체였으므로, 시기와 관계없이 기타 풍토시 모두를 죽지사에 포함하면 안 된다고 주장하였다.[68]

黃賢忠은 시대적 변모를 고려하여 분기별로 죽지사를 '祭祀歌辭', '民歌歌辭'와 '隋唐曲辭', '樂府詩' 및 '擬樂府詩歌體', '詩歌體地方志'로 나누고, 이를 바탕으로 협의적, 광의적 죽지사를 각각 정의하였다. 협의적 죽지사는 곡조에 맞추어 부르는 곡사 죽지와 이를 전범으로 삼아 칠언 사구체의 악부시를 의작한 죽지사를 이른다. 광의적 죽지사는 '죽지'로 명명하는 '地方風土雜詠'과 '紀事詩歌'를 포함한다고 주장하였다.[69] 여기서 협의적 죽지사는 기존의 개념 정의보다 한층 명확해졌지만, 광의적 죽지사는 '죽지'로 명명해야 한다는 전제로 인해 범주가 많이 좁혀졌다.

孫傑은 중국 죽지사의 전체적 발전과 흐름을 파악하면서 죽지사

---

68) 葉曄,「竹枝詞的名_實問題與中國風土詩歌演進」,『中國社會科學』, 2014, 145~151쪽. 필자는 이 주장을 수용한다.
69) 黃賢忠, 위의 논문, 114~115쪽.

의 명칭을 정리하였다. 첫째, 제목이 명확히 '죽지'로 표시되어 있는 것(竹枝曲, 竹枝詞, 竹枝辭, 竹枝, 竹枝歌, 變竹枝, 男竹枝歌, 女竹枝歌, 竹枝宛轉詞, 擬竹枝詞, 小竹枝詞, 短竹枝辭), 둘째, 최초에는 죽지사와는 차이가 있었으나 갈수록 죽지사와 가까워진 것(棹歌, 口號, 欸乃曲, 橘枝詞, 桃葉歌), 셋째, '죽지사'로 이름하지 않았으나 실질적으로 죽지사 성격에 맞는 것(桃花流水引(仙家竹枝), 女兒子, 市景詞, 風土詞, 下裏詞, 春帖子詞, 荔枝詞, 桃枝詞, 衢歌, 漁唱(漁乃), 節物詩, 征跡詩, 草珠一串), 넷째, 풍토를 읊고 죽지사의 풍격을 강하게 띠는 것(謠, 曲, 百詠, 雜詠, 雜詩, 雜事詩)[70]으로 총 네 가지로 정리하였다. 첫째는 협의적 죽지사에 해당하는 것이고, 셋째는 분명한 광의적 죽지사에 속하는 것인데, 둘째와 넷째는 죽지사와의 관계에 있어서 혼란스러운 점이 발생할 수 있다.

한국 학계에서는 연구자 대부분은 앞에서 언급한 바와 같이 죽지사와 상위 장르인 악부시와의 관계에만 주목하였고, 죽지사의 범주를 세부적으로 설정하는 데까지는 나아가지 않았다.

다만 김영죽이 '竹枝詞類'라는 개념을 제기하였는데, '죽지사류'란 작품 제목에 '죽지사'가 뚜렷하게 드러나 있거나, 칠언 절구의 전형적인 문인 죽지사 형식을 취하지는 않더라도 '죽지체' 혹은 '죽지조'를 빌어 창작하였다는 작가의 서문이 있거나, 내용과 형식 면에서 기존의 죽지사 형태와 매우 흡사한 작품을 일컫는 말이라고 하였다.[71] 이러한 '죽지사류' 개념은 중국 학계의 '죽지체' 개념을

---

70) 孫傑, 위의 책, 32~46쪽.

빌어 사용한 것으로 보인다.

　김영죽은 한국 죽지사 자료 집성의 필요성을 제기하면서 죽지사라는 형식이 조선 시대 어느 시점에서 어떠한 역할을 하게 되었는가에 초점을 두는 것이 중요하다고 말하였다.[72] 필자는 김영죽이 제기한 조선 죽지사의 역할에 대한 검토의 중요성을 인정한다. 이 외에 한국 죽지사만의 독자적인 특성을 파악하고 한국 죽지사의 범주를 설정하는 것도 중요한 과제로 본다. 즉 개념사의 동태적인 시각에서 한국 죽지사만의 특징을 파악하고, 적절한 개념 범주를 재설정하는 것이 바람직하다고 여긴다.

　이상에서는 죽지사의 범주 설정에 관한 선행연구를 살폈다. 여기에서 이어서 이러한 선행연구에 관해 몇 가지 의문을 제기하고자 한다.

　먼저 기존의 광의적 죽지사의 범주 설정에 의문을 제기한다. 기존의 연구에 따라 '죽지'로 제목을 짓지 않더라도 실질적으로 죽지사적 성격을 지니고 있다면 해당 작품을 광의적 죽지사에 귀속시킬 수 있다고 생각한다. 그러나 죽지사적 성격을 지닌다는 조건이 다소 모호하므로 광의적 죽지사의 범주 역시 명확히 정해져 있지 않다는 문제점이 남아 있다. 일부 연구자들은 광의적 죽지사의 범주를 매우 넓게 설정하고 풍토시라면 무조건 죽지사로 보기도 하였다.[73] 이들

---

71)　김영죽, 위의 논문(2009), 447쪽.
72)　김영죽, 위의 논문(2020), 449~453쪽.
73)　丘良壬 외, 위의 책에 수록된 작품은 약 7만 수에 달한다. 이는 雷夢水, 潘超, 孫忠銓, 鍾山, 『中華竹枝詞』(北京古籍出版社, 1997)에 수록된 2만 여수와 王利

연구자는 민속학의 시각에서 죽지사 작품을 선정한 것인데 문학적 연구의 시각에서 분석해 보면 풍토류 소재는 죽지사 특유의 소재가 아니기에 이러한 선정 기준은 타당하지 않다.

더불어 한국 죽지사의 경우에는 죽지사의 발전 양상과 조선 현지의 기타 풍토시와의 관계에 있어서 나름의 특징이 있기에, 한국의 주체성을 반영하지 않은 채 중국 학계에 의해 설정된 범주만을 적용해서는 안 된다고 생각한다. 즉, 문학적 연구의 시각에서 보면 광의적 죽지사는 한층 합리적인 범주로 재규정할 필요가 있고, 특히 한국의 광의적 죽지사 범주는 주체성을 반영한 채로 설정되어야 한다고 본다.

필자는 이러한 문제를 해결하고자, 문학적 연구의 시각에서 죽지사와 여러 풍토시의 관련을 살펴보고 광의적 죽지사의 범주를 한층 명확하게 규정해 보고자 한다.

먼저 중국 죽지사 개념 범주의 확장 양상을 살펴보겠다. 원나라 郭翼(1305~1364)은 〈欸乃歌詞〉 서문에서 '欸乃歌'가 죽지사와 비슷함을 말하고 죽지사에 합류하는 경향을 보여주었다.[74] 원나라 周霆震(1292~1379)은 〈城西放歌〉 서문에서 당시 군사 활동과 밀접하게 관련 있는 나라의 일들을 기록하기 위해 죽지사를 지었다고 하였는데

器 외, 위의 책에 수록된 2만 5천 여수보다 작품의 규모가 많이 확대된 것이다. 그 중에 첨가된 몇 만 수의 작품 대부분은 매우 넓은 범주의 광의적 죽지사로 확인된다.

74) 郭翼, 〈欸乃歌詞〉, 〈序〉, "吳興蓄者浮舟爲家, 遨遊往來, 具能道山水之勝. 請予言其狀, 如杜之歌夔州, 禹錫之竹枝也. 因制欸乃新詞五章遺之. 言固鄙俚, 不能當古作者, 然或遠方懷其風俗, 使歌之, 亦足樂也."(『林外野言』卷下, 『中華竹枝詞全編·四』, 796쪽.)

작품을 〈성서방가〉로 명명하였다.[75] 명나라 徐世溥는 〈楚謠〉이라는 제목의 작품 서문에서, 해당 작품을 방언을 사용하여 도중에서의 견문을 지리, 풍속 등과 같이 기록하는 죽지사의 종류라고 밝혔다.[76]

또한 명나라 袁宏道(1568~1610)는 〈答李子髯〉의 제2수에서 참된 시는 여항에 있다고 하고 죽지는 참된 시에 가깝다고 높이 평하였으며, 〈桃花流水引〉의 서문에서 "〈桃花流水引〉은 즉 〈仙家竹枝詞〉이다."라고 하였다.[77] 이러한 기록들을 통해 원·명 시기에 들어 죽지사의 범주가 확장되는 경향이 나타났음을 확인할 수 있다.

청나라에 들어 죽지사의 범주는 한층 넓어졌다. 李靜山(1889~1953)은 〈增補都門竹枝〉의 서문에서 죽지사와 잡영, 해학시를 같은 것으로 보고 있다.[78] 定晉岩樵叟의 〈成都竹枝詞〉의 서문에는 죽지사와 해학시의 합류가 나왔음을 말해준다.[79] 王曾翼(?~?)은 〈回疆雜

---

75) 周霆震, 〈城西放歌〉, 〈序〉, "周寇萬四千人發永新, 水陸並下. 八月二十九日, 張錄事出軍. … 當是時, 郡城幾殆. 天也, 國家之福也. 歌竹枝以寫之."(『石初集』 卷五, 『中華竹枝詞全編·五』, 325쪽.)

76) 徐世溥, 〈楚謠〉, 〈序〉, "潯陽至驛左爲鈔關, 榷使臨江大船. … 沿途據所見聞, 兼用方言聯成絶句, 隨地理風物以紀遊蹤, 亦'竹枝詞'之類也."(『楡溪詩鈔』 卷上, 『中華竹枝詞全編·五』, 628쪽.)

77) 袁宏道, 〈答李子髯〉 其二, "當代無文字, 閭巷有眞詩. 卻沽一壺酒, 攜君聽竹枝."(錢伯城, 『袁宏道集箋校』 卷二, 上海古籍出版社, 2008.); 〈桃花流水引〉, "花源棹返, 幽思縈懷, 枕上夢中, 如有所得, 命曰〈桃花流水引〉, 亦〈仙家竹枝詞〉也."(『瀟碧堂集』 卷七, 『中華竹枝詞全編·五』, 608쪽.)

78) 李靜山, 〈增補都門竹枝〉, "靜亭楊老夫子, 作都門打油歌若幹首, 蓋寄興含毫, 以鳴國家之盛; 繪風列俗, 得傳街巷之情, 搜羅殆善並稱矣. 然今已十數年, 風土有所變更, 人情有所嗜好, 風移俗易, 昨是今非, 實未有革故鼎新, 重而增補者, 忽於甲子端陽後, 諸友人談及〈都門雜詠〉一書, 不免動今昔殊情之感, 故雜集諸友, 共爲詠歌, 得詩百餘首, 並選得亭老夫子〈草珠一串〉詩十敎首納於其中, 以充其類."(『都門匯纂』, 『中華竹枝詞全編·一』, 246쪽.)

詠〉의 서문에서 죽지사를 본떠서 잡영을 지었다고 하였다.[80] 石德芬(?~?)은 〈迭克雜詠邊俗竹枝詞〉의 서문에서 잡영은 곧 죽지사라고 하였다.[81] 작가가 밝혀지지 않은 〈燕市雜詠〉의 서문은 죽지사와 잡영을 같은 것으로 보고 있다.[82]

紀昀(1724~1805)은 蔣詩(?~?)의 〈沽河雜詠〉을 위해 써 준 서문에서 잡영은 대개 南宋에서 기원한 것이고 장시가 지은 〈고하잡영〉 일백 수가 옛글을 가지고 주석으로 하여 정밀하게 고증하며 지방지에 누락된 것을 보충할 수 있다고 하고, 유우석의 죽지사의 여운이 있다고 하였다.[83] 張問安(1757~1815)은 〈洋舶雜詩〉의 서문에서 작

---

79) 定晉岩樵叟,〈成都竹枝詞〉, "古之〈竹枝詞〉. 多以記風土人情也. 習俗移人. 賢者不免. 餘僑寓成都將近卅載. 今以痺疾. 不能遊覽. 暇日偶閱六對山人〈成都竹枝詞百首〉. 洋洋大觀. 不覺技癢. 亦效顰作五十首. 間有六對山人所未及者. 蓋實耳聞目染. 不敢妄加譏訾. 有傷詩人忠厚之旨. 至於詞句鄙俚. 充堪噴飯. 閱者謂之'打油歌'可也. 卽謂之'龍安歌'亦無不可."(『成都竹枝詞』嘉慶刊本,『中華竹枝詞全編·六』, 624쪽.)

80) 王曾翼,〈回疆雜詠〉, "乙巳(乾隆五十年) 冬月隨節侯赴喀什噶爾小住兩旬, 經過各回城, 或停驂數日, 或信宿而行. 所見所聞, 拉雜成詠, 共得三十章, 仿古竹枝之遺意, 竊謂回疆風土, 十有七八矣."(張潮,『昭代叢書·癸集』,『中華竹枝詞全編·七』, 355쪽.)

81) 石德芬,〈迭克雜詠邊俗竹枝詞〉, "迭克卽德格也. 雜詠卽竹枝詞也."(『惺庵遺詩』卷一,『中華竹枝詞全編·六』, 681쪽.)

82) 佚名,〈燕市雜詠〉, "竹枝詞之作, 多記載地方之風俗. 往往繪色繪聲, 描摹盡致, 使讀者於該處風俗, 了如指掌. 且出以諧韻之文, 不廢風人之旨, 亦采風者所必不可遺漏之事. 燕京風俗, 已盡載於前數章. 特恐猶有掛一漏萬之譏, 玆錄近人所作竹枝詞數首, 以補其闕, 想亦閱者之所樂觀也."(『中華全國風俗志』下篇卷一,『中華竹枝詞全編·一』, 259쪽.)

83) 紀昀,〈沽河雜詠序〉, "雜詠風土, 自爲一集者. 唐以前不槪見. 今所得見者, 自南宋始. 然大抵山水名區, 追懷古跡, 一丘一壑, 皆足供詩材. 又舊事遺文, 具有記載, 不過搜羅典籍, 以韻語括之. 曾極·董霜傑輩, 往往一集到百篇, 蓋以是也. … 蔣子秋吟, 偶客長蘆, 獨能采掇軼事, 證以圖史. 爲〈沽河雜詠〉一百首, 仍摭拾舊

품의 제목이 잡시인데 실제로는 죽지사의 성격을 가지고 있다고 하였다.[84]

이들의 기록들을 통해 청나라 문단에서 잡영, 잡사시, 잡시 등을 죽지사로 간주하는 경향이 있었음을 알 수 있다. 또한 청나라 尹藝(?~?)는 〈蒙化曲〉의 서문에서 南朝國(738~902)에서 기원한 〈몽화곡〉 중에 고악부에 가까운 곡조가 있기에 그중의 여러 말을 따와 죽지사로 지었다며 죽지사 창작 의식을 소개하였다.[85] 張澍(?~?)는 〈駱駝曲〉 서문에서 〈낙타곡〉으로 제목을 삼았지만 속어를 많이 사용하여 죽지사의 遺意를 간직하고 있다고 하였다.[86]

정리하면, 원·명 시기부터 범주가 확장된 죽지사는 특히 청나라 시기에 들어 기타 시 종류에 많은 영향을 끼치면서 범주를 한층 넓혀 갔다고 할 수 있다. 하지만 현재 학계에서는 죽지사와 이러한 시 종류들과의 관계를 제대로 정리하지 않았는데, 필자는 이를 명확히 정리해야 광의적 죽지사의 적절한 범주를 설정할 수 있다고 본다.

　　文以注之, 其考核精到, 足補地志之遺, 其俯仰淋漓, 芒情四溢, 有劉郞〈竹枝〉之遺韻焉."(華鼎元, 『梓裏聯珠集』, 『中華竹枝詞全編·一』, 347쪽.)
84)　張問安, 〈洋舶雜詩〉, "夏日在廣州, 戲作〈洋舶雜詩〉六首. 舟行無事, 偶憶及之. 錄於此備一時. 故實亦竹枝浪淘沙."(『亥白詩草』 卷三, 『中華竹枝詞全編·六』, 288쪽.)
85)　尹藝, 〈蒙化曲〉, "蒙化曲起於南詔, 淫麗而哀. 其中頗有近古樂府者, 聊采數語權當竹枝詞."(『永昌府文征』, 『中華竹枝詞全編·七』, 139쪽.)
86)　張澍, 〈駱駝曲〉, "偶出東郊, 見駱駝成群, 昻首長鳴, 有乘涼遠征之槪. 歸而思之, 古人無專賦此物者, 因作駱駝曲十五首, 不覺辭費, 多用俗語爲之, 以存竹枝詞遺意云爾."(『養素堂詩集』 卷五, 『中華竹枝詞全編·七』, 250쪽.)

〈표2〉『中華竹枝詞全編』에 수록된 광의적 죽지사 명칭

순번	유형	명칭	비고
1	詠	雜詠, 百詠, 八詠, 十詠, 紀詠 등	(1) '雜詩', '棹歌', '桃葉歌', '口號', '蒙化曲' 등은 죽지사가 탄생하기 전에 나왔음; (2) '夔州歌', '欸乃曲', '樵歌', '采蓮曲', '采蓮詞', '田家詞', '口佔', '雜興' 등은 죽지사와 비슷하게 당나라 때에 나왔음; (3) '百詠', '橘枝詞', '柳枝詞', '八景詩', '春日詞' 등은 죽지사가 나온 이후인 송나라 때에 출현하였음.
2	歌	棹歌, 桃葉歌, 樵歌, 漁歌, 捕魚歌, 杵歌, 踏歌, 茶歌, 風土歌, 女兒歌, 巴渝歌, 夔州歌, 北吳歌 등	
3	曲	欸乃曲, 采蓮曲, 迎神曲, 漁婆曲, 怨春曲, 元夕曲, 閩茶曲, 蒙化曲, 漢口曲 등	
4	詩	雜詩, 雜事詩, 風俗詩, 風土詩, 紀俗詩, 八景詩, 十景詩 등	
5	詞	橘枝詞, 柳枝詞, 荔枝詞, 龍眼詞, 踏燈詞, 觀燈詞, 踏青詞, 賞花詞, 田家詞, 月令詞, 四時詞, 閨詞, 采蓮詞, 春日詞, 唱詞, 下裏詞, 漁父詞, 女兒詞, 巴渝詞 등	
6	其他	雜絶, 雜興, 雜紀, 雜憶, 口號, 口佔, 歎, 唱, 吟, 謠 등	

〈표2〉에서 나온 작품류는 민속학적 시각에서 편찬된 책에서 나온 것으로 이 책에서 설정한 작품의 범주는 지나치게 넓다. 필자는 죽지사와 위에서 열거한 시 종류의 관계를 다음과 같이 정리하고, 광의적 죽지사의 범주를 재설정하고자 한다.

'雜詩', '棹歌', '桃葉歌', '口號', '蒙化曲' 등은 죽지사가 탄생하기 전에 이미 나온 시의 종류이고, '夔州歌', '欸乃曲', '樵歌', '采蓮曲', '采蓮詞', '田家詞', '口佔', '雜興' 등은 죽지사와 비슷하게 당나라 때에 나왔으며, '百詠', '橘枝詞', '柳枝詞', '八景詩', '春日詞' 등은 죽지사가 나온 이후인 송나라 때에 출현하였다. 이처럼 대부분의 종류는 죽지사가 풍토시의 대표로 부상된 청 이전에 이미 나온 것으로 나름의 기원과 특징을 지니는 독립적 종류로 봐야한다.

먼저 '棹歌'와 죽지사의 관계를 보자. 朱彛尊(1629~1709)은 〈鴛鴦湖棹歌〉의 서문에서 〈원앙호도가〉가 〈죽지〉, 〈낭도사〉의 곡조와 비슷한 점을 소개하였다.[87] 일부 연구자들은 이를 증거로 주이존의 도가 작품과 이에 창화한 작품들을 죽지사에 귀속시켰다. 필자는 주이존이 여기에서 죽지사와 낭도사를 동시에 언급하는데 왜 굳이 그의 이 작품을 죽지사로 간주하는지 의문이 든다. 사실 도가 역시 청나라 시기에 많이 창작되었으므로 죽지사와 구별되는 하나의 독립 시가 형식으로 볼 수 있다.

그리고 '八景詩', '十景詩', '八詠', '十詠' 등은 민간 풍토보다는 단순히 풍경에 집중되는 시이므로 전통적인 죽지사와 거리가 있다. 필자는 이들 종류를 죽지사와 구분하는 독립적인 양식으로 봐야 한다고 여긴다.

하지만 '橘枝詞', '柳枝詞', '荔枝詞', '龍眼詞' 등처럼[88] 직접적으로 죽지사의 영향을 받아 탄생한 종류는 광의적 죽지사로 귀속하기에 적절하다. '踏燈詞', '觀燈詞', '踏靑詞', '賞花詞', '田家詞', '月令詞', '四時詞', '閨詞', '采蓮詞', '采蓮曲', '迎神曲', '漁婆曲', '元夕曲', '鬪茶曲', '樵歌', '漁歌', '捕魚歌', '杵歌', '踏歌', '茶歌' 등처럼 민간 풍속이나 명절의 명칭 뒤에 '詞', '曲' 또는 '歌'를 붙인

---

87) 朱彝尊, 〈鴛鴦湖棹歌〉, 〈序〉, "甲寅歲暮, 旅食潞河, 言歸未遂, 爰憶風土成絶句百首, 語無詮次, 以其多言舟楫之事, 題曰〈鴛鴦湖棹歌〉, 聊比竹枝, 浪淘沙之調, 冀同裏諸君子見而和之云爾. 成絶句百首, 原稿作兼懷一二親懿口號, 絶句八十八首."(『鴛鴦湖棹歌』 乾隆年間刊本, 『中華竹枝詞全編·四』, 659쪽.)

88) 顧光, 〈桃枝詞〉, 〈序〉, "竹枝詞於樂府雜曲外別具音調. 後人繼作有柳枝, 橘枝諸詞. 可謂各極姸妙矣. 餘乃作桃枝詞. 欲以嗣響前哲. 世有老鐵諸公. 當不令餘麼弦獨奏也."(『橘頌堂集』, 『中華竹枝詞全編·四』, 639쪽.); 林芳, 〈唱龍眼詞〉, "〈閩小紀〉載〈唱龍眼〉一條. 餘嘗廣詢園丁. 皆云無有. 卽其歌聲. 亦未經聞見. 豈今昔頓珠歟？另補〈唱龍眼詞〉. 猶竹枝, 橘枝遺意也."(『竹佃閒話錄』 卷五, 『中華竹枝詞全編·五』, 218쪽.)

작품들은 소재 면에서 죽지사의 민간 친화적 성격에 맞기 때문에 광의적 죽지사에 포함해도 무방하다고 여겨진다. 다만 죽지사가 풍토시의 대표로 부상된 이후에 나온 죽지사의 일반적인 형식을 취한 이들 작품만 이에 해당할 수 있다.

이어서 한국 죽지사 범주의 확대를 살펴보겠다. 한국의 죽지사는 조선 중기에 들어 죽지사를 본떠서 시를 쓴 경우가 나타났지만[89], 당시에 죽지사의 영향이 그만큼 커지지 못하였다. 조선 후기에 죽지사의 영향이 한층 커졌음에 따라 〈漁父詞〉 등의 종류를 포함하는 경향을 보였다. 李喜之(1681~1722)는 〈어부사〉의 서문에서 "을유년 섣달에 아우의 딸이 마마를 앓아 의원을 불러 약방문을 점검한 나머지 답답한 마음에 어찌할 바를 모르다. 멀리 고향 풍경을 생각하여 나도 모르게 내 마음이 그곳으로 달려갔네. 이보다 앞서 매양 扶江(부여 백마강)의 어부들이 부르는 죽지사를 짓고자 하였으니 완성하지 못하였다. 우연히 약즙에 적셔서 입에서 나오는 대로 읊어서 약간 수를 얻었으니, 애오라지 시름을 달래고자 함이다."[90]라고 하였다. 이를 보면 제목은 '어부사'이지만 실질적으로 죽지사임을 밝히고 있다. 민간 어부의 일상을 소재로 삼고, 죽지사를 지을 때에 많이 사용되는 '구점'이라는 방식도 사용하였다.

즉, 이 〈어부사〉는 소재와 창작 수법의 측면에서 전통적인 죽지사

---

89) 조선 중기에 權韠(1569~1612)의 〈春江詞效竹枝歌〉 2수와 崔鳴吉(1586~1647)의 〈效竹枝詞〉 2수 등 죽지사를 본떠서 쓴 작품이 나왔다.
90) 李喜之, 『凝齋集』 卷之一, 〈漁父詞〉, 〈序〉, "乙酉窮臘, 弟女患痘. 延醫檢方之餘, 憂惱無聊. 遠想家鄉風景, 不覺神往. 先是每欲題扶江漁父竹枝詞而未成, 偶蘸藥汁, 率爾口占, 凡得若干首, 聊以遣愁."

의 성격에 맞는 것으로 보인다. 이처럼 '죽지사'로 명명하지 않지만, 소재, 수법 및 성격상 죽지사와 상통한 일련의 작품들은 광의적 죽지사 범주에 포함해도 된다고 여겨진다.

조선 후기에 죽지사 창작이 활발해지면서 당시 문인들은 내용, 형식, 창작 수법 등 여러 측면에서 죽지사와 유사한 작품들을 죽지사로 간주하는 경향을 보였다. 예를 들어 신광수의 〈관서악부〉는 칠언 사구와 서문이 달려있는 형식의 작품으로 관서 지역의 민간 풍속, 인정세태, 해당 지역의 역사 사건과 인물 들을 노래한 악부시이므로 이덕무는 신광수의 〈관서악부〉를 죽지사로 간주하였다. 이는 당시에 죽지사의 영향이 커졌음을 증명할 수 있다.

또한 李裕元(1814~1888)은 〈關西別曲〉의 주석에서 고려 시기 鄭知常의 칠언 절구 〈西都〉[91]를 〈關西竹枝詞〉로 칭하였다.[92] 정지상의 〈서도〉에서 "푸른 창 붉은 문에 흐느끼는 노랫가락, 이 모두 다 이원 제자의 집이라네〔綠窓朱戶笙歌咽, 盡是梨園弟子家〕."라고 하였는데, 이는 고려의 西京 지역에서 이원 제자들이 노래를 부르는 장면을 묘사한 것이다. 여기에서 죽지사가 창작되기 이전인 고려 시기의 작품을 죽지사로 간주한다는 주장을 받아들이기 어렵지만[93],

---

91) 鄭知常, 〈西都〉, "紫陌春風細雨過, 輕塵不動柳絲斜. 綠窓朱戶笙歌咽, 盡是梨園弟子家."(『東文選』卷之十九.)

92) 李裕元, 『嘉梧藁略』冊一, 〈樂府·補製散樂十六首〉, 〈關西別曲〉, "白評事光弘作此詞, 古人題詩曰: '長城一面溶溶水, 大野東頭點點山.' 爲著題, 〈關西竹枝詞〉, '綠窓朱戶笙歌咽, 盡是梨園弟子家.'"

93) 현재의 연구자로서의 입장에서는 고려 시기에 창작된 정지상의 〈서도〉를 죽지사의 범주에 넣으면 안 된다고 생각한다. 고려 시기의 한국에서 죽지사라는 양식이 본격적으로 창작되기 시작하지도 않았는데, 이는 앞에서 말한 후대의 개념을 이전

이를 통해 조선 후기 죽지사의 영향력을 엿볼 수 있음을 인정하지 않을 수가 없다.

이유원은 조선 후기의 대표적인 죽지사 작가다. 〈異域竹枝詞〉 30수, 〈臨瀛竹枝詞〉 10수와 〈岐城竹枝詞〉 20수 등 여러 지역의 죽지사를 지은 것으로 보아, 그가 죽지사의 지역성을 중요시하였음을 알 수 있고, 이런 맥락에서 정지상 작품을 죽지사로 칭하였던 듯하다.

이후 죽지사가 다루는 대상 지역이 확장됨에 따라, 최영년은 조선 전역을 대상으로 560수의 장편 거작 『해동죽지』를 지었다.[94] 내용상으로 상편에는 '檀君朝鮮', '箕子朝鮮', '新羅', '高句麗', '百濟', '駕洛', '高麗', '朝鮮' 각 시기의 '奇聞異事'를, 중편에는 '俗樂遊戲', '名節風俗', '飮食名物'을, 하편에는 '樓臺亭閣', '殿廟祠墓', '壇所祀享' 등을 다룬 작품들이 수록되어 있다. 조선조의 역사 사건, 고적 등과 관련된 이야기들을 다루는 상편의 작품들은 기존의 '海東樂府類' 영사악부로 귀속해도 될 것으로 보인다. 다만 조선 각 지역의 풍속 세태와 누대 정각, 제사 활동과 관련된 중편과 하편의 작품들은 강한 지역성과 통속성을 지니는 전통적인 죽지사 작품으로 확인된다. 때문에 최영년의 이 작품은 '해동'이라는 말을 사용해서 지역성을 부각하는 동시에 조선 전역을 죽지사의 대상으로 삼은 작품

시기의 사례로 추정한다는 문제가 있다. 즉 이유원의 말대로 정지상의 〈서도〉를 이후에 출현한 죽지사라는 개념에 적용시키면 안 된다는 주장이다. 오히려 신광수의 〈관서악부〉의 창작시기는 조선 후기이므로 당시 죽지사가 한창 유행중이고, 죽지사의 개념 범주까지 확장되었기에 이를 광적 죽지사로 볼 수 있다고 여겨진다.

94) 徐有英도 〈海東樂府竹枝詞〉 수백 수를 지었다. 다만 대부분이 유실되었고, 『錦溪筆談』에 2수만 전해진다. (장효현, 위의 논문(1985)에서 이를 소개한 바 있다.)

이라고 할 수 있다.

조선 후기에는 사대부 문인들이 자기 성찰을 통해 주체 사관의 확립을 이루는 영사류인 '해동악부' 작품도 많이 창작되었는데, 이러한 '해동악부체'[95] 작품에서 나온 '해동'은 영사의 전통을 계승하면서 조선의 주체성을 강조하는 의식을 담고 있고, 내용면에 있어서는 역사류 소재를 위주로 다룬다. 어찌 보면 '해동죽지'와 '해동악부체' 작품은 내용상 겹치는 부분이 있지만, 각자의 창작의 목적과 특질이 다름으로써 서로 구별해야 한다고 생각한다.

다시 말해, 조선 후기에 죽지사가 포괄하는 지역이 확장됨에 따라, 전통적인 악부시 작품에 흔히 등장하였던 '관서'와 '해동' 등의 지명이 죽지사 작품에서도 등장하였다. 이에 힘입어 내용이 서로 겹치기도 하였다. 그리하여 이덕무와 이유원을 비롯한 조선 후기의 문인들은 해당 지역을 내세우고 악부로 지은 작품을 죽지사로 간주하였다.

이는 조선 후기에 죽지사의 영향력이 커졌음에 힘입어 '악부'로 명명되는 일부의 작품에도 죽지사적 성격이 가미된 것이다. 이러한 과정에서 형성된 민간성과 지역성이 농후한 악부시 작품의 일부는 광의적 죽지사의 범주에 귀속시킬 수 있을 것이다. 다만 독자적인 특질을 지니는 '해동악부체'는 이에 해당하지 않는다.

또한 한국에서 죽지사가 기타 장르에 미친 영향은 중국만큼 확대되지 못하였지만, 조선 후기에 들어 죽지사의 영향력이 확대됨에 따

---

95) 심경호의 위 논문에서 '해동악부체'를 하나의 독립적인 양식으로 규정한 바 있다.

라 지역명, 풍속, 민간인의 일상 등을 제목에 명시하거나 민간 친화적 소재를 다룬 일부 작품들은 광의적 죽지사에 귀속할 수 있다. 다만 그 이전 시기의 작품은 죽지사와 구별해야 한다. 예를 들어 조선 전기 兪好仁의 〈觀音窟雜詠〉 5수, 〈關西雜詠〉 4수와 〈關西雜詠〉 6수는 지역을 읊은 잡영인데, 죽지사의 영향력이 확장되기 전에 나온 작품이므로 죽지사의 범주에 귀속시키면 안 된다.

마지막으로 죽지사 개념과 관련된 논란의 지점인 '죽지체'의 개념을 살펴본다. 중국과 한국 학계에서는 관습적으로 대개 광의적 죽지사를 '죽지체'로 칭한다. 앞서 언급한 바와 같이 중국 학자인 서공시는 『상해양장죽지사』 서문에서 명칭은 죽지사가 아니지만, 실질적으로 죽지사의 성격에 맞는 작품을 '죽지체'라고 칭하였다.

한국 학자인 김영죽은 '죽지사류'라는 개념을 제기하였는데, 그 개념은 작품 제목에 '죽지사'라고 뚜렷하게 적혀 있거나, 전형적인 문인 죽지사 형식을 취하지는 않더라도 '죽지체' 혹은 '죽지조'를 빌어 창작하였다는 작가의 서문이 있거나, 그 내용과 형식 면에서 기존의 죽지사 형태와 매우 흡사한 작품을 일컫는 말이라고 하였다. 여기에서 '죽지사류'라는 개념은 중국 학계의 주장을 가져다 쓴 것이다.

하지만 양국 학계의 이러한 '죽지체'의 개념은 고대 문인들이 제기한 '죽지체'와 다르다. 먼저 각 시기 문인들이 제기한 죽지체를 살펴보자. '죽지체'라는 용어는 송나라 汪夢鬥(?~?)의 〈思家五首竹枝體〉에서 최초로 나왔다. 이후 명나라 曹國樸(?~?)의 〈遊塔橋效竹枝詞體〉, 顧璘(1476~1545)의 〈采樵歌效竹枝體〉, 청나라 龐塏(1657

~1725)의 〈長安雜興效竹枝體〉, 賴洪禧(1770~1852)의 〈到滸雜詠用竹枝體〉, 車騰芳(?~?)의 〈荔枝詞仿竹枝體〉와 葉日蓁(?~?)의 〈都邸元夕效竹枝體〉, 李楷(1603~1670)의 〈竹枝體〉 2수에서 나왔고, 조선 후기 金時敏(1681~1747)의 〈三疊和栢堂效竹枝體〉에서도 나온 바 있다.

이상의 작품에서 사용된 '죽지체'라는 개념은 장르나 양식의 구분을 일컫기보다는 작품 전체의 풍격이나 언어 스타일을 뜻함에 더 가까운 것으로 보인다.[96] 특히 師範은 〈竹枝詞〉 서문에서, "곧 측운으로 시를 짓고 나자 鐵禪이 말하길 '반드시 평운으로 이어야 운이 비로소 완비될 것이다.'라고 하였다. 賈勇은 이를 두고 고향을 그리워하는 말이 많다고 하였는데, 나그네의 情態가 대체로 이 같을 뿐이다. 간간이 죽지체를 사용한 것은 그 편의을 따른 것이다〔即成仄韻後, 鐵禪曰, 必繼以平韻而韻始全. 賈勇謂之多懷鄉之語, 旅人情態, 大都如是耳. 間用竹枝體從其易也〕."[97]라고 하였는다. 이는 '죽지체'라는 말이 풍격과 언어를 가리키는 용어라는 점을 더 분명하게 보여준다.

이처럼 고대 문인들의 '죽지체'와 현대 학계의 '죽지체'는 상이하다고 할 수 있으며, 이러한 차이로 빚어질 개념의 혼동을 피하기 위해, '죽지체'라는 개념어를 사용하지 않고 '광의적 죽지사'라고 칭하겠다.

---

[96] 葉曄, 위의 논문(2014), 148쪽에서 이러한 점을 언급한 바 있다.
[97] 師範, 〈竹枝詞〉.(『金華山樵詩前后集·汎舟吟稿鈔』 卷下, 『中華竹枝詞全編·四』, 383쪽.)

정리하면, 광의적 죽지사의 범주를 재설정하기 위해서 먼저 중국의 광의적 죽지사의 범주를 정리하였다. '도가', '팔경시' 등을 죽지사와 구별하고, '굴지사', '류지사' 등 직접적으로 죽지사의 영향을 받으면서 탄생한 한시 종류는 광의적 죽지사로 귀속시킬 수 있다. 또한 나머지 일련의 민중 풍속, 명절의 명칭 뒤에 '사', '곡', 또는 '가'를 붙인 작품은 소재적 측면에서 죽지사의 민간 친화적 성격에 부합하여 광의적 죽지사에 포함해도 무방하다. 다만 죽지사가 풍토시의 대표로 부상된 이후 즉 청나라 시기에 나온 죽지사의 일반적인 형식을 취한 이들 작품만 이에 해당할 수 있다. 나머지 '잡영(잡절, 잡시, 잡흥 등)' 등은 창작 시기를 고려하여 죽지사인지 아닌지를 판단해야 할 것이다. 청에 창작된 이들 작품은 죽지사로 볼 수 있으나 이전 시기의 작품은 광의적 죽지사에 귀속시킬 수 없다.

한국의 경우, 죽지사의 영향력이 중국만큼 커지지 못하였지만, 조선 후기에 들어 각 지역에 주목한 악부로 명명된 일부의 작품이나 풍토시는 광의적 죽지사의 범주에 귀속시킬 수 있다. 다만 그전에 나온 작품은 죽지사와 구별해야 한다. 특히 민족적 주체 의식을 드러내는 한국 특유의 '해동악부시체'가 역시 죽지사와 구별되어야 한다.

마지막으로 선인들의 '죽지체'와 현대 학계의 '죽지체' 개념의 차이로 인한 개념의 혼동을 피하기 위해, 이 책에서는 '죽지체'라는 용어를 사용하지 않고 직접 '광의적 죽지사'라고 부르고자 한다.

제3장

시기별 창작 양상

한국은 중국 파초 지역 민가에서 기원한 죽지사 양식을 수용하였고 주체적인 창작을 활발하게 이루었다. 이에 따라 죽지사는 풍토시 등 다른 종류에 적지 않은 영향을 끼치면서 개념의 범주를 확장하게 되었다. 이 가운데 죽지사의 일반적인 개념 정의에 맞는 협의적 죽지사 외에 한층 넓은 범주에 속하는 광의적 죽지사가 연달아 창작되었다. 이 책의 연구대상은 한국의 협의적 죽지사와 더불어 광의적 죽지사까지 아우른다.

본장에서는 시기별로 한국 죽지사의 창작 및 전개 양상을 살펴보고자 한다.[98] 죽지사는 고려 시대에 수입된 이후로 시대적 분위기에

---

[98] 이 책에서 한국 죽지사의 전개 양상을 살펴보는 데 한국학계에 의해 조선 시대를 전기와 중기, 후기로 삼분하는 견해를 따르고자 한다. 조선 중기는 한국 한시사 및 고전 비평사에서 매우 중요한 전환기였다. 16세기 후반이 되자 그 이전 시대에 주목을 받았던 '宋詩風'의 작시 경향에서 벗어나 '唐詩風'에 기반하여 시를 짓는 풍토가 마련되었다.(조융희, 『조선 중기 한시 비평론』, 한국문화사, 2003, 6쪽.) 실은 조선 중기의 이러한 당시풍 경향은 죽지사 창작에 큰 영향을 미쳤음으로써 조선 시대를 삼단계로 구분하는 것은 죽지사의 창작 흐름을 보다 뚜렷하게 볼 수 있으리라 여겨진다. 구체적으로 조선의 건국~16세기 중반은 조선 전기이고, 16세기 후반~17세기 중반은 조선 중기이며 17세기 후반부터~구한말은 조선 후기이다. 또한 죽지사가 처음에 전입되었던 고려말을 따로 독립시키기 어렵기에 이 책에서 고려말과 조선 전기를 한국 죽지사의 초창기로 보고, 근대 전환기까지 죽지사가 계속 창작되었기에

따른 다양한 창작 양상을 보였다. 고려 말기는 죽지사 수용의 첫 단계이고, 조선 전기는 죽지사가 본격적으로 창작되기 시작한 단계이다. 두 시기를 묶어서 죽지사 창작의 草創期로 볼 수 있다. 조선 중기는 唐詩風의 영향으로 擬作하는 경향이 주류를 이루었으나 일부 조선적 요소를 드러내는 작품이 출현해서 過渡期에 해당한다고 생각한다. 조선 후기 죽지사는 작가층이 한층 확대되어서 양적 성장이 이루어지는 동시에 조선풍 경향이 짙다. 이 시기는 조선만의 지역성을 비롯한 여러 특질을 부각하는 죽지사가 활발하게 창작되어 한국 죽지사의 全盛期라고 본다. 또한 근대 전환기까지 죽지사가 계속 창작되었기에 이 시기를 전성기에 포함시키겠다.

1. 草創期: 여말선초의 죽지사

고려 말기에 신진 사대부 문인들은 자국의 말로 불리는 가요와 민요에 대해 관심을 가지게 되었다. 이를 소재로 삼아 칠언 절구의 한시 형태로 〈소악부〉를 창작하였다. 이러한 분위기 속에서 고려 말의 문인들은 중국의 민가에서 기원한 죽지사에도 주목하게 되었다. 조선 전기에 들어서면 영남 사림파 문인들에 의해 죽지사가 본격적으로 창작되기 시작하였다.

조선 후기와 근대 전환기를 묶어서 전성기로 보겠다.

1) 죽지사의 受容期

한국에서 처음으로 죽지사를 수용한 시기는 고려 말로 추정된다. 그 근거는 이제현이 최초로 죽지사를 언급한 기록에서 찾을 수 있다. 구체적인 내용은 다음과 같다.

> 어제 郭翀龍을 만나보았는데 그의 말이, 及菴(閔思平)이 소악부에 화답을 하려고 하였으나 같은 일을 두고 시어가 중복되기 때문에 하지 않았다고 한다. 이에 내가 말하길 "劉賓客이 지은 〈죽지가〉는 기주와 삼협 지역의 남녀가 서로 즐기는 바를 노래한 말이고 소동파는 이비, 굴원, 초회왕, 항우의 일을 엮어서 長歌를 지었는데, 이것이 어찌 옛사람을 답습한 것이겠는가? 급암이 별곡에서 마음에 느낀 것을 취하여 새로운 가사로 바꾸어 짓는다면 괜찮을 것이다." 하고는 두 편을 지어 북돋아 주었다.[99]

이제현은 "유빈객이 지은 〈죽지가〉는 기주와 삼협 지역의 남녀들이 서로 사랑함을 표현한 것이고 소동파는 이비(娥皇, 女英), 굴원, 초회왕, 항우의 일을 엮어서 장편 노래를 지었는데 옛사람의 것을 답습한 것이었던가?"라고 하며 유우석과 소식의 〈죽지사〉를 비교하였다. 그는 閔思平(1295~1359)에게 유우석 이후에 소식이 〈죽지사〉

---

[99] 李齊賢, 『益齋亂稿』 卷四, "昨見郭翀龍, 言及菴欲和小樂府, 以其事一而語重, 故未也. 僕謂劉賓客作竹枝歌, 皆夔峽間男女相悅之辭, 東坡則用二妃, 屈子, 懷王, 項羽事, 綴爲長歌. 夫豈襲前人乎? 及菴取別曲之感於意者, 翻爲新詞可也. 作二篇挑之.", 번역은 〈한국고전종합DB〉의 번역을 참고하되 문맥을 고려하여 일부 수정하였다.

를 새로 지었음을 언급하면서 자신의 소악부에 화답하길 권유하였
다. 위의 대목을 통해 이제현은 죽지사를 창작하지 않았지만, 중국
죽지사에 대해 잘 알고 있었던 사실을 확인할 수 있다. 이제현이 죽
지사를 접한 계기를 자세히 살펴봄으로써 한국 죽지사의 유래를 파
악해 보고자 한다.

이제현은 1314년에 忠宣王의 명에 따라 원나라 수도 연경으로
갔고, 주로 萬卷堂에 머물면서 활동하였다. 1316년에는 충선왕을
대신하여 파 땅에 위치한 峨眉山에 가서 致祭한 적이 있었다.[100]
파 지역은 죽지사의 발원지로 원나라 시대에 죽지사가 활발하게 창
작된 곳이었다. 이제현은 원나라를 다니면서 다양한 것을 견문하였
다. 그러므로 이제현이 파 땅에 머물던 기간 동안에 죽지사를 접하
였을 가능성이 매우 높다고 여겨진다.

그는 원나라에 머무는 동안 여러 문사와 교유하였다. 그는 화가이
자 서예가인 趙孟頫(1254~1322)와 교유하면서 〈二陵早發趙學士詩
附〉와 〈和呈趙學士子昂〉 등의 시를 남겼다. 散曲 작가인 張養浩
(1270~1329)와도 직접 시문을 주고받으면서 〈張希孟侍郞見示江湖長
短句一編以詩奉謝〉를 수창하였고, 翰林直學士 元明善(1269~1322)
의 贈別詩에 화답하며 〈奉和元復初學士贈別〉을 짓기도 하였다. 이
외에 奎章閣學士이자 元詩四大家 중 한 사람인 虞集(1272~1348)과
석학 湯炳龍(1241~1323) 등과도 친분을 가졌고[101], 許謙(1270~1337),

---

100) 李齊賢, 『益齋亂稿』 卷一, 〈八月十七日放舟向峨眉山〉, "錦江江上白雲秋, 唱
徹驪駒下酒樓. 一片紅旂風閃閃, 數聲柔櫓水悠悠. 雨催寒犢歸漁店, 波送輕鷗近
客舟. 孰謂書生多不偶, 每因王事飽淸遊."

陳樵(1278~1365), 朱德潤(1294~1365) 등은 이제현에게 시를 지어주었다.[102]

또한 "충선왕이 총명하고 古道를 좋아하여, 중국의 博學한 선비인 王構(1245~1310), 閻復(1236~1312), 姚燧(?~?), 蕭𣂏(?~?), 趙孟頫, 虞集 같은 이들이 모두 그 門庭에 방문하였다."[103]라고 한 이제현의 언급을 미루어보면 당시 이제현이 조맹부와 우집은 물론이고 왕구, 염복, 요수, 소구 등과도 충선왕의 문정에서 만남을 가졌던 적이 있다는 사실을 짐작할 수 있다. 특히 그와 교유한 우집은 연작 형식의 〈竹枝歌〉, 〈竹枝詞〉와 〈次韻竹枝歌答袁伯長〉 등 많은 죽지사를 지었기에, 원나라의 대표적인 죽지사 작가로 꼽힌다. 진초는 양유정의 서호 죽지사 창화 집단의 일원으로 〈西湖竹枝詞〉 연작시를 지었다. 이처럼 이제현은 원나라에서 지내는 동안 여러 문인과 교유하면서 당시 원나라에서 성행하던 죽지사 창작의 분위기를 잘 파악할 수 있었을 것이다.

이제현에 이어서 고려 말의 많은 신흥 사대부 문인들은 죽지사를 언급하거나 시적 소재로 활용하기에 이르렀다. 예를 들어 안축은 원나라 制科에 합격하여 遼陽路 蓋州 判官에 제수되었던 고려 말기의 신흥 사대부 문인이다. 그는 〈同使上妓謠〉의 서문에서 "비록 학사의 매화시를 외지는 못하나, 아쉬운 대로 아녀자의 〈죽지가〉를 올리

---

101) 지영재, 『서정록을 찾아서』, 푸른역사, 2003, 28쪽.
102) 장동익, 『元代麗史資料集錄』, 서울대출판부, 1997, 179~186쪽.
103) 李齊賢, 『益齋亂稿』 卷九, 〈史贊・太祖〉, "忠宣聰明好古, 中原博雅之士如王構, 閻復, 姚燧, 蕭𣂏, 趙孟頫, 虞集, 皆游其門."

네〔雖未誦學士之梅花畦, 聊自呈儂家之竹枝歌〕."[104]라고 하였는데, 여기서 말한 죽지가는 당시 기생들이 부르는 가요를 의미한 것으로, 중국 민가 죽지가의 명칭을 빌려쓴 것이다.

權漢功(?~1349)은 충렬왕 때 과거에 급제해 1294년에 直史館에 임명되고 聖節使로 원나라에 다녀왔던 인물이다. 원나라에서 그는 충선왕의 총애를 받으며 왕을 모셨는데, 1313년 충선왕이 양위를 결정하고 상왕으로 물러나면서 자신 역시 권력의 핵심 자리에서 물러나야 하는 상황에 처하게 되었다. 이즈음 권한공이 지은 〈皇慶癸醜酒酣得四書於大同江軒窓〉에는 "〈그 사람은〉 완연히 물 가운데 있는 듯 원근이 아득하고, 해질녘 어딘가에서 〈죽지가〉 소리가 들리네〔宛在水中迷遠近, 夕陽何處竹枝歌〕."[105]라는 구절이 있다. 皇慶癸醜는 1313년이며 "완연히 물 가운데 있는 듯하오〔宛在水中央〕." 라는 구절은 『詩經』·〈秦風·蒹葭〉의 구절[106]을 인용한 것으로, 여기에서는 자신이 모시는 충선왕이 물러나면 자신은 어떻게 될지 모른다는 불안한 심정을 표현한 것이다. 이어서 자신의 이러한 기분을 아는지 모르는지 "해질녘 어느 곳에서 죽지가 소리가 들린다."라고 하였는데, 여기에서 말한 죽지가는 겉으로는 남녀 사랑을 노래한 것으로 보이지만, 실질적으로는 자신의 처지에 따른 감회를 우회적으

---

104) 安軸, 『謹齋集』 卷之二, 〈同使上妓謠十首幷引〉 "乘軺度嶺, 紅旗翠旆之爭迎, 踏襖出門, 玉釧金釵之未整, 雖未誦學士之梅花畦, 聊自呈儂家之竹枝歌."
105) 權漢功, 〈皇慶癸醜酒酣得四書於大同江軒窓〉, "磯邊綠樹春陰薄, 江上靑山暮色多. 宛在水中迷遠近, 夕陽何處竹枝歌."(『東文選』 卷二十一.)
106) 『詩經』·「秦風·蒹葭」, "蒹葭蒼蒼, 白露爲霜. 所謂伊人, 在水一方. 溯洄從之, 道阻且長, 溯遊從之, 宛在水中央."

로 형상화한 시적 이미지로 활용된 것이다.

李穡(1328~1396)은 1341년에 진사가 되고, 1348년 3월 원나라에 가서 國子監의 生員이 되어 성리학을 연구하다가 1354년 원나라 制科의 會試에 1등, 殿試에 2등으로 합격해 원나라에서 應奉翰林文字承事郞同知制誥兼國史院編修官을 지냈던 문인이다. 그는 〈有感〉의 제3수에서 "선객은 잣나무를 묻고, 어옹은 〈죽지〉를 노래한다〔禪客問栢樹, 漁翁歌竹枝〕."[107]라고 표현하였는데, 여기서 죽지는 어부가 부르는 가요를 가리킨 것이다.

이 외에 白文寶(1303~1374)의 〈次矗石樓韻〉에는 "붓을 들어 멋대로 春草句[108] 쓰고, 잔 멈추고 또한 〈죽지사〉를 부르네〔點筆謾成春草句, 停杯且唱竹枝詞〕."[109]라는 내용이 보이는데, 여기서 죽지사는 당시 연회에서 부르는 노래를 뜻한다. 鄭誧(1309~1345)의 〈次韻李天覺約遊白和父園〉에는 "꽃 사이 밝은 달에 가인과 마주하여, 함께 맑은 향기 맡으며 〈죽지사〉를 듣네〔花間明月對歌人, 共嗅淸香

---

107) 李穡, 『牧隱藁』, 卷二十三, 〈有感〉三首, 其三, "名與實相對, 昭然誰敢欺. 安貧知有命, 遣興卽爲詩. 禪客問柏樹, 漁翁歌竹枝. 吾今更蕭散, 黃鳥綠陰時."
108) '春草句'는 깜짝 놀랄 만한 시구를 말한다. 南朝 宋나라 때 謝惠連이 어릴 적부터 글을 잘하여, 족형인 謝靈運이 그를 매우 대견스럽게 여겼다. 그런데 한번은 사영운이 하루 종일 어떤 시구를 생각하였으나 얻지 못하다가 문득 꿈에 사혜련을 만나 '못에 봄풀이 난다〔池塘生春草〕.'는 시구를 얻고는 이 구절을 대단히 잘된 것으로 여겨, 항상 이르기를 "이 말이야말로 神功이 들어 있어서, 내가 할 수 있는 말이 아니다." 하였다.(『南史』 卷十九, 「謝靈運列傳」.)
109) 白文寶, 『淡庵逸集』 卷之一, 〈次矗石樓韻樓在晉州城內〉, "登臨偏憶舊遊時, 强答江山更覓詩. 國豈無賢戡世亂, 酒能撩我感年衰. 境淸易使塵蹤絶, 席闊何妨舞手垂. 點筆謾成春草句, 停杯且唱竹枝詞. 妓從坐促爲歡密, 人與時偕欲去遲. 此地高懷眞不世, 赤城玄圃未全奇."

聞竹枝)."110)라는 구절이 보이는데, 벗들과 같이 유람하면서 들은 노래를 죽지라고 하였다. 偰長壽(1341~1399)도 마찬가지로 〈漁艇〉이라는 시에서 "붉은 여뀌 풀 우거진 언덕을 따라가노라니, 일제히 〈죽지가〉 부르는 소리 들리네〔却從紅蓼岸, 齊唱竹枝聲〕."111)라고 하였는데, 여기에서는 어부들이 부르는 노래를 죽지로 일컬었다.

이처럼 고려 시대 죽지사의 용례 분석을 통해 고려 말기에는 죽지사가 이미 문인들 사이에 널리 알려져 있었던 사실을 접할 수 있을 뿐만 아니라, 죽지사가 무엇으로 지칭되었는지도 파악이 가능하다. 민간인 어부들이 부르는 노래 혹은 연회, 유람 도중이거나 술자리에서 기생들이 부르는 노래 등을 '죽지사(죽지, 죽지가)'로 부름에 따라 '죽지사'라는 명칭이 고려 문단에 널리 알려졌다. 이러한 과정을 거쳐 죽지사 작품이 창작될 수 있는 배경이 한국에서 점차 형성되어 갔다고 볼 수 있다.

한국 죽지사의 기원과 특질을 규명하기 위해서는 중국 죽지사의 기원과 비교할 필요가 있는바, 이에 대해서 구체적으로 살펴보도록 하겠다. 최초로 隋나라 때 巴蜀 지역 백성들 사이에서 죽지사를 부르는 풍속을 기록한 자료가 있다. 그중에 수나라 杜臺卿(?~597)의 『玉燭寶典』에서 "촉 땅의 향시에서는 남녀들이 人日에 작은 북을

---

110) 鄭誧, 『雪谷集』 卷上, 〈次韻李天覺約遊白和父園〉, "山中春風若相期, 山下人家花滿籬. 風煙十裏盡不如, 畫中景物何足奇. 溪童賖酒解醉客, 客居誰復攢其眉. 門外河沙也不遠, 黃昏燈火映羅帷. 花間明月對歌人, 共嗅淸香聞竹枝. 請君莫羨楊州鶴, 此樂與彼誰增虧."
111) 偰長壽, 〈漁艇〉, "撒網群魚急, 回舟一棹輕. 却從紅蓼岸, 齊唱竹枝聲."(『東文選』 卷十九.)

치면서 〈죽지가〉를 불러 雞子卜을 한다〔蜀中鄕市, 士女以人日擊小鼓, 唱〈竹枝歌〉, 作雞子卜〕."라는 기록을 찾아볼 수 있다. 여기에서 언급된 '계자복'은 파 지역 사람들이 제사를 지낼 때 닭의 眼骨을 가지고 점치는 것을 뜻한다.[112]

그리고 『新唐書·劉禹錫傳』에는 유우석의 부임지와 관련하여 "풍속이 매우 비루하여 집집마다 무당과 귀신을 좋아하여 제사 지낼 때마다 〈죽지가〉를 부르고 북치고 나팔을 불었다〔風俗陋甚, 家喜巫鬼, 每祠, 歌竹枝, 鼓吹徘徊〕."라고 적혀 있다.

이를 통해 수나라와 당나라 시기에 파 지역 민간에서 유행하였던 죽지사는 제사 의식을 위한 노래로 불렸던 양상이 확인된다.

당나라 문인들의 시에서도 민가 죽지는 흔히 등장하였다. 예를 들어 於鵠(?~814)의 〈巴女謠〉에 "파 땅 소녀가 소 타고 〈죽지〉를 부르니 강변에 연꽃 피고 마름 잎 자랄 때〔巴女騎牛唱竹枝, 藕絲菱葉傍江時〕."[113]라는 구절이 있다. 한 여인이 소를 타고 죽지를 부르는 모습을 묘사하였다. 유우석은 파 지역에서 유배 생활을 하면서 현지의 민가 죽지에 많은 관심을 갖게 되었다. 그래서 그 시기 이후에 지어진 그의 작품에는 죽지가 등장하게 된다. 〈陰山廟觀賽神〉의 "해 떨어지고 바람 부는 廟堂 문밖으로, 몇 사람 연이어 〈죽지가〉 부르며 돌아가네〔日落風生廟門外, 幾人連踏竹枝還〕."[114]라는 구절에서는

---

112) 張守節, 『史記正義·孝武本紀』, "用雞一狗一, 生, 祝願訖, 卽殺雞狗, 煮熟又祭, 獨取雞兩眼骨, 上有孔裂, 似人物形則吉, 不足則凶."
113) 於鵠, 〈巴女謠〉.(『全唐詩』卷三百十.)
114) 劉禹錫, 〈陰山廟觀賽神〉.(瞿蛻園, 『劉禹錫集箋證』, 上海古籍出版社, 1989.)

푸닥거리를 하면서 사람들이 죽지를 부르는 풍속을 묘사하였다. 여기에서 죽지가는 제사 지낼 때에 부르는 광경과 함께 등장하였다.

그의 〈堤上行〉에 "〈도엽가〉에 전해지는 사랑과 〈죽지사〉의 원망 노래, 물은 흘러 끝이 없고 달빛은 몹시 밝구나〔桃葉傳情竹枝怨, 水流無限月明多〕."[115]라는 구절에서는 죽지사의 원망스러운 정감을 표현하기도 하였다. 〈楊柳枝詞〉의 "사랑 이야기 끝임없이 떠올라 님을 위해 〈죽지사〉를 불러준다네〔因想陽臺無限事, 爲君回唱竹枝歌〕."[116]에서는 사랑을 표출하는 죽지사를 말하였다. 또한 〈洞庭秋月行〉의 "노 젓는 파의 동자 〈죽지가〉 부르고, 돛대 잇대어 행상은 강적을 불고 있네〔蕩槳巴童歌竹枝, 連檣估客吹羌笛〕."[117]라는 구절에서는 파 지역 아이들이 죽지를 부르는 모습을 기록하였다.

유우석과 같은 시기의 문인인 白居易(772~846)도 민가 죽지에 대해 많은 관심을 가졌다. 그는 〈郡樓夜宴留客〉에서 "〈죽지사〉 가락 정신 빼앗긴 채 들으며, 연밥 향기 풍기는 술잔을 돌리네〔豔聽竹枝曲, 香傳蓮子杯〕."[118]라고 하였는데, 이 구절은 문인들의 술자리에서 〈죽지사〉를 부르는 풍속이 성행하였음을 알려준다.

당나라 시기 문인들의 시에서 등장한 죽지는 제사 노래, 민간인이 일상생활 속에서 부르는 노래, 남녀의 사랑 노래와 문인들이 연회에서 부르는 노래 등 다양한 형태로 나타났다. 그중에 제사 노래는 중

---

115) 劉禹錫, 〈堤上行〉. (『劉禹錫集箋證』)
116) 劉禹錫, 〈楊柳枝詞〉. (『劉禹錫集箋證』)
117) 劉禹錫, 〈洞庭秋月行〉. (『劉禹錫集箋證』)
118) 白居易, 〈郡樓夜宴留客〉. (『白氏長慶集』 卷二十)

국 민가 죽지의 가장 원시적인 모습으로 보인다.

그러나 고려 말기 문인들이 언급한 죽지에는 이러한 내용이 보이지 않는다. 고려 말기 문인들이 언급한 죽지는 주로 그들이 부르는 노래로 한정되었다. 이에 비해 당나라 문인들의 시에서 등장한 죽지는 제사 노래, 민간인의 일상 노래와 남녀의 사랑 노래 등으로, 민간 친화적 성격을 한층 강하게 드러낸다. 당나라 문인들과 고려 말기 문인들의 시에서 등장한 죽지는 또 다른 근본적인 차이를 가지고 있다. 즉 전자는 당나라 파초 지역 민간에서 실질적으로 존재한 민가 죽지이고 후자는 중국의 '죽지'를 借名한 것일 뿐이다.

정리하자면, 죽지사는 중국의 민가에서 기원한 것으로, 초기 문헌 자료나 문인의 시에서 나온 죽지 노래는 제사 노래, 민간인이 일상 생활 속에서 부르는 노래, 남녀의 사랑 노래와 문인들이 연회에서 부르는 노래 등 다양한 모습을 보인다. 이에 비해 한국에서 최초로 등장한 죽지 노래는 고려 말기 문인들이 중국의 민가 죽지를 염두에 두어 자기들끼리 일상 속에서 부르는 각종 노래를 시에서 '죽지'라는 명칭으로 사용한 것이다. 즉 수용의 첫 시기인 고려 말기의 죽지사는 중국과 달리 민간 친화적 성격이 결여된 특성을 보인다고 할 수 있겠다.

2) 조선 죽지사의 萌芽期

고려 말기에 이어서 조선 초기에도 舘閣 문인 徐居正(1420~1488) 등의 문인들에 의해 죽지사에 대한 관심이 유지되었다. 이후 김종직을 비롯한 영남 사림파는 본격적으로 죽지사를 창작하기 시작하였다.

먼저 서거정의 경우를 본다. 그는 〈平壤大同江樓船次鄭知常韻〉에서 "고국에 돌아오니 강개한 마음 그지없는데, 해질녘 어느 곳에서 〈죽지가〉 소리 들리는가?〔故國歸來慷慨多, 夕陽何處竹枝歌〕."[119]라고 하여 고국에 대한 정감을 죽지사에 담아냈고, 〈送永川卿遊長源亭〉 10수의 제2수 "용손의 별원은 아직 남은 터가 있으니, 물빛과 산 경치에 슬픔을 감당 못 하겠네. 깊은 밤에 행여 옥 젓대를 불지 말게나, 〈죽지사〉 창화할 줄 아는 이 없으리니〔龍孫別苑有遺基, 水色山光不勝悲. 莫向夜深吹玉笛, 無人解唱竹枝詞〕."[120]에서는 벗 李定(1422~1512)이 떠난 후에 죽지사를 창화할 줄 아는 사람이 없다면서 고국에 대한 그리움과 벗과의 이별로 인한 슬픔을 드러냈다.

즉 그는 고려 말기 문인들이 '죽지사'라는 명칭을 사용하였지만 소략한 언급에 그치는 수준을 넘어서 죽지사를 그리움이나 이별로 인한 슬픈 정감을 자아낸 서정적 이미지로 활용하는 단계로 나아갔다. 이는 한국 죽지사의 본격적인 창작이 시작되는 새로운 기점이라고 생각한다.

고려 말기와 조선 초기에 걸쳐 죽지사 작품이 창작될 수 있는 분위기와 동향이 짙어졌다. 그 동향을 이끈 주역은 김종직을 비롯한 조선 전기의 영남 사림파 문인들이다. 이들의 주도로 조선의 죽지사가 본격적으로 창작되는 환경이 조성되었다. 구체적인 작품은 다음

---

119) 徐居正, 『四佳集』 卷八, 〈平壤大同江樓船次鄭知常韻〉 三首, 其一, "故國歸來慷慨多, 夕陽何處竹枝歌. 江山萬古渾如昨, 黃犢坡南白鳥波."
120) 徐居正, 『四佳集』 卷三十, 〈送永川卿遊長源亭〉 十首, 其二, "龍孫別苑有遺基, 水色山光不勝悲. 莫向夜深吹玉笛, 無人解唱竹枝詞.", 번역은 〈한국고전종합DB〉의 번역을 참고하되 문맥을 고려하여 일부 수정하였다.

과 같다.

〈표3〉 조선 전기 죽지사 목록

순번	작가	작품(수)	소재	지역성	출처
1	金宗直(1431~1492)	凝川竹枝曲九章書與梁娃 (9)	남녀 연정	嶺南·凝川	『佔畢齋集』卷之一
2	金時習(1435~1493)	竹枝詞 (3)	남녀 연정	불분명함	『梅月堂集』卷之八
3	金孟性(1437~1487)	伽川竹枝曲 (9)	남녀 연정	嶺南·伽川	『止止堂詩集』
4	成俔(1439~1504)	竹枝詞 (10)	남녀 연정	불분명함	『虛白堂集·虛白堂風雅錄』卷之一
5	俞好仁(1445~1494)	偶製西原竹枝三絶以資新腔 (3)	남녀 연정	西原	『濡溪集』卷之一
5	俞好仁(1445~1494)	咸陽㶋溪竹枝曲十絶 (10)	남녀 연정, 지역 회고, 민간 일상 및 풍속	嶺南·㶋溪㶋溪	『濡溪集』卷之二
6	曹偉(1454~1503)	凝川竹枝曲效佔畢齋贈雲娘 (9)	남녀 연정	嶺南·凝川	『新編類聚大東詩林』卷之三十[121]
7	黃汝獻(1486~?)	竹枝歌 (4)	지역 회고	中國·巴楚	『國朝詩刪』

〈표3〉에서 밝힌 대로 조선 전기에는 7명의 작가가 오십여 수의 죽지사를 창작하였다. 작가층이 다양하게 나뉘는데 金宗直과 金孟性, 曹偉, 俞好仁은 영남 사림파 문인이고, 황여헌은 영남 울산군수를 지냈던 문인이다. 成俔은 관각 문인이며 金時習은 방외 문인이다. 이들 가운데 영남 사림파 문인이 가장 주목할 만하다.

김종직은 본관이 영남 善山이고 密陽에서 태어났다. 그는 영남에

---

121) 曹偉의 〈凝川竹枝曲效佔畢齋贈雲娘〉은 본래 9수였는데 일부 유실되어 『新編類聚大東詩林』에 4수가 전해진다.

서 성장하여 중앙 관직에 진출한 新進士類로 영남 사림파 문인의 領袖였다. 그는 1470년 어머니의 봉양을 위하여 다시 영남 지역으로 돌아와 咸陽郡守가 되었다. 함양군수 시절 김종직은 백성을 위하는 정책을 개발하고 실천함에 힘썼다. 이로 인해 "김모는 군을 잘 다스려서 명성이 있으니, 榮轉시키라."고 할 만큼 성종에게도 善政官으로 인정받았다.[122] 1475년 승문원 참교에 제수되었는데, 1476년 老母 봉양으로 사직하고 다시 고향에 돌아와 善山府使에 제수되었다.[123] 중앙에 진출한 신진사류지만, 자발적으로 거듭 고향으로 내려와 지방관을 지낸 그의 행적은 자신의 고향과 현지 백성에 대한 애착을 드러낸다.

이러한 애향심으로 김종직은 〈凝川竹枝曲九章書與梁娃〉라는 죽지사를 지었다. '응천'은 그의 고향 밀양의 옛 이름으로, '응천 죽지곡 9수를 써서 양씨 여인에게 주다'라는 작품의 제목에 창작 동기가 드러나 있다. 양씨 여인은 교방 기생이었을 가능성이 크며, 김종직이 죽지곡을 지어 양씨에게 부르게 하였을 것으로 짐작된다.

또한 제목에 나온 '응천'이라는 지명 외에 '雲門山', '金銅驛'과 '靈井山' 등 밀양에 있는 일련의 경관과 장소들이 시구에 등장한다. 예를 들어 그중의 제2수 "장마철 하늘 흐리고 비 자주 내리니, 운문산 골짜기에 물소리 시끄럽네. 만 줄기 똑같이 흐르는 뜻 누가 알리오, 끝없는 이별의 슬픔 스스로 달래기가 어렵구나〔梅天靄靄雨頻

---

122) 金宗直, 『佔畢齋集』, 〈年譜〉, "上曰: 金某治郡有聲, 其優遷."
123) 〈한국고전번역원〉의 『佔畢齋集』해제 참조.

來, 雲門巖壑水喧豗. 誰知萬派同流意, 無限離腸不自裁〕."[124]에서
는 장마철에 비가 자주 내려 밀양에 있는 '운문산'의 골짜기에 빗물
때문에 물소리가 가득한 장면을 그려냈다. 비유법을 사용하여 골짜
기에 계속 흐르는 물줄기처럼 이별의 슬픔도 끝없고 스스로 달랠
수 없다는 시름에 젖은 모습을 형상화하였다. 여기에서는 남녀의 연
정을 읊으면서 밀양에 있는 운문산을 공간적 배경으로 등장시켰다.
또한 제8수 "영정산 머리에 달이 높이 떠오르려 하는데, 검은 치마
차림의 신선 강 언덕에서 우는구나. 모름지기 중추절 밤에는 그대와
함께 한가히 창탄에 배 띄우고 흰 물결을 봐야지〔靈井山頭月欲高,
玄裳羽客唳江皐. 共君須向中秋夜, 閑艤倉灘看雪濤〕."에서 나온 '영
정산'은 밀양 도호부 동쪽에 위치한 산으로 마찬가지로 남녀의 연정
이 이루어지는 공간적 배경으로 등장하였다.

김맹성은 1437년에 경상도 星州牧 伽川里에서 태어났다. 그는
1452년부터 김종직과 같이 학문을 닦았다. 여러 차례 과거에 떨어
지자, 그는 고향 伽川에 止止堂을 짓고 詩酒로 소일하다가 1476년
別試 文科에 합격하여 承文院 校檢이 되어 중앙정계에 진출하였다.
1478년 任士洪이 玄碩圭를 탄핵한 일에 연루되어 高靈에 유배되었
으나, 1482년 직첩을 돌려받고 吏曹正郞이 되었다.[125] 이런저런 일
로 한양과 고향을 왕래한 이력은 그가 영남 지방에 대해 특별한 정

---

124) 金宗直,『佔畢齋集』卷之一,〈凝川竹枝曲九章書與梁娃〉, 其二, 번역은〈한국
고전종합DB〉의 번역을 참고하되 문맥을 고려하여 일부 수정하였다. 이하는 이와
같다.
125)〈한국고전번역원〉의 『止止堂詩集』해제 참조.

을 가지는 계기가 되었다. 그리고 자신의 고향을 대상으로 죽지사를 창작하는 동기가 되기도 하였다.

김맹성은 김종직과 동문수학하면서 여러 편의 시를 주고받았다. 그중에 〈伽川竹枝曲〉[126]은 김종직의 〈응천 죽지곡 구장을 써서 양씨 여인에게 주다〉에 화답한 작품이다.[127] '가천'은 가야산의 동남쪽에서 발원하여 성주의 서남쪽을 지나 고령으로 흘러 들어가는 하천이다. 김종직의 죽지곡처럼 제목과 시문에 고향의 지명을 담아냈다. 예를 들어 제4수에서 "저읍 골짜기에는 꽃이 드문드문 보이고, 마산정 위의 달빛은 물결 같네. 남훈태평가 부르는 유장한 거문고 가락에 아련히 들려오는 새소리를 어찌하리오?〔豬邑洞中稀見花, 馬山亭上月如波. 唱到薰風絃緩處, 閻鳥一聲其奈何〕."라고 하였는데, '마산'은 가천 근처에 있는 산이고, '저읍'은 마산 건너편에 있는 읍이다. 제7수의 "은팔찌 금비녀 안개 속으로 가고, 단풍 든 연못가에 꽃밭이 있네. 꽃 시듦이 자못 낭군의 마음과 같으니, 한은 강어귀에 가득하고 바람은 배에 가득하구나〔銀釧金釵煙裏去, 丹楓淵畔有花田. 花衰頗似郎君意, 恨滿江頭風滿船〕."를 보면, 기구와 승구에서 꽃이 핀 봄날에 은팔찌를 차고 머리에 금비녀를 꽂은 여인의 모습을 묘사하였다. 전구와 결구에서는 꽃이 시드는 것처럼 낭군을 애타게 기다리는 여인의 한스러운 감정을 비유적으로 투영하였다. 역

---

126) 金孟性, 『止止堂詩集』, 〈伽川竹枝曲〉.
127) 金宗直, 『佔畢齋集』卷之二十, 〈金善源挽詞〉, "善源, 曾和余〈凝川竹枝曲〉, 爲〈倻川竹枝曲〉." 김맹성의 고향 伽川 근처에 伽倻川과 伽倻山이 있기에 倻川이라고 칭하기도 함으로 김종직은 여기에서 김맹성의 〈伽川竹枝曲〉을 〈倻川竹枝曲〉이라고 말한 것이다.

시 고향을 남녀의 연정이 이루어지는 공간적 배경으로 등장시켰다.

조위는 경상남도 昌寧 출신으로, 김종직의 문하생이자 초기 영남 사림파의 대표적인 인물이다. 또한 그는 咸陽郡守을 지낸 적이 있고 영남 지역을 두루 유람하였다. 그는 고향을 비롯한 경상도 지역에 대한 애착이 있었다. 스승의 시에 창화하였고[128], 스승의 문집을 수찬하기도 하였다.

그는 〈寄許獻之〉 3수 중의 제2수 "듣건대 산중 유낭주의 〈죽지사〉는 청절한데, 남방 오랑캐의 민가를 변용한 것이라 하네〔聞說山中劉朗州, 竹枝淸絶變蠻謳〕."[129]에서 유우석의 죽지사를 언급하는 바, 죽지사에 대해 숙지하고 있었음이 분명하다. 그의 〈凝川竹枝曲效佔畢齋贈雲娘〉 9수도 김종직의 죽지사를 본떠 지은 작품이다. 그 중의 첫수인 "굽이굽이 이어지는 강줄기 시름 찬 마음 같고, 양쪽 강기슭의 푸른 버드나무 봄바람에 비친다. 버들개지 눈처럼 날리며 버들은 꿈에 잠긴 듯. 이별의 한 해마다 저와 같이 길더라〔江流曲曲似愁腸, 兩岸春風暎綠楊. 楊花如雪柳如夢, 離恨年年如許長〕."[130]에서 볼 수 있듯이 남녀의 연정을 주로 다루었다.

상술한 듯이 김맹성과 조위의 작품은 김종직의 죽지사에 화답한

---

128) 曺偉, 『梅溪集』에 〈奉和佔畢齋金先生韻〉, 〈再和前韻一本云桑田擧趾何須煩布穀春耕處處催〉, 〈次畢齋先生過月出山韻〉 등 김종직의 시에 차운한 작품들이 수록된다.

129) 曺偉, 『梅溪集』 卷一, 〈寄許獻之〉, 三首, 其二, "聞說山中劉朗州, 竹枝淸絶變蠻謳. 著書追佮張丞相, 不悟玄都作遠遊."

130) 원문은 『新編類聚大東詩林』 卷之三十에 수록되어 있고, 번역은 김명순, 위의 책 21쪽의 번역을 참고하되 문맥을 고려하여 일부 수정하였다. 이하는 이와 같다.

것이다. 이들 작품 대부분은 남녀의 연정을 형상화하면서 현지의 지명들을 시적 배경으로 활용하였다. 이러한 점은 곧 살펴볼 유호인의 죽지사와는 다소 차이가 있다.

유호인은 본관이 高靈이고 1445년 咸陽에서 태어났다. 그는 1474년 문과에 합격하여 중앙 관직에 진출하였다가 1479년 부모를 봉양하기 위해 영남의 居昌縣監이 되었다.[131] 그 역시 영남에서 성장한 신진사류로 중앙에서 물러나 고향 지역의 지방관을 지냈던 문인이다.

또한 그는 1471년 함양군수로 부임해 온 김종직의 문하에서 공부하였는데 스승 김종직과의 교류를 시에 많이 담아냈고, 스승의 작품에 차운한 시를 많이 창작하였다.[132] 이 과정에서 유호인은 김종직의 〈응천 죽지곡 구장을 써서 양씨 여인에게 주다〉를 접하였을 가능성이 매우 높고, 그 영향을 받아 〈咸陽灆潘竹枝曲十絶〉을 지은 것으로 추정된다. 이 외에도 그는 〈偶製西原竹枝三絶以資新腔〉을 짓기도 하였다.

김종직과 김맹성의 죽지사와 마찬가지로 유호인도 시제에 자신의 고향을 드러냈다. '咸陽'은 유호인의 고향이고 '灆潘'는 함양에 있는 하천인 '灆溪'와 '潘溪'의 준말로 『新增東國輿地勝覽』에 언급된 바 있다. 여인의 정서를 읊은 김종직 및 김맹성의 작품과는 다른

---

131) 〈한국고전번역원〉의 『㵢谿集』해제 참조.
132) 俞好仁, 『㵢谿集』에 〈陪佔畢齋遊馬川〉, 〈次佔畢齋詠梅韻〉, 〈次佔畢齋韻〉, 〈遊頭留陪佔畢齋〉, 〈詠雨菊三絶錄呈佔畢齋〉, 〈奉次佔畢齋養老宴詩〉, 〈佔畢齋挽詞〉 등 한시 작품이 수록되어 있다.

내용과 분위기를 풍긴다. 유호인은 민간의 풍속, 지방민의 일상, 지역 회고류 소재를 다루었다. 민속적인 내용이 주류를 이루어서 통속성이 짙으며 함양지역을 회고하는 대목도 보인다.

예를 들어〈함양람뢰죽지곡십절〉중 제2수인 "성의 남북에 닭 돼지 요란하네, 밭의 신에게 지내는 푸닥거리 끝나자 곡우 비 내려 어둑어둑. 태수의 봄놀이 勸農하기 위함이라, 때로는 가마 타고 행화촌을 찾아드네〔城南城北鬧鷄豚, 賽罷田神穀雨昏. 太守遊春勤勸課, 肩輿時入杏花村〕.[133]"는 푸닥거리하는 민간 풍속을 통해 백성의 삶을 묘사하였다. 이 시에 등장한 태수는 작가의 스승 김종직을 가리킨다. 앞서 언급하였듯이 김종직은 함양군수를 지내면서 뭇사람들을 위해 선정을 베풂에 힘쓴 바 있다. 여기의 "勤農曾入杏花村"이라는 구절은 소식의 시구를 인용한 것이다.[134] 전반부는 백성의 넉넉한 살림을 포착하고 후반부는 태수가 관할지를 잘 다스리는 모습을 칭찬하였으며 소식의 일부 시구를 자신이 표현하고자 하는 바에 맞

---

[133] 兪好仁,『㵢谿集』卷之二,〈咸陽灆灆竹枝曲十絶〉, 其二, 번역은〈한국고전종합DB〉의 번역을 참고하되 문맥을 고려하여 일부 수정하였다. 이하는 이와 같다.
[134] "勤農曾入杏花村"이라는 구절은 소식의〈陳季常所蓄〈朱陳村嫁娶圖〉〉二首 중 제2수의 기구와 승구에 따온 것으로 보인다. 소식의 "내 지난날 주진촌의 관리가 되어, 농사를 권하러 행화촌을 찾았더니 요즈음의 그곳 풍물 어찌 차마 그리랴? 고을 아전들 돈 내라고 한밤중에도 문 두드리네〔我是朱陳舊使君, 勤農曾入杏花村. 而今風物那堪畫, 縣吏催錢夜打門〕."(許筠,『惺所覆瓿藁』『한정록』제2권에 소식의 이 시를 소개한 바 있다. 번역은〈한국고전종합DB〉의 번역을 참고하되 문맥을 고려하여 일부 수정하였다.)라는 작품에서 벗 진계상이 소장한〈주진촌가취도〉를 보고 옛날 일을 회상하면서 얻은 감회를 다루고 있다. 먼저 옛날에 주진촌의 관리가 권농하기 위해 행화촌(살구꽃이 피는 아름다운 촌락을 가리킨 말로 여기에서는 주진촌을 뜻함)에 들어간 적이 있었음을 회고하고 뒤에서 현재 주진촌에서 아전들이 백성을 착취하는 모습을 폭로하고 있다.

취 변용한 것이다.

그의 〈함양람뢰죽지곡십절〉의 제1수 "학사루 위에 밝은 달빛 비추니, 유선이 한 번 간 뒤 학은 이내 돌아왔다네. 계림의 나뭇잎 누렇게 물들고 천년 지난 뒤, 누가 당시의 정영위를 알아보랴?[學士樓頭明月輝, 儒仙一去仍歸. 鷄林黃葉千年後, 誰認當時丁令威]."[135]에서는 전고를 활용하였다.[136] 작가는 밝은 달빛이 비치는 함양의 학사루에서 신라의 崔致遠과 한나라의 정영위를 회상하였다. 그러면서 천년의 세월이 흐르면 모든 것이 허무로 돌아간다는 감회를 느끼게 된다. 전구에는 최치원의 말을, 결구에는 한나라의 정영위를 인용하였는데, 서로 다른 두 전고를 한 시에 배치하여 신선한 내용으로 승화시켰다.

〈우연히 서원죽지삼절을 지어 새로운 곡조를 보탠다〉[137]은 작가가 새로운 곡조를 보태려는 의도로 창작하였다. 죽지사의 일반적인 내용인 남녀의 연정을 칠언 사구체로 표현하지 않고 오언 사구체 형식으로 노래하였다. 이는 형식적 측면에서 조선 전기 죽지사의 새로운 면모를 보여 준 작품이다. 예를 들어 그 가운데 제2수 "시위

---

135) 兪好仁, 『㵢谿集』 卷之二, 〈咸陽灆灆竹枝曲十絶〉, 其一.
136) 여기에서 나온 학사루는 함양군 함양읍 운림리에 있는 통일신라 시대의 누각이고 유선은 최치원을 가리킨 말이다. 계림의 누른 잎은 고려 태조가 潛邸에 있을 적에 최치원이 보낸 글에 쓰였던 구절로, 시들어가는 신라를 가리킨다. (『三國史記』 卷四十六, 「崔致遠列傳」, 〈한국고전종합DB〉의 각주정보 참조.) 정영위는 한나라 때의 요동 사람인데, 선술을 배운 뒤 학으로 변해 고향을 찾아오니 이미 천년의 세월이 지나 아무도 알아보는 사람이 없어 공중을 배회하다가 떠나갔다는 고사가 전한다. (『搜神後記』 卷一, 〈한국고전종합DB〉의 각주정보 참조.)
137) 兪好仁, 『㵢谿集』 卷之一, 〈偶製西原竹枝三絶以資新腔〉.

떠난 화살같이 멀리 헤어진 지 십년이라, 돌아올 날을 기다리고 또 기다리네. 그대는 저 정위새를 좀 보시오, 나뭇가지 물어다 바다를 메우려 한다네〔絃矢十年別, 歸期苦相侍. 君看精衛鳥, 含木塡東海〕."[138] 에서 님과 십년 동안 멀리 헤어지고 만나기를 애틋한 마음으로 학수고대하는 여자의 모습을 그려내는 데 정위조의 고사를 인용하였다.[139]

이처럼 유호인의 작품은 기존의 전고를 자신의 시에서 새롭게 활용한 것이 특징적이다. 이러한 작법은 江西詩派의 '以故爲新', '換骨奪胎'의 수법의 영향을 받은 것으로 보인다. 소식의 작품을 직접 인용한 것으로 보아 고려 시기에 유행한 '學蘇' 경향이 조선 전기까지 유지되었음을 짐작할 수 있다. 작가도 그러한 시대적 경향에 영향을 받은 것이다. 유호인이 여러 수의 죽지사에서 전고를 활용한 것이 소식의 회고류 죽지사의 성향과 비슷한 점을 미루어보면 자연스러운 일이다. 앞에서 언급한 바와 같이 소식은 초나라 사람들의 뜻을 읊으면서 그 전의 죽지사 작가들이 언급하지 않은 것을 보충하

---

138) 여기에서 승구에 나온 모실 '侍'는 기다릴 '待'의 오자라고 여겨진다. 원래 죽지사는 압운법을 엄격히 준수할 필요가 없지만, 문맥상 여기에서 기다린다는 뜻이 더 맞고 운자를 따져보면 '待'와 결구의 '海'는 함께 上聲 중의 '賄'에 속하여 압운을 잘 시킨 것인데 '侍'는 去聲 중의 '寘'에 속하여 '海'와 압운을 준수하지 않았다는 이유로 '待'가 더 맞는 글자라고 판단된다.
139) 炎帝氏의 작은 딸인 女娃가 동해에서 놀다가 빠져 죽은 후에 정위조로 변하였는데 이 새는 원한이 사무쳐 西山의 나무와 돌을 물어다 동해를 메운다고 한다. 여기에서는 님을 고대하는 여자의 한을 말해준다. 여와가 놀다가 동해에 빠져 죽어서 원한을 품게 된 것과 달리 여기에서 여자가 십년 동안 님이 돌아올 날을 몹시 기다리고 또 기다렸는데 님은 도저히 돌아와주지 않기 때문에 여자의 마음에 한이 맺히게 된다는 것이다.(『山海經』·『北山經』, 〈한국고전종합DB〉의 각주정보 참조.)

고자 하여 아홉 수의 죽지사 중 1, 2수는 순임금, 3, 4수는 굴원, 5수는 초회왕, 6, 7, 8수는 항우를 회고하였고, 9수에서는 초나라를 전체적으로 회고하였다. 이런 점에서 유호인의 죽지사 창작법에는 소식의 죽지사 창작법과 유사한 점이 보인다.

조선 전기 죽지사에는 영남 사림파 문인들 외에 황여헌과 성현, 김시습의 작품도 있다. 황여헌은 영남 울산군수를 지낸 적이 있어서 당시 영남 사림파의 죽지사를 접하였을 가능성이 있지만, 그의 〈죽지가〉 4수[140]는 파초 지역을 시적 공간으로 설정하여 그 지역의 역사적 인물인 굴원, 순임금, 초회왕, 항우의 이야기를 다루었다.

예를 들어 그 가운데 제1수 "서풍 하룻밤에 상수는 차가워졌고, 동정호에 낙엽이 져서 겹겹의 파도가 인다네〔西風一夜湘水冷, 洞庭木落生層波〕."와 제2수 "황릉묘 앞의 단풍 물푸레 숲에 해는 처량하게 지고 까마귀 우짖는구나〔黃陵廟前楓桂林, 凄凉落日鳴棲鴉〕."에서는 순임금의 전고를 인용하였고, 제3수 "진관이 한번 닫힘에 돌아갈 수 없고, 온 뜰의 향초가 장화대를 뒤덮었네〔秦關一閉歸不得, 滿庭香草埋章華〕."에서 초회왕을 회상하였으며, 제4수 "초 땅의 산과 물은 푸르디 푸른데, 소인과 유배객이 몇 번이나 지나갔나〔楚山蒼蒼楚水碧, 騷人遷客幾度過〕."에서 굴원을 읊었다. 이처럼 소식의 〈죽지가〉 9수를 의작한 흔적이 곳곳에서 드러난다.[141]

성현은 어린 시절 서거정에게 학문을 배웠을 뿐만 아니라 문장에

---

140) 黃汝獻, 〈竹枝歌〉, (許筠, 『國朝詩刪』, 서울대학교 규장각 소장 목판본, 803~804쪽.)
141) 소식의 작품은 각주 27번의 인용문과 같다.

서도 영향을 받았다. 그는 4차례 명나라에 다녀왔으며 사림파의 김종직, 유호인과도 교유하였다. 성현은 직접 〈죽지사〉를 짓기도 하였는데, 그의 작품는 조선의 지명이나 특유의 풍속을 다루지 않고 중국적 소재들을 많이 사용하였다.

예를 들어 제2수의 "청강에 조수 물러가고 해는 지려 하는데, 오아가 느릿느릿 배를 저어 돌아가네〔淸江潮退欲斜暉, 吳兒刺船緩緩歸〕."[142]라는 구절에 '淸江'과 '吳兒'가 나온다. '청강'은 송나라 蘇庠이 江西 지역에서 활동하였을 때 이곳에 배를 띄우고 〈淸江曲〉을 지은 바 있다. 여기서 강서는 옛날의 吳 나라 땅을 말한다. '오아'는 중국 오 땅의 어부를 일컫는 말로 당·송 시기 많은 문인의 詩材로 사용된 바 있다. 성현이 소상이 오나라 땅에서 지은 〈청강곡〉을 떠올리면서 오아를 같이 언급하였는지 단정 지을 수 없지만, 작품에서 중국의 고사를 활용한 것은 분명하다.

또한 성현은 유호인처럼 중국의 전고를 조선의 意境에 맞게 활용하지 않고 중국의 전고들을 직접 인용하는 경향도 있다. 제7수의 "깊은 밤 달빛 밝고 사람 소리 끊기자, 아황 여영이 비파 퉁겨 물결을 놀리는구나〔夜半月明人語絶, 湘靈鼓瑟弄波瀾〕."[143]라는 시구에서는 중국의 아황과 여영의 이야기를 빌려썼다. 『楚辭·遠遊』에 "湘水의 신령에게 비파를 타게 하고, 바다 신 海若에게 馮夷를 춤추게

---

142) 成俔, 『虛白堂集·虛白堂風雅錄』 卷之一, 〈竹枝詞〉 十首, 其二, 번역은 〈한국고전종합DB〉의 번역을 참고하되 문맥을 고려하여 일부 수정하였다. 이하는 이와 같다.
143) 成俔, 『虛白堂集·虛白堂風雅錄』 卷之一, 〈竹枝詞〉 十首, 其七.

하네〔使湘靈鼓瑟兮, 令海若舞馮夷〕."라는 구절이 있는데 '湘靈'은 堯 임금의 두 딸인 아황과 여영이다. 그들이 남쪽 지방을 순행하는 순임금을 따라갔다가 순임금이 蒼梧에서 죽자, 돌아오지 않고 향수에 몸을 던져 죽어 상수의 신이 되었다는 이야기가 전한다.

　이에 대해 유우석은 〈瀟湘神·斑竹枝〉"반죽지, 반죽지, 점점이 눈물 자국 그리움 부친 것이라. 초 땅의 나그네 원망의 비파 가락 듣고자 하니, 瀟水와 湘水 한밤 중 달이 밝을 때라〔斑竹枝, 斑竹枝, 淚痕點點寄相思. 楚客欲聽瑤瑟怨, 瀟湘深夜月明時〕."[144]라는 작품을 지었다. 일부 연구자는 이를 증거자료로 아황, 여영을 죽지사의 기원과 연관시키기도 한다.[145]

　김시습은 3수의 〈죽지사〉에서 조선이나 중국의 지역성을 내세우지 않고 오로지 남녀의 연정을 자연스레 노래하는 데 초점을 맞추었다. 예를 들어 제1수 "한 조각 종이 장막 구름보다도 흰데, 한밤중 동창에 걸쳐 놓고 아침까지 이르렀네. 그리운 이 꿈꾸느라 단잠 못 이루어, 몇 가닥 향줄기는 삼분이나 줄었네〔一片紙帳白於雲, 夜撒東窓直到昕. 擬夢情人眠不得, 數條香線減三分〕."[146]라는 구절이 그러하다. 여기에서는 어떠한 전고에 의존하지 않고 작가의 눈으로 본 경물들을 묘사하였다. 그러면서 자연스럽게 분위기를 조성하여 그리움과 애틋한 정을 매끄럽게 표현하였다. 나머지 2수도 동일한 특성을 보인다.

---

144) 劉禹錫, 〈瀟湘神·斑竹枝〉. (『劉禹錫集箋證』)
145) 黃崇浩, 「'竹王崇拜'與〈竹枝詞〉」, 『黃岡職業技術學院學報』, 第1期, 1999.
146) 金時習, 〈竹枝詞〉, 『梅月堂集』 卷之八, 〈竹枝詞〉 三首, 其一.

이상으로 조선 전기 죽지사의 작가층과 창작 경향을 살펴보았다. 특히 영남 사림파를 중심으로 구성된 한국 죽지사 초창기의 핵심 작가층은 주목할 만하다. 이는 중국 죽지사 초창기의 작가층 구성과 비교하면 다음과 같다.

당나라의 경우에는 파초 지역에 유배된 유우석이 있고, 초 땅에 유배된 顧況, 白居易, 李涉이 있다. 宦路에 들어서지 않은 皇甫松과 蔣吉, 寒微한 孫光憲, 승려 釋圓觀 등이 있다. 송나라의 경우에는 蘇軾, 蘇轍, 黃庭堅, 李複, 範成大, 項安世, 李埴, 李邦獻과 같이 파 지역에 부임한 문인 그룹(유배 문인 위주로)이 있고, 무명한 문인으로 陳傑과 冉居常이 있다. 그 외에는 王質, 楊萬裏, 黃大臨과 賀鑄가 있다.

이를 살펴보면 당·송시기 죽지사의 작가는 주로 파초 지역의 유배 문인들이다. 중국의 작가군은 영남 사림파를 중심으로 구성된 조선 전기 작가층과 다르다. 전자는 파초 지역에 가서 유배 생활을 하면서 견문한 바들을 죽지사에 담아냈다. 그 내용은 현지인들의 다양한 생활상이다. 후자는 중앙 관직에 진출하였지만, 애향심을 가지고 중앙에서 물러나 고향 지역의 지방관을 지냈던 문인들이다. 이들은 고향의 여러 지명을 죽지사에서 등장시켰음에 고향에 대한 마음을 드러냈다.[147] 즉 양국의 초창기 죽지사는 작가층의 처지와 성향에 따른 창작 의도와 지역 의식의 차이가 있다고 볼 수 있겠다.

조선 전기에 영남 사림파는 자신의 고향을 죽지사의 소재로 사용

---

[147] 최고경, 위의 논문(2018), 109쪽에서도 이러한 점을 언급한 바 있다.

하였다. 반면에 중국에서는 청나라 시대에 들어서야 작가의 고향을 배경으로 한 작품이 활발히 등장하게 되었다.[148] 필자는 영남 사림파의 죽지사를 두루 살펴보면서 남다른 지역 의식을 보이는 점에 주목하였다. 그 지역 의식은 작가의 애향심이 기저를 이룬다. 그러한 시적 지향이 죽지사라는 한시 장르에 조선의 소재들 활용하는 기제가 되었다. 이러한 특징은 조선이 초창기부터 죽지사의 주체적 수용과 창작을 이루어나갔다는 증거가 된다.

2. 過渡期: 조선 중기의 죽지사

조선 중기에 접어들면서 죽지사 작가층이 보다 확대되었다. 과도기라 할 수 있는 이 시기의 죽지사는 당나라의 죽지사를 모방하거나 독창적인 작품을 짓는 두 가지 경향이 주류를 이룬다. 이 시기의 주요 작품은 다음 〈표4〉와 같다.

〈표4〉에서 밝힌 바와 같이 현전하는 조선 중기의 죽지사는 총 46수이며 창작에 참여한 작가는 12명이다. 조선 전기에 비해 작품의 수가 늘어났고 작가층도 한층 확대되었다. 총 12명의 작가는 李洪男과 申欽, 李民宬, 睦大欽, 尹新之, 崔鳴吉, 曺文秀, 李春元, 金德承, 申怵 등으로 사대부 문인이 주류를 이루고 있다. 그 외에 방외인이라 할 수 있는 權韠과 여성 작가인 許蘭雪軒까지 포함된다.

---

148) 孫傑, 위의 책, 183쪽.

〈표4〉 조선 중기 죽지사 목록

순번	작가	작품(수)	소재	지역성	출처
1	李洪男 (1515~1572)	楊花渡竹枝歌八章 (8)	민간 일상 및 풍속	楊花渡	『汲古遺稿』卷上
2	許蘭雪軒 (1563~1589)	竹枝詞 (4)	남녀 연정	中國·巴楚	『蘭雪軒詩集』
3	申欽(1566~1628)	昭陽竹枝歌三章 (3)	유배 생활	昭陽	『象村稿』卷之二十
4	權韠(1569~1612)	春江詞效竹枝歌二首 (2)	민간 일상	楊花渡	『石洲集』卷之七
5	李民宬 (1570~1629)	登州竹枝歌三絶次石樓臺韻 (3)	여행 도중, 남녀 연정	中國·登州	『敬亭集』卷之六
6	睦大欽 (1575~1638)	竹枝歌壬子月課 (1)	지역 회고	中國·巴楚	『茶山集』卷之一
7	尹新之 (1582~1657)	竹枝詞 (1)	남녀 연정	中國·巴楚	『玄洲集』卷之三
8	崔鳴吉 (1586~1647)	用前韻竹枝詞三疊 (3)	남녀 연정	中國·巴楚	『遲川集』卷之一
		效竹枝詞 (2)	남녀 연정	中國·巴楚	『遲川集』卷之一
		竹枝歌 (3)	남녀 연정	中國·巴楚	『遲川集』卷之二
9	曺文秀 (1590~1647)	竹枝詞 (4)	남녀 연정	中國·巴楚	『雪汀詩集』卷之四
10	李春元(?~1597)	竹枝詞三疊 (3)	남녀 연정, 지역 회고	中國·巴楚	『九畹集』卷之一
		竹枝詞三疊 (3)	남녀 연정	中國·巴楚	『九畹集』卷之二
11	金德承 (1595~1658)	次柳子厚竹枝歌韻 (1)	원대한 포부	불분명함	『少痊集』卷之一
12	申恦(1598~1662)	竹枝歌四章 (4)	지역 회고	中國·巴楚	『恩休窩集』卷之一
		竹枝詞月課 (1)	지역 회고	中國·巴楚	

이 시기에 죽지사의 창작에 있어서 가장 먼저 눈에 띄는 점은 당나라 죽지사를 모의하는 경향이다. 이에 해당하는 작가는 허난설헌, 목대흠, 윤신지, 최명길, 조문수, 이춘원, 김덕승 등이다. 농후한 의작의

색채를 띠는 작품 외에 이홍남과 신흠, 권필의 작품은 조선적 소재를 위주로 등장시켜 의작의 영향에서 벗어나려는 경향이 나타났다.

1) 唐 죽지사의 擬作

조선 중기에는 擬古派의 흥기로 당시를 배우려는 이른바 唐詩風 경향이 일어났다. 죽지사는 또한 당시 중의 중요한 장르이므로 조선 중기 당시풍의 지향으로 문인들이 당나라의 죽지사를 즐겨 의작하는 동향이 조성되었다. 구체적으로 당나라 죽지사에 흔히 등장하는 파초 지역의 지명과 특징적인 시어, 이미지를 차용하거나 일부 구

〈표5〉 조선 중기 죽지사와 당나라 죽지사의 비교

작가	시구(출처)	당시 시구(출처)
許蘭雪軒	空舲灘口雨初晴(〈竹枝詞〉四首·其一)	空舲灘上子規啼(李涉〈竹枝詞〉)
	巫峽蒼蒼煙靄平(〈竹枝詞〉四首·其一)	巫峽蒼蒼煙雨時(劉禹錫〈竹枝詞〉)
		巫峽雲開神女祠(李涉〈竹枝詞〉)
	永安宮外是屑灘(〈竹枝詞〉四首·其四)	永安宮外踏青來(劉禹錫〈竹枝詞〉)
崔鳴吉	瀼東瀼西春水長(〈竹枝詞〉四首·其二)	瀼西春水縠紋生(劉禹錫〈竹枝詞〉)
	妾家本住瀼西邊(〈用前韻竹枝詞三疊〉其二)	
許蘭雪軒	郎舟去歲向瞿塘(〈竹枝詞〉四首·其二)	瞿塘嘈嘈十二灘(劉禹錫〈竹枝詞〉)
崔鳴吉	五月瞿塘不可過(〈竹枝歌〉三首·其一)	卻回煙棹上瞿塘(釋圓觀〈竹枝詞〉)
崔鳴吉	巴山西望白雲多(〈竹枝歌〉三首·其一)	楚水巴山江雨多(劉禹錫〈竹枝詞〉)
唐文秀	白帝城邊春已遲(〈竹枝詞〉四首·其四)	白帝城頭春草生(劉禹錫〈竹枝詞〉)
		白帝城頭月向西(白居易〈竹枝詞〉)
崔鳴吉	灩澦堆前長苦辛(〈效竹枝詞〉二首·其二)	城西門前灩澦堆(劉禹錫〈竹枝詞〉)
	灩澦堆前白浪多(〈竹枝歌〉三首·其三)	
唐文秀	建溪歸客不勝悲(〈竹枝詞〉四首·其四)	泣向東風憶建溪(李涉〈竹枝詞〉)

절, 더 나아가 전체적인 작품을 개작하여 당나라 죽지사의 시상이나 정조를 모의하였다.

고대에 水路는 가장 많이 사용되는 교통로이므로 시에서는 이별의 장소로 물가 장소들이 많이 쓰였다. 위의 〈표5〉에서 보여주는 바와 같이 당나라 유우석, 백거이, 이섭 등의 죽지사에서 흔히 등장한 '空舲灘', '巫峽', '瀼東·瀼西', '瞿塘', '永安宮', '巴山', '白帝城', '灔澦堆', '建溪' 등 파초 일대 물가의 지명들은 조선 중기 허난설헌, 최명길과 조문수 등의 죽지사에서도 등장하였다. 주로 수로나 물가의 지명들을 활용하여 이별의 장면을 묘사하였다.

허난설헌의 〈죽지사〉 4수 가운데 제1수인 "공령탄 어귀에 비가 막 개이니 무협에 푸르스름한 안개와 이내 걷혔네. 한스럽구나! 님의 마음 조수와도 같아 아침에 잠깐 물러났다가 저물녘 다시 밀려오네〔空舲灘口雨初晴, 巫峽蒼蒼煙靄平. 長恨郞心似潮水, 早時纔退暮時生〕.[149]"에서 '공령탄'이 나온다. '공령탄'은 중국 양자강 상류 파땅에 있는 三峽 중 하나인 西陵峽에 있는 모래톱이다. '巫峽'은 삼협 중 하나다. 두 지역은 중국 죽지사의 기원지인 파초 지역에 있으며, 당나라 유우석과 이섭 등의 죽지사에서 흔히 등장하였다.

유우석의 〈죽지사〉 9수 중의 제8수 중 "창창한 무협에 안개비 내리는데, 잔나비 높은 가지에서 울어대네〔巫峽蒼蒼煙雨時, 淸猿啼在最高枝〕."에 '무협'이 등장한다. 이섭의 〈죽지사〉[150] 제2수 "무협

---

149) 許蘭雪軒,『蘭雪軒詩集』,〈竹枝詞〉四首, 其一, 번역은 허난설헌(저)/김지용(역),『歷代女流漢詩文選』, 大洋書籍, 1975의 번역을 참고하되 문맥을 고려하여 일부 수정하였다. 이하는 이와 같다.

의 구름 걷히자 나타난 신녀 사당, 푸른 연못에 붉은 나무 그림자가 어른어른〔巫峽雲開神女祠, 綠潭紅樹影參差〕."에도 '무협'이 등장하며, 제4수 "십이봉 어귀에 달이 나직이 떠 있고 공령탄에 두견새가 울어 대네〔十二峰頭月欲低, 空舲灘上子規啼〕."라는 구절에도 '공령탄'이 나온다.

유우석과 이섭의 작품에서는 무협이나 공령탄을 배경으로 이별 장면을 등장시켜 남녀 간의 애틋한 애정을 묘사하는데, 허난설헌의 작품에서도 같은 지명을 배경으로 삼아 비슷한 분위기를 조성하였다.

또한 허난설헌의 〈죽지사〉 4수 중의 제2수 "양동·양서에는 봄물 질펀한데, 님 실은 배 작년에 구당으로 떠나갔네. 파강 골짜기 원숭이 괴롭게 울어대는데, 세 번을 듣기 전에 이미 창자가 끊겼다네〔瀼東瀼西春水長, 郞舟去歲向瞿塘. 巴江峽裏猿啼苦, 不到三聲已斷腸〕."[151]에서 나온 '양동·양서'는 당나라 시기 파 땅에 있던 하천 瀼水의 동쪽과 서쪽의 명소이고, 승구에서 나온 '구당'은 파 땅 夔州의 동쪽 13리, 許夔에 있는 협곡이며 전구에서 나온 '파강'은 삼협을 통과하는 물이 세 번 굽어서 八字같이 된 곳을 가리키는 말이다. 이들 지명은 유우석 등 당나라 문인들의 죽지사에도 등장한 바 있다.

유우석의 〈죽지사〉 9수 중의 제3수 "강가 붉은 누각에 산뜻하게 비 개고, 낭서의 봄물에 비단 물결 생겨나네〔江上朱樓新雨晴, 瀼西春水縠紋生〕."에 '낭서'가 나오고, 제7수의 "구당의 열두 여울가 늘

---

150) 李涉, 〈竹枝詞〉, (『禦定全唐詩』卷四百七十七, 『中華竹枝詞全編·一』, 7쪽.)
151) 許蘭雪軒, 『蘭雪軒詩集』, 〈竹枝詞〉 四首, 其二.

시끌벅적, 이곳 길 예부터 험난하였다 하네〔瞿塘嘈嘈十二灘, 人言道路古來難〕."에서 '구당'이 나온다.

백거이의 〈죽지사〉 4수 중의 제1수 "구당협 어귀에 물안개 자욱하고, 백제성 가에 달이 서쪽으로 기우네〔瞿塘峽口水煙低, 白帝城頭月向西〕."와 釋圓觀의 〈죽지사〉 2수 중 제2수 "吳越의 溪山 이미 두루 찾아보고, 배를 돌려 瞿塘으로 올라가네〔吳越溪山尋已遍, 卻回煙棹上瞿塘〕."라는 구절에서 '구당'이 나온다.

허난설헌의 작품 중 제4수 "영안궁 밖은 층층 여울이라, 여울물에 배 지나려면 얼마나 어려울까?〔永安宮外是層灘, 灘上舟行多少難〕."[152]에서 나온 '영안궁'은 三國 시대의 蜀 나라의 궁전으로 劉備가 사망한 곳이다. 이는 유우석의 〈죽지사〉 9수 중의 제5수 "敎坊에 있는 왕소군 같이 어여쁜 여인들 짝지어 영안궁 밖으로 踏靑하러 오네〔昭君坊中多女伴, 永安宮外踏靑來〕."에서 나온 바 있다.

이 외에 최명길의 〈죽지가〉 3수 중 제1수 "巴山에서 서쪽을 보니 흰 구름 많은데, 오월의 瞿唐峽 지나갈 수 없다네〔巴山西望白雲多, 五月瞿塘不可過〕."[153]에서 나온 '파산'은 유우석 〈죽지사〉 2수 중 제2수 "楚水와 巴山의 강에는 비 많이 내리고, 파산 사람은 제 고향 노래를 잘 부른다네〔楚水巴山江雨多, 巴人能唱本鄕歌〕."에 등장한다. 최명길의 죽지사 效體[154]인 〈效竹枝詞〉 2수 가운데 제2수 중 "월

---

152) 許蘭雪軒, 『蘭雪軒詩集』, 〈竹枝詞〉 四首, 其四.
153) 崔鳴吉, 『遲川集』 卷之二, 〈竹枝歌〉 三首, 其一.
154) 중국 학계에서는 詩나 詞를 본떠서 쓴 작품을 '效體'라고 흔히 칭한다. 예를 들어 葉曄, 위의 논문(2021)에서도 고려, 조선 시기에 지어진 사의 효체를 다룬 바 있다.

땅 상인은 본디 사리를 모르는지라 灔澦堆 앞에서 한참 고생 한다네 〔越商自是不解事, 灔澦堆前長苦辛〕."155)와 〈죽지가〉 3수 중 제3수 "灔澦堆 앞에는 흰 물결 많은지라, 巴 땅 상인 돛 비껴 힘들게 지나가네〔灔澦堆前白浪多, 巴商辛苦側帆過〕."156)에서 나온 '염여퇴'는 삼협의 하나인 '瞿塘峽'을 가리킨다. 강 양쪽 언덕이 가파르고 골짜기 어귀의 강 가운데 큰 바위가 솟아 있어 물살이 몹시 사나운 염여퇴를 일컫는 말이다. 최명길도 마찬가지로 파 일대를 시적 배경으로 설정하였다.

이처럼 중국의 지명을 시에서 즐겨 활용하는 것은 조선 중기 시단의 특징적인 경향이다. 예를 들어 趙緯韓(1567~1649)은 중국의 지명이 시어로 활용되면 자연스러울 뿐더러 시 창작에 소요되는 노력도 줄어들기 때문에 그만큼 긍정적으로 평가할 수 있지만, 한국의 지명은 시어로 쓰이기에는 우아하지 않고 속되다고 하였다.157) 당시의 이러한 시 창작 분위기 속에서 허난설헌을 비롯한 시인들은 죽지사에서 중국 파초 지역의 지명을 즐겨 차용하였음을 이해할 수 있다. 이들 작품에서는 죽지사의 발원지이자 당나라 죽지사에서 흔히 등장한 지명들을 남녀 연정을 묘사하는 배경으로 설정하였다. 이러한 성

죽지사 효체의 출현은 죽지사 양식의 영향이 한층 커졌음을 보여주는데, 조선 죽지사의 범주가 확장될 가능성이 역시 높아졌음을 뜻하는 것이라고 할 수 있다.
155) 崔鳴吉, 『遲川集』 卷之一, 〈效竹枝詞〉 二首, 其二.
156) 崔鳴吉, 『遲川集』 卷之二, 〈竹枝歌〉 三首, 其三.
157) 許筠, 『惺所覆瓿藁』 卷之二十五, 『惺叟詩話』, "趙持世嘗曰: '我國地名, 入詩不雅, 如 '氣蒸雲夢澤, 波撼岳陽城.' 凡十字六字地名, 而上加四字, 其用力只在蒸撼二字, 爲功豈不省耶.'"

향은 당나라의 작품과 비슷한 서정적 분위기를 조성하는 데 이르렀다.

조선 중기의 죽지사에는 당나라 죽지사에 나온 지명 외에 특징적인 시어와 이미지를 차용하는 경향도 나타난다. 먼저 허난설헌의 〈죽지사〉 4수 중 제3수의 기구와 승구에서 그러한 면을 볼 수 있다.

내 사는 곳 강릉의 돌무더기 갯가라	家住江陵積石磯
문 앞 흐르는 물에 비단옷 빨았네.	門前流水浣羅衣[158]

여기에서 나온 '家住'는 유우석의 〈죽지사〉 9수 가운데 제4수의 전구와 결구 "미친 남편에게 편지 한 통 부쳐, 成都 萬裏橋 부근에 살고 있다 하였네〔憑寄狂夫書一紙, 家住成都萬裏橋〕."에 보이고, '門前流水'는 손광헌의 〈죽지사〉 2수[159] 중 제1수 "문 앞 봄물에 하얀 마름꽃 피고, 인적 없는 강가에 작은 배 비껴 있네〔門前春水白蘋花, 岸上無人小艇斜〕."에서 따온 것으로 보인다. 이처럼 당나라 두 시인의 작품에서 나온 단어나 표현을 차용하여 비슷한 분위기를 조성하려고 한 것으로 짐작된다.

윤신지의 〈죽지사〉를 살펴보자.

파강의 봄 물결 뱃전에 출렁일 때	巴江春水拍船時
파 땅 여인들 길에서 연이어 죽지사 부르는구나.	巴女聯街唱竹枝

---

158) 許蘭雪軒, 『蘭雪軒詩集』, 〈竹枝詞〉 四首, 其三.
159) 孫光憲, 〈竹枝詞〉.(『全唐詩』 卷七百六十二, 『中華竹枝詞全編·五』, 568쪽.)

붉은 여뀌와 푸른 강리 끝없는 애달픔 일으키는데 紅蓼碧蘺無限恨
님의 마음도 나의 슬픔과 같을런가.   不知郎意似儂悲[160]

기구와 승구에서 나온 '巴江'과 '巴女'는 당나라 어곡의 〈巴女謠〉 "파 소녀가 소 타고 죽지사 부르니 강변에 연꽃 피고 마름 잎 자랄 때라네〔巴女騎牛唱竹枝, 藕絲菱葉傍江時〕."라는 구절에서 '巴女'가 나오고, 고황의 〈竹枝曲〉 "한밤중 巴人이 죽지사 부르고 나자, 새벽녘 애끓는 잔나비 울음소리 하나 둘 스러져간다〔巴人夜唱竹枝後, 腸斷曉猿聲漸稀〕."[161]에서 비슷한 '巴人'을 표현하였으며 백거이의 〈죽지사〉 4수 중 제2수에도 "파 땅의 젊은 남녀 함께 부르는 노랫가락, 江樓에 오른 사군 수심에 잠기게 하네〔蠻兒巴女齊聲唱, 愁殺江樓病使君〕."에서 '巴女'가 보인다.

파 땅은 죽지사의 발원지이다. 그래서 현지인들이 죽지를 부르는 장면은 당나라 시인들의 작품에 흔히 등장하는 詩材이다. 윤신지의 위 작품의 기구와 승구에서 중국의 파 지역을 공간적 배경으로 설정하여 그 곳의 여인들이 죽지를 부르는 모습을 그려냈다. 전구와 결구에서 '無限', '郎意'와 '儂悲'는 유우석의 〈죽지사〉 9수 중 제2수의 "붉은 꽃 쉬 시듦은 낭군님 마음이요, 끝없이 흐르는 물은 나의 시름이라〔花紅易衰似郎意, 水流無限似儂愁〕."라는 구절의 '無限'과 '郎意'를 똑같이 사용하고, '儂愁'를 '儂悲'로 비슷한 정조로 수

---

160) 尹新之,『玄洲集』卷之三,〈竹枝詞〉.
161) 顧況,〈竹枝曲〉.(『全唐詩』卷二百六十七,『中華竹枝詞全編·一』, 5쪽.)

정한 것이다. 이를 통해 작가는 여인의 애틋하고 슬픈 마음을 토로하는 유우석의 작품과 동일한 분위기를 자아냈다. 윤신지가 당나라 죽지사를 본뜨는 방식은 허난설헌과 유사하다고 볼 수 있겠다.

최명길의 〈죽지가〉 3수 중 제2수의 "제방 가 푸르디푸른 수양버들 무성한데, 발 걷어 비낀 해 사이로 님 지나길 기다리네〔堤上靑靑楊柳多, 捲簾斜日待郞過〕."[162)]에서 나온 '靑靑楊柳'와 조문수의 〈죽지사〉 4수 가운데 제1수의 "파강의 봄 눈 녹은 물 흘러가는데, 푸르디 푸른 수양버들 가 배 묶여 있다네〔巴江春水日流澌, 楊柳靑靑舟自維〕."[163)]의 '楊柳靑靑'은, 모두 유우석의 〈죽지사〉 2수 가운데 제1수인 "수양버들 푸르디 푸르고 강물 잔잔한데, 님의 답가 소리 강가에서 들려오네〔楊柳靑靑江水平, 聞郞江上踏歌聲〕."의 '楊柳靑靑'을 따온 것으로 확인된다.

이춘원의 〈죽지사삼첩〉 제1수의 "강남과 강북에서 죽지사 부르니, 초나라 궁궐 어여쁜 기생들 애간장을 녹이는 때라〔江南江北歌竹枝, 楚宮仙妓斷腸時〕."[164)]에서 나온 '江南江北歌竹枝'라는 구절과 제3수의 "강남과 강북에서 바람 불고 비 내릴 때, 봄꽃과 봄풀이 이별을 원망하네〔江南江北風雨時, 春花春草怨別離〕."[165)]에서 나온 '江南江北' 역시 모두 유우석의 〈죽지사〉 9수 가운데 제1수인 "白帝城 가에 봄풀 돋아나고, 白鹽山 아래 촉강은 맑구나. 남쪽 사람 성에

---

162) 崔鳴吉, 『遲川集』 卷之二, 〈竹枝歌〉 三首, 其二.
163) 曹文秀, 『雪汀詩集』 卷之四, 〈竹枝詞〉 四首, 其一.
164) 李春元, 『九畹集』 卷之二, 〈竹枝詞三疊〉, 其一.
165) 李春元, 『九畹集』 卷之二, 〈竹枝詞三疊〉, 其三.

올라 한 곡조 부르니, 못 오른 북쪽 사람 고향 그리는 정만 새록새록〔白帝城頭春草生, 白鹽山下蜀江淸. 南人上來歌一曲, 北人莫上動鄕情〕."의 전구와 결구를 바꾸어서 쓴 것으로 보인다. 이와 같이 당나라 죽지사에서 흔히 등장하는 시어나 이미지를 활용함으로 유사한 시상과 시적 정조를 자아냈다는 효과가 있다.

지금까지 살펴본 바를 통해 조선 중기 죽지사는 당나라 죽지사에서 흔히 등장한 지명과 특징적인 시어, 이미지를 많이 차용하였음을 엿볼 수 있다. 이 외에도 당나라 죽지사의 일부 구절, 심지어 전체적인 작품을 개작하는 경향도 확인된다.

허난설헌의 〈죽지사〉 제1수의 일부인 "한스럽구나! 님의 마음 조수와도 같네〔長恨郞心似潮水〕."는 유우석의 〈죽지사〉 9수 가운데 제7수인 "사람 인심이 강물만 못함이 늘 한스럽나니, 평지에 풍파가 일어남을 등한히 여긴다네〔長恨人心不如水, 等閑平地起波瀾〕."의 앞부분을 차용하여 창작한 것으로 보인다. 조문수의 〈죽지사〉 4수 가운데 제2수의 "님의 마음 문 앞의 물과 같지 않아, 밤낮없이 동으로 흘러 쉼이 없구나〔郞心不似門前水, 日夜東流無歇時〕."[166]의 앞부분 역시 유우석의 것을 빌려 만들었다고 할 수 있다.

다음으로 당나라 작품의 전체를 차용, 개작한 경우를 본다.

마름꽃과 창포잎이 맑은 너울을 덮고	蘋花蒲葉覆晴漪
장사꾼 아낙네 봄날 물가에서 노니네.	商女乘春戲水湄

---

166) 曺文秀, 『雪汀詩集』 卷之四, 〈竹枝詞〉 四首, 其二.

우습구나, 파 땅에 옛날 풍속이 남아 있으니   笑殺巴渝存舊俗
남은 음식 던져주어 갈까마귀 먹인다네.   卻抛殘食救鴉飢

曹文秀〈竹枝詞〉四首, 其三

문 앞의 봄물 흰 마름꽃 같은데   門前春水白蘋花
강가엔 사람 없어 작은 배 비껴있네.   岸上無人小艇斜
장사꾼 아낙네 지나는 강변 날은 저무는데   商女經過江欲暮
남은 음식 던져주어 갈까마귀 먹이네.   散抛殘食飼神鴉

孫光憲〈竹枝詞〉二首, 其一

위의 조문수와 손광헌의 작품은 말을 조금 바꾸었을 뿐, 내용상 일치하는 것으로 보인다. 전자의 기구와 승구에 있는 단어 '蘋花'와 '商女'는 후자의 기구와 전구에 보이고, 전자의 승구에 있는 '乘春戲水湄'는 후자의 기구에 있는 '春水'를 바꿔서 쓴 것이다. 전자의 작품에서 파 지역의 풍속을 묘사하는 전구와 결구는, 후자의 결구 "散抛殘食飼神鴉"에 나온다. 두 작품은 전체적으로 매우 유사함이 확인된다.

백제성 가의 봄날 이미 저물어가니   白帝城邊春已遲
建溪의 나그네 슬픔을 견디지 못하네.   建溪歸客不勝悲
달 밝은 오늘 밤 홀로 배에서 지내는데   月明今夜孤舟宿
봄꽃은 다 지고 두견새 우는구나.   落盡江花啼子規

曹文秀〈竹枝詞〉四首, 其四

열두 봉우리 위로 달 지려 하는데	十二峰頭月欲低
空聆灘 가에서 두견새 우네.	空聆灘上子規啼
홀로 배에서 한밤 지내고 동으로 가는 나그네	孤舟一夜東歸客
봄바람 맞으며 울면서 건계를 생각한다오.	泣向東風憶建溪

李涉〈竹枝詞〉四首, 其四

여기에서 조문수와 이섭의 작품을 비교하면 전자의 승구 "建溪歸客不勝悲"는 후자의 결구 "泣向東風憶建溪"에, 전자의 전구 "月明今夜孤舟宿"은 후자의 전구 "孤舟一夜東歸客"에, 전자의 결구 "落盡江花啼子規"는 후자의 승구 "空聆灘上子規啼"에 맞추려는 것으로 보인다. 조문수는 비슷한 구절로 순서를 조금 바꾸면서 이섭 작품의 시상을 따라가면서 창작한 것으로 보인다. 그리하여 파 땅에 있는 건계의 나그네가 외로이 배에서 한밤을 보내면서 두견새 우는 소리를 듣고 고향에 대한 그리움을 표출한 내용을 담아냈다. 이처럼 구절이나 전체 작품의 개작은 당시를 의작하여 나타나는 비슷한 정조가 극대화된 예로 볼 수 있다.

위에서 서술한 지명, 시어, 이미지, 일부 구절 또는 작품 전체를 차용하여 당나라 죽지사와 비슷한 시상이나 정조를 추구하는 의작법은 조선 중기 작가들이 가장 애용하는 방식이다. 이 밖에도 차운을 활용하여 당나라 죽지사를 모방한 경우도 보인다.

金德承의 〈次柳子厚竹枝歌韻〉[167]이라는 작품이 그 예다. 제목에

---

167) 金德承, 『少痊集』卷之一, 〈次柳子厚竹枝歌韻〉, "世間何處最魂銷, 萬裏歸舟

서 밝혔듯이 당나라 柳宗元의 〈죽지사〉를 차운한 것이다. 하지만 유종원은 죽지사를 남기지 않았다. 따라서 여기에 나오는 '柳子厚'는 유우석의 오류라 보인다. 구체적으로 김덕승의 작품은 유우석의 〈죽지사〉 9수 가운데 제4수에 차운한 것으로 보인다. 김덕승 작품의 운자는 '銷', '橈', '橋'이고 유우석 작품의 운자는 '消', '橈', '橋'로 운자가 일치한다.

김덕승은 중국어에 능통하였던 자로, 예조좌랑 때 漢語敎授를 겸직하였고 1624년 7월에 冬至使 書狀官이 되어 海路로 명나라에 다녀온 적이 있다. 그의 시 작품 중에는 당나라 시에 차운한 작품이 적지 않게 보인다.[168] 그의 경력과 성향으로 보아 당나라 문학을 잘 알고 있었던 것으로 짐작된다. 그의 〈유자후의 〈죽지가〉에 차운하여〉도 당나라 죽지사에 차운한 작품이지만, 다만 작품의 작가를 착각한 오류를 범하였음을 짐작할 수 있다.

김덕승처럼 사행으로 중국에 갔던 李民宬은 사행 도중 登州 지역에 이르러 〈登州竹枝歌三絶次石樓臺韻〉[169]을 지었다. 이민성은 1602년, 1623년 2차례에 걸쳐 서장관으로 명나라에 다녀왔다. 그의 두 번째 연행은 海路를 걸쳐갔었다. 그가 속한 사절단은 1623년 5월 24일 宣沙浦에서 출발하여 21일 동안 3450리를 가는 항해 끝에 6월 13일

暫駐橈. 花艶滿前何足數, 男兒壯志在題橋."; 劉禹錫, 〈竹枝詞〉 九首, 其四, "日出三竿春霧消, 江頭蜀客駐蘭橈. 憑寄狂夫書一紙, 家住成都萬裏橋."
168) 金德承, 『少陵集』 卷之一에 〈次唐詩詠史詩寄白洲與上同篇同時作送〉, 〈次唐詩韻〉, 〈次唐詩兒輩所押韻〉 등 당나라 시에 차운한 작품이 수록된다.
169) 李民宬, 『敬亭集』 卷之六, 〈登州竹枝歌三絶次石樓臺韻〉.

登州 수문 밖 기슭에 도착하였다.[170] 이때 이민성은 山東의 여러 文廟와 書院을 방문하여 서책으로만 접하였던 현장을 직접 견문하고 느낀 바를 읊은 여러 작품을 남겼다. 〈등주 죽지사 삼절〈석류대〉에 차운하여〉는 바로 이 시기에 지어진 작품으로 중국을 시적 대상으로 삼았다. 이는 한국에서 처음으로 해외국가를 시재로 삼은 이른바 외국죽지사로 확인된다.

상술한 당나라 작품을 의작하는 성향은 '文必秦漢·詩必盛唐'을 지향하는 명나라 의고파인 前後七子의 작품에도 적용된 바 있다. 예를 들어 전칠자 중의 한 사람인 何景明(1483~1521)의 〈죽지사〉에서 '十二峰'과 '瞿塘'이라는 파 땅에 있는 곳을 쓰거나 '孤舟客'으로 불렸던 이미지, '猿聲' 등 당나라 죽지사에서 흔히 등장하는 지명과 이미지들을 활용하였다.[171] 전칠자 중의 다른 한 사람인 王廷相(1474~1544)은 〈巴人竹枝詞〉를 지었다. 당나라 시인들이 즐겨 읊은 파 지역을 대상으로 삼아 현지의 여러 지명, 당나라 죽지사에서 나온 시어와 이미지를 사용하여 당의 죽지사와 비슷한 정조를 자아냈다.[172]

---

170) 〈한국고전번역원〉의 『少陵集』 해제 참조.
171) 何景明, 〈竹枝詞〉, "十二峰頭秋草荒, 冷烟寒月過瞿塘. 靑楓江上孤舟客, 不听猿聲也斷腸."(『大夏山人詩集精華彔』 卷八, 『中華竹枝詞全編·六』, 536쪽.)
172) 王廷相, 〈巴人竹枝詞〉, "江草江花滿眼新, 不知郞處幾多春. 愁來欲上東峰望, 上到東峰愁殺人."; "郞在荊門妾在家, 年年江上望歸槎. 荼蘼種得高如妾, 縱有春風枉卻花."; "野鴨唼唼一雙飛, 飛到儂池不肯歸. 莫共鴛鴦鬥毛羽, 鴛鴦情性世間稀."; "蒲子花開蓮葉齊, 聞郞船已過巴西. 郞看明月似儂意, 到處隨郞郞不知."(『宋金元明四朝詩, 禦選明詩』 卷九, 『中華竹枝詞全編·六』, 526~527쪽.); "郞上瞿塘儂自愁, 生憎風水打船頭. 江靈若解渠儂意, 郞若來時水不流."; "楊花作雪草

명나라 시기에 가장 손쉽게 사용할 수 있는 죽지사의 창작 방안은 인명과 지명을 자신의 시어로 적극적으로 구사하는 것이었다. 성당 시기의 시인들은 지명을 즐겨 구사함으로써 시의 기상을 높였는데, 이는 명나라의 의고파 문인들이 당시를 익히는 지름길로 여겼다.[173]

위에서 언급한 조선 중기의 짙은 의작 경향을 띄는 죽지사의 출현은 조선 의고파의 당시풍 경향과도 밀접하게 관련된다. 특히 당나라 죽지사에 흔히 등장하는 파초 지역의 지명, 특징적인 시어와 이미지의 차용, 혹은 당나라 죽지사의 일부 구절을 차용하는 경향은 당시를 모범으로 삼는 삼당시인에게서 찾아진다.[174] 또한 죽지사는 당시 가운데 독특하고 중요한 장르이므로 삼당시인과 같은 문학적 경향을 가지고 있었던 조선 중기의 문인들은 당시를 의작하는 일환으로 당나라 죽지사를 모방하였음을 이해할 수 있다.

허난설헌은 삼당시인 중 한 사람인 이달에게 시를 배웠다. 그녀의 시 중에 당나라 시를 의작한 작품이 상당한 비중을 차지하고 있다. 특히 죽지사에서도 당풍이 짙은 것으로 확인된다. 윤신지는 종조부

連天, 郎下荊吳又一年. 江上浣紗郎不見, 問郎錯問下江船."; "神女襄王彼一時, 楚宮巫峽夢中期. 儂今欲化行雲去, 恐到君邊君不知."(『梁園風雅』 卷十一, 『中華竹枝詞全編·六』, 527쪽.)

173) 錢鐘書, 『談藝錄』(中華書局, 1986), 「七律杜樣」, 「詩中用人地名」 부분에서 자세히 논한 바 있다. 안대희, 「18세기 한국 한시사의 구도」, 『18세기 한국 한시사 연구』(소명출판, 1999)와 이종묵, 「16-17세기 漢詩史 연구 - 詩風의 변화 양상을 중심으로」, (『정신문화연구』, 23권 4호, 정신문화연구, 2000.)에서도 전종서의 이러한 설명을 언급한 바 있다.

174) 李睟光, 『芝峯類說』 卷九, "崔慶昌, 李達, 一時能詩者也. 其詩最近唐, 而但作句多襲唐人文字, 或截取全句而用之, 令人讀之, 有若讀唐人詩者, 故驟以爲唐而喜之. 然其得於天機, 自運造化之功似少, 若謂奪胎換骨則恐未也."

尹根壽의 영향으로 복고주의 이론을 학습하였을 것으로 추정된다. 그리고 그는 윤근수의 문장과 학통을 잇고 있는 張維와 鄭弘溟을 비롯한 문인들과 교유관계를 맺고 있었다.[175] 이러한 환경에서 윤신지는 의고파의 영향을 받아 당나라 죽지사를 본뜨며 작품을 지을 수 있었다고 생각된다. 조문수는 명나라 전후칠자가 즐겨 찾은 楊士弘의 『唐音』과 高棅의 『唐詩品彙』[176] 등 당시 선집을 공부하고 모의하였다.[177] 그는 당시에 유행하던 당풍을 적극적으로 수용하여 그의 죽지사에도 실천하기에 이르렀다. 그래서 그의 죽지사는 당나라의 작품을 의작하는 경향이 농후함을 이해할 수 있다.

또한 당시에 원·명 문인들의 죽지사는 이미 조선으로 유입되었고 조선의 문인들도 관심을 가진 바 있다. 그러므로 조선 중기 문인들의 죽지사 창작에 영향을 끼쳤음을 짐작할 수 있다.[178]

---

175) 김은정, 「玄洲 尹新之의 생애와 시문학 연구」, 『韓國漢詩硏究』 17권, 한국한시학회, 2009, 36~37쪽.
176) 이 두 편의 당시 선집은 명나라 때 '詩必盛唐'을 주장하는 복고파 前後七子에게 커다란 영향을 주었던 것이고 당시풍이 유행하는 가운데 시학습의 전범으로 활용되기도 하였다. 조선에서는 16세기 후반 당풍이 고조되는 시기부터 본격적으로 주목받으며 읽히기 시작하였다.(김덕수, 「택당 이식의 한시 비평 양상 - 『설정시집』 소재 시비평을 중심으로」, 『韓國漢詩硏究』 제9권, 한국한시학회, 2001, 232~233쪽.)
177) 曹夏望, 『西州集』 卷之七, 「論曾王考詩集與或人」, "盖先祖之於是技, 嗜之旣篤, 業之亦專, 而原初發軔也, 所自命者, 只在於仙李之世. 顧其意'以爲詩道至此而極矣, 下此則面是傖夫, 非吾所謂詩也.' 遂於楊伯謙高廷禮輩所編書, 矻矻不已, 取材模擬, 俱不出三唐諸名家外一步地. 其高者固可論於蘇州, 襄陽之際, 而低處亦羞道許丁卯, 白司馬以後語矣." 조하망은 조문수의 증손이고, 그는 조문수의 學唐을 소개한 바 있다.
178) 申欽, 『象村稿』 卷之五十一, 〈晴窓軟談中〉, "楊鐵厓廉夫西湖竹枝詞, 調似嫩弱而亦淸婉可愛, 然衰世之音也, 豈元之將亡歟. 薩天錫西湖絶句, 藻麗無比, 盖齊體之選也."에서 楊維楨(1296~1370)의 〈서호죽지사〉와 薩都剌(1272~1355)의

조선 중기의 문인들도 의고파가 강조한 그 요령을 실천하여 당나라 죽지사에 나오는 일련의 지명, 이미지, 시어 심지어 일부의 구절이나 전체 작품을 적극적으로 차용하여 비슷한 시상이나 정조를 추구하였음을 이해할 수 있다.

2) 朝鮮的 정조를 담은 죽지사 창작 [179)

위에서 언급한 농후한 의작 경향을 띠는 작품이 조선 중기 죽지사의 한 흐름이라면, 조선의 지역성과 민간의 색채를 내세우는 작품 역시 조선 중기 죽지사의 또 다른 흐름이라고 할 수 있다. 이홍남의 〈楊花渡竹枝歌八章〉, 신흠의 〈昭陽竹枝歌三章〉과 권필의 〈春江詞效竹枝歌〉가 이에 해당한다.

이홍남은 어릴 적부터 재주가 뛰어났다. 그는 여러 번 관직에 제수되었다가 遞職되거나 罷職되었던 사대부 문인으로 1569년 1월부터 6월까지 衿川 堗村에 寓居하였다.[180) 楊花渡는 衿川縣 북쪽 33리 지점에 있다. 서울과 경기도 금천에 걸쳐 있던 나루로 서울과 江華를 잇는 교통의 요지였다. 그는 금천 돌촌에서 우거하는 동안에 양화도에서 머물거나 왕래하였을 가능성이 높은데, 이를 양화도를 등장시

〈서호절구〉를 언급한 것을 통해 당시 조선에서 원나라 시기의 죽지사 작품들이 이미 전입되어 있었음을 엿볼 수 있다.
179) '조선적 정조를 담은 죽지사'란 조선 문인들은 죽지사에 대한 인식과 이해가 심화됨에 따라 조성된 한국 죽지사의 시기적 특성을 띤 작품을 말한다. 그리고 중국 죽지사의 의작에서 벗어나 약간의 변형을 가하면서 지은 작품이기도 하다. 여기에서는 기본적으로 죽지사가 지역의 풍속이나 민간의 정감을 표출하는 양식이므로 조선의 지명, 특유의 풍속, 또는 조선인의 정감 등을 읊은 작품이 창작되었음에 주목한다.
180) 〈한국고전번역원〉의 『汲古遺稿』 해제 참조.

킨 〈楊花渡次魚咸從世謙韻〉 6수와 〈양화도죽지가팔장〉를 통해 짐작할 수 있다.

〈양화도에서 함종 어세겸의 시에 차운하다〉는 회고적 내용을 위주로 한 것이고, 그의 죽지사 작품인 〈양화도죽지가팔장〉은 강변 백성들의 일상과 풍속 활동을 중점적으로 다루고 있다. 그중의 제1수 "노파는 푸닥거리하러 叢祠에 가고, 어여쁜 딸만 남아 사립문 지키네. 고기 꿴 남자가 와서 뽐내려 하였는데, 울타리 구멍 가 개가 으르렁 짖어대네〔主嫗叢祠賽神去, 秖留嬌女守柴扉, 穿魚男子來誇示, 籬竇狺狺犬吠非〕."[181]에서 나온 '叢祠'는 여러 잡신을 모시는 사당으로 백성들의 풍속을 드러내는 시어이다. 여기에서 노파와 딸이 사는 강변의 한 집안의 일상을 묘사하였다.

그 가운데 제4수 "모채는 소금에 담가 김치로 먹을 수 있고, 강에서 잡은 물고기는 수나 해 같은 젓갈로 만든다네. 돛배 가득한 포구로 낭군 돌아올 텐데, 바가지와 구기로 먼저 술을 떠야지〔芼菜配塩沉作葅, 爲臡爲醢是江魚. 帆遮浦口郞應返, 瓢勺先須挹玉蛆〕."[182]에서 나온 '芼菜'는 사람이 먹을 수 있는 수초 또는 야채를 가리킨 말이다. '葅'는 김치를, '臡'는 말린 고기, '醢'는 육장을 뜻하고 '玉蛆'는 원래 술 위의 거품으로 술을 가리킨다. 김치와 육장을 만드는 장면과 설레는 마음으로 낭군을 기다리면서 각종 반찬과 술을 준비하고 있는 여자의 모습을 생생하게 그려냈다.

---

181) 李洪男, 『汲古遺稿』 卷上, 〈楊花渡竹枝歌八章〉, 其一.
182) 李洪男, 『汲古遺稿』 卷上, 〈楊花渡竹枝歌八章〉, 其四.

여기서 나오는 '魚' 자와 '蛆' 자를 가지고 이홍남이 어릴 적에 시를 지은 바 있다. 어떤 어른이 반달을 가리키며 운을 부르는데, 그 운을 '어' 자로 하여 잇기가 매우 어려웠는데 이홍남은 운자가 떨어지자마자 "반벽이 희미하니 바다고기 나오도다〔半璧依俙出海魚〕."라고 하였다. 또 '저' 자로 운을 부르자 이번에도 즉시 "엷고 맑은 그림자 부저를 비치네〔薄將光彩照浮蛆〕."라고 대답하였다.[183] 그는 참으로 어릴 적부터 재주가 뛰어나 민간의 색채를 띤 흥미로운 시를 즐겨 지었다.

특히 제5수 "여인네들 서로 짝을 지어 봉비 캐며, 뿌리가 통통하다고 다투어 자랑하네. 녹미 주머니에 가득 채워 바꾸러 가니, 귀족 집안의 묵은 나물도 여기서 나온다네〔相隨女伴采葑菲, 鬪語聞誇下體肥. 祿米滿囊爭貿去, 侯家旨蓄此焉依〕."[184]에서는 여인들이 봉비를 캐는 모습과 귀족들이 장을 보러 시장에 나가는 모습을 묘사하였다. 이 작품 뒤에 "'菲' 자는 상성이다〔菲上聲〕."라는 주석이 달린 것이 한국 죽지사에서 최초로 주석이 등장한 사례임에 주목할 필요가 있다.

신흠은 사림의 신망을 받음은 물론, 李廷龜, 張維, 李植과 함께 漢文四大家로 칭송받았던 인물이다. 그는 원나라 문인들이 서호 지역을 읊은 죽지사를 숙지하고 있었다.[185] 그러나 소양 지역을 시적 대상으로 삼은 것은 원나라 문인들의 작품을 본뜬 것이 아니라 자신

---

183) 유몽인(저), 신익철, 이형대, 조융희, 노영미(역), 『於于野談』, 돌베개, 2006, 390쪽.
184) 李洪男, 『汲古遺稿』卷上, 〈楊花渡竹枝歌八章〉, 其五.
185) 이에 대한 내용은 각주 178번의 인용문과 같다.

의 유배 생활을 소재로 표현한 것이다. 그는 광해군 때에 뜻을 제대로 펼치지 못한 채 춘천 소양강에 유배된 적이 있다. "내가 소양강 가로 온 지가 4년이 되었는데, 깊은 근심으로 마음이 沮喪되어 병이 나서 겨우 목숨만 붙어있을 뿐이다. 그래서 내 평생 종적과 時變을 만난 것들을 통틀어 그 대강만을 간략히 제기하여 붓 가는 대로 써서 시를 만드니, 모두 1백 34운이다."[186]라고 밝힌 것처럼 유배 시절에 여러 편의 시를 지었다.[187]

〈소양죽지가삼장〉도 그 시기에 창작한 바이다. 그 가운데 제1수 "석파령 마루턱에 해 떨어지려 하니, 신연강 어귀에 길손이 뜸하구나. 짧은 돛대에 가벼이 노 저어 어지러운 물결 헤치며 가는 저 배, 봉황대 아래 여울을 멀리 가리켜 보이네〔席破嶺頭日欲落, 新淵江口行人稀. 短檣輕枻亂波去, 遙指鳳凰臺下磯〕.[188]"에서 나온 '석파령'은 강원도 춘천 서쪽의 고갯길이고, '신연'은 춘천부 북쪽에서 물길이 牛頭村 앞에 이르러 소양강과 합해서 서쪽으로 흘러 형성된 新淵津을 말한 것이다. 여기에서는 석파령 마루턱에 해가 지는 모습을 보고, 이백이 배척을 당하였을 때 쓴 〈登金陵鳳凰臺〉를 떠올리면서 불우한 자신의 수심을 표출하였다.

---

186) 申欽, 『象村稿』卷之八,〈昭陽遷客行竝序〉, "余遷于昭陽四載矣, 幽憂喪病, 特未就木爾. 因歷平生蹤迹, 時變所遭, 略提其槪, 信筆成詩, 凡一百有三十四韻."
187) 필자가 조사한 바에 따르면 『象村稿』에서 제목에 '昭陽'이 들어 있는 시 작품은 〈昭陽遷客行竝序〉 25수와 〈昭陽竹枝歌三章〉이 있고, 시구에서 '昭陽'을 언급한 시는 23수가 있는 것으로 확인된다.
188) 申欽, 『象村稿』卷之二十,〈昭陽竹枝歌三章〉, 其一, 번역은 〈한국고전종합DB〉의 번역을 참고하되 문맥을 고려하여 일부 수정하였다. 이하는 이와 같다.

조선 죽지사를 지은 또 다른 작가로는 권필을 들 수 있다. 그의 〈春江詞效竹枝歌〉는 죽지사를 본떠서 쓴 효체로 지었다. 제목의 '춘강사'란 봄철의 강변을 묘사하는 내용을 말하는 것이고, "죽지사를 본떠서 짓는다."라는 것은 죽지사의 성격을 말해준다.

그중에 제2수 "喜雨亭 정자 가에 아침 비 지나가고, 楊花渡에는 방초가 우거졌네. 강 가운데 북 치며 장사치들 취하였는데, 둑 위에서 女郞들 다투어 노래 부르누나〔喜雨亭邊朝雨過, 楊花渡頭芳草多. 江中擊鼓賈客醉, 堤上女郞爭唱歌〕."[189]에서 나온 '희우정'은 서울 마포구 망원동에 있던 望遠亭의 옛 이름이다. 승구에서 나온 '양화도'는 앞에서 언급한 바 있는 서울과 경기도 금천에 걸쳐 있던 나루다. 기구와 승구에서 희우정과 양화도의 봄 날씨와 풍경을 묘사하여 생기가 넘치는 분위기를 조성하였다. 이어서 전구와 결구에서 강 가운데 장사치들이 북을 치고 술에 취하는 모습과 강가 둑 위에 여자들이 다투어 노래 부르는 장면을 그려냈다.

상술한 듯이 이홍남은 우거하는 동안에 〈양화도죽지가팔장〉을 지었고, 신흠은 유배 생활을 하면서 〈소양죽지가삼장〉을 지었으며, 권필은 자유분방한 방외인으로서 조선의 봄날 강변을 읊은 죽지사를 남겼다. 즉 당시에 조선적 죽지사를 지은 작가층은 중앙과 멀리 떨어져 있는 불우한 사대부 문인과 벼슬하지 않은 방외인 위주로 구성된다. 이러한 구성은 본인 고향을 읊은 조선 전기 영남 사림파

---

189) 權韠, 『石洲集』卷之七, 〈春江詞效竹枝歌〉 二首, 其二, 번역은 〈한국고전종합DB〉의 번역을 참고하되 문맥을 고려하여 일부 수정하였다. 이하는 이와 같다.

와 다르며 중국 당·송 시기 파초 지역으로 유배된 문인들의 작품과 비슷한 성향을 보인다.

정리하자면 조선 중기 죽지사 창작은 당나라 죽지사에 대한 의작과 조선적 독자성의 추구라는 두 경향이 공존하며 전개되었다. 이 시기는 단순 모방의 차원을 넘어, 당대의 시적 전통을 수용하면서도 조선의 정체성을 서서히 구현해 나간 과도기적 성격을 띤다. 이러한 두 흐름의 교차와 시도를 통해 조선 후기에 본격화된 '조선만의' 독자적 죽지사 창작의 발판을 마련한, 중요한 과도기로 볼 수 있다.

3. 全盛期: 조선 후기의 죽지사

조선 후기에 들어서면서 죽지사 창작은 전성기를 맞이하게 된다. 작가층의 확대와 대상 지역의 증가, 작품의 양적 성장 등에 힘입어 작품 세계는 한층 풍성해진다. 그리하여 조선적 색채가 담긴 죽지사가 연달아 창작되는 환경이 조성된 것이다. 조선 후기 죽지사의 창작양상은 크게 세 가지로 나누어 볼 수 있다. 첫째는 당·송시기의 작품을 의작하는 경향이 아직 남아 있으나 죽지사에 대한 이해가 심화됨에 따라 새로운 형식과 시도를 실행하였다. 둘째는 중인층 및 서얼 문인들에 의해 외국을 형상화한 죽지사가 활발하게 창작되었다. 셋째는 조선의 각 지역에 주목한 토속적인 죽지사 창작의 붐이 본격적으로 일어났다는 것이다.[190]

1) 唐·宋 죽지사의 의작과 변모

전대 영향의 유지로 당나라와 송나라 죽지사를 의작한 작품이 여전히 창작되었다. 다만 이 시기는 조선 문인들의 죽지사에 대한 이해가 심화됨에 따라 단순한 모의의 차원에 머물지 않고 작품의 형식, 수법 등의 측면에서 조선만의 개성을 갖추게 되었다.

당나라의 죽지사를 의작한 작품은 曺夏望(1682~1747)의 〈죽지사〉 4수가 대표적이다. 이 작품에서는 파초 지역의 지명과 이미지, 전고를 많이 등장시킴으로 당시풍의 인상을 느끼게 한다.[191] 조하망은 앞에서 언급한 조선 중기 당시풍을 이끌었던 조문수의 증손이다. 증조부의 성향에 영향을 받아 당나라 죽지사를 모방한 작품을 짓게 되었다고 추정할 수 있다.[192]

또한 중인 출신의 範慶文(1738~1800)은 백거이의 〈죽지사〉를 본떠서 〈效白香山竹枝詞〉 2수를 지었다. 그중에 제1수 "양화도 어귀에 물안개 잔잔하고, 양편 언덕에 푸르디푸른 방초 자라났네. 달은

---

190) 앞의 2장에서 서술한 바와 같이 조선 후기에 들어 조선의 죽지사 개념의 범주가 확장되면서 광의적 죽지사 작품이 연달아 창작되었다. 필자는 조선 후기 협의적과 광의적 죽지사를 김영죽, 위의 논문(2020), 158~163쪽에 제시한 작품 목록을 참조하여 부록 〈조선 후기 죽지사 목록〉(근대 전환기 일부 작품 포함.)으로 정리하여 부록으로 제시하였다.

191) 曺夏望, 『西州集』 卷之二, 〈竹枝詞〉 其一, "五月巴童競渡謳, 至今芳草滿汀洲. 湘江若解懷沙怨, 萬古惟應咽不流."; 其二, "神女祠西月欲生, 丁香笻竹夜猿聲. 楚天四節多雲雨, 誰是無情誰有情."; 其三, "江南江北月如眉, 渺渺烟波有別離. 楊花桃葉情多少, 更向蘭橈發竹枝."; 其四, "揚袂蹋歌盡繁聲, 橫笛擊皷江欲鳴. 楚關儜儜歡不見, 畵橋西畔雨還晴."

192) 조하망은 증조부 조문수의 문학적 경향을 잘 알고 있고 그의 죽지사는 형식, 소재, 수법 등 여러 측면에서 조문수의 작품과 비슷한 면모를 지니고 있으므로 조문수의 영향을 받았음을 짐작할 수 있다.

밝은데 목메이도록 죽지가 부르니, 고향 그리워하는 장사치들 얼마나 놀랐을까?〔楊花渡口水煙平, 兩岸靑靑芳草生. 唱到月明聲咽處, 思鄕賈客幾回驚〕."[193]는 백거이 〈죽지사〉 4수 가운데 제1수 "구당협 어귀에 물안개 자욱하고, 백제성 가에 달이 서쪽으로 기우네. 죽지사 가락에 목이 메는데, 추위 타는 원숭이와 한가로운 새가 일시에 우짖네〔瞿塘峽口水煙低, 白帝城頭月向西. 唱到竹枝聲咽處, 寒猿閑鳥一時啼〕."를 본뜬 것으로 보인다. 구체적으로 기구 "楊花渡口水煙平"은 백거이의 "瞿塘峽口水煙低"를, 전구 "唱到月明聲咽處"는 백거이의 "唱到竹枝聲咽處"를 모방한 것이다. 이는 죽지사를 본떠서 쓴 효체이지만, 조선의 지역성 표출을 지향한 것이다. 그래서 이 작품의 배경을 조선의 '양화도'로 바꾸어 조선 현지의 상황을 묘사하는 방향으로 변용하였다. 여기에서는 주체적 모방과 창작이라는 의식이 드러난다.

이 외에 송나라 황정견의 〈夢李白誦竹枝詞三疊〉[194]의 영향을 받

---

193) 范慶文, 『儉巖山人詩集』 卷之一, 〈效白香山竹枝詞〉 二首, 其一.

194) 黃庭堅, 〈夢李白誦竹枝詞三疊〉, "予旣作〈竹枝詞〉, 夜宿歌羅驛, 夢李白相見於山間, 曰: "予往謫夜郞, 於此聞杜鵑, 作〈竹枝詞〉三疊, 世傳之否?" 予細憶集中無有, 請三誦, 乃得之." 其一, "一聲望帝花片飛, 萬裏明妃雪打圍. 馬上胡兒那解聽, 琵琶應道不如歸."; 其二, "竹竿坡面蛇倒退, 摩圍山要胡孫愁. 杜鵑無血可續淚, 何日金雞赦九州."; 其三, "命輕人鮓甕頭船, 日瘦鬼門關外天. 北人墮淚南人笑, 靑壁無梯聞杜鵑."(『山谷內集詩注』 卷十二, 『中華竹枝詞全編·七』, 14쪽.) 황정견의 이 작품은 조선 후기 신국빈의 〈응천교방죽지사팔장〉의 서문에서 언급된 바 있다. "余寓南山谷中, 偶閱豹翁詩有〈愁州竹枝曲八絶〉. 謾次其韻, 爲〈凝川敎坊竹枝詞〉. 蓋竹枝始於吳楚, 而多哀怨, 一名小秦王, 夏統所謂東吳土地間曲也. 余猶入定老頭陀, 爲爾馨語, 不幾於宋廣平鐵肝氷心吐出梅花賦香艷耶. 未及淨寫, 而適於燈下, 見古邑誌中有〈凝川敎坊竹枝詞八絶〉, 卽畢翁之題贈梁娃者也. 怳如黃太史歌羅驛夢中故事, 仍笑曰謹厚者亦復有之耶."(『太乙菴集』 卷之二,

은 李縡(1680~1746)의 〈代李太白魂誦傳竹枝詞〉와 李匡德(1690~1748)의 〈夢傳竹枝詞〉에 주목하여 살펴보고자 한다. 이재와 이광덕의 작품은 내용상으로 황정견의 작품을 본떠 이백을 시적 화자로 등장시켰다. 다만 두 시인의 작품은 죽지사의 일반적인 형식인 칠언사구를 취한 황정견의 작품과 달리 칠언 장편의 새로운 형식을 사용하였다.

여기에서 이재의 〈대이태백혼송전죽지사〉을 예로 들어 살펴본다.

〈1단〉
西南峽口巫山碧, 大江飜瀾神曳煙.
騎鯨仙子朗吟過, 魍魎秋色迷長天.
乾坤不老月長在, 寂寞江山今百年.
〈2단〉
詩壇鼓角有新聲, 水驛淸宵誰繫船.
風流太史遠謫去, 竹枝悲歌成一篇.
蠻娘吟弄滿寒空, 旅館蕭條人不眠.
〈3단〉
詩人氣習尙如舊, 不辭慇懃情蜷連.
寒燈欲滅夜色闌, 落月多意空樑懸.
莊園蝴蝶太恍惚, 桂旗來時風肅然.

〈凝川敎坊竹枝詞八章並小叙〉.)

〈4단〉

君知竹溪逸士否, 前代淸名詩酒仙.

文章窮厄古今同, 玉玦行色眞堪憐.

殊方客愁我先知, 憶曾春林聞杜鵑.

〈5단〉

淸詞三疊旅窓曉, 楚竹蕭蕭聲暗牽.

江湖舟楫已失墜, 滄海明珠嗟久捐.

今看左思續招隱, 復恐崔生先著鞭.

〈6단〉

襟期自許異代感, 此曲願向人寶傳.

空山靜夜爲君吟, 遙和湘靈瑤瑟絃.

巴山物色宛如昨, 眼前人事同桑田.

〈결련〉

看君塵骨未蟬蛻, 何日重逢香案前.

江村鷄唱人語絶, 蕙帶荷蓋歸翩翩.

 이재의 위 작품은 형식상 1단부터 6단까지 단마다 7언 6구로 되어 있으며 마지막에 결련 4개의 구로 이루어져 모두 40구로 구성된 작품이다. 또한 운자는 '煙', '天', '年', '船', '篇', '眠', '連', '懸', '然', '仙', '憐', '鵑', '牽', '捐', '鞭', '傳', '絃', '田', '前', '翩' 20개로 平聲韻 가운데 '先' 韻으로 一韻到底하였다. 이러한 형식은 조선 科詩의 형식을 취한 것이다. 조선 시대 과시의 일반적인 형식은 제목의 한 글자가 속하는 운을 활용한 40구절 20운으로 짓는 것이

定格이다. 형식상 3개의 구절을 묶어서 한 개의 단으로 구분한다.[195] 이재의 위 작품의 이러한 특징적인 형식은 조선 죽지사의 특질을 증명한다는 의미가 있다.[196]

아울러 당·송 죽지사의 내용을 모의한 흔적이 보이지만, 오언 사구, 칠언 율시와 칠언 장편 등 색다른 형식으로 창작을 시도하는 작품들도 연달아 나왔다. 예를 들어 鄭栻(1664~1719)의 〈竹枝詞〉"아황과 여영 당년의 원한이, 천추에 걸쳐 죽지사에 담겨있네. 비바람 몰아치는 삼경 밤에, 쓸쓸히 남아 있는 슬픔을 토로하네〔二妃當年怨, 千秋寄竹枝. 三更風雨夜, 蕭瑟訴餘悲〕."[197]에서는 내용상 당·송 시기의 죽지사에 흔히 등장한 아황, 여영의 이야기를 소재로 활용하여 처량하고 슬픈 정조를 오언 사구의 형식으로 압축하는 시도를 하였다.

그 밖에 김시민의 〈三疊和栢堂效竹枝體〉는 당·송 죽지사에서 흔히 등장하는 초나라 굴원의 이야기를 칠언 율시 형식으로 표현하려고 하였다.[198] 당·송의 죽지사를 모방한 흔적이 보이지만, 형식적으로는 새로운 면모를 보인다.

---

195) 권진옥,「陶菴 李縡의「代李太白魂誦傳竹枝詞」일고」,『고전과 해석』제23집, 고전문학한문학연구학회, 2017, 137~138쪽.
196) 여기에서 이재의 작품을 예로 들어 살펴봤고, 이광덕의 작품의 형식적 특징은 제4장에서 자세히 논할 것이다.
197) 鄭栻,『明庵集』卷之二·詩, 〈竹枝詞〉.
198) 金時敏,『東圃集』卷之三, 〈三疊和栢堂效竹枝體〉, "千古悲歌繞郢門, 簡中哀怨最員原. 靑山六里忠臣恨, 白馬寒潮壯士魂. 老檟風凄春不到, 幽篁晝晦雨多喧. 當時巧譖嗟何說, 宇宙垂名直筆存."

2) 中庶層의 외국죽지사 창작

앞에서 조선 죽지사 작가층에 대해 서술한 바를 간단히 정리하겠다. 고려 말기 이제현을 비롯한 사대부 문인들로부터 관심을 받기 시작한 죽지사는 조선 전기에 영남 사림파 문인인 김종직과 그의 그룹에 의해 본격적으로 창작되었다. 조선 중기에도 사대부 문인을 중심으로 작품이 꾸준히 지어졌으며 물론 허난설헌과 같은 여류 작가나 권필과 같은 방외의 문인도 죽지사 창작에 가세하였다.

그러나 조선 후기에 들어서면 상황이 달라진다. 특히 18세기 후반부터 양반 사대부에 국한되었던 작가 계층이 중인층과 서얼 문인(이하 중서층으로 칭함.)으로 확장되면서 죽지사 작가군이 이전 시기에 비해 다양하게 되었다.

신분적 제한을 받던 중서층은 중앙 관직에 오르지 못하였고, 사행의 제술과 역관 등 기술직 또는 수행원의 신분으로 외국에 나가는 것으로 외국 여행이 한정되었다. 그러나 신분적 제한으로 국내에서 제약을 받아 진출 기회가 상대적으로 막혀 있는 상황에서 중서층 문인들은 외국 사행을 새로운 기회를 모색할 수 있는 계기로 삼은 것으로 보인다.[199] 이들은 지식인으로서의 자부심뿐만 아니라 훌륭한 글을 지으려는 창작 의지로 이국에서 견문한 바를 다양하게 형상화하는 외국죽지사를 창작하였다.[200]

---

[199] 김경숙, 『조선 후기 서얼문학 연구』, 소명출판, 2005.
[200] 예를 들어 金進洙, 『碧蘆前集』, 其一, "사신 가서 시를 지음에 어찌 조롱박만 그리겠는가?〔皇華何以畫葫蘆〕."라는 구절에 청의 풍물과 실정을 깊이 있게 살핀 후에 시를 잘 짓고자 하는 창작 의도가 드러난다. (필자, 위의 논문(2021)에서 이를 언급한 바 있다.)

대표적인 작가로는 趙秀三(1762~1849), 洪愼猷(1724~1784), 範慶文(1738~1800), 李學逵(1770~1835), 金進洙(1797~1865), 李尙迪(1804~1865), 張之琬(1806~1856), 金奭準(1831~1915) 등을 비롯한 중인과 申維翰(1681~1752), 柳得恭(1748~1807), 朴齊家(1750~1805)와 柳晚恭(1793~1869) 등 서얼 출신 혹은 서얼 가문 출신들은 많은 양의 죽지사를 지으면서, 조선 후기 죽지사의 창작에 큰 파장을 일으켰다. 여기에서는 이 시기에 중서층의 죽지사 창작양상을 일별해 보고자 한다.

신유한은 製述官으로 1719년에 일본을 다녀왔고 일본에서 돌아온 뒤 일본을 읊은 〈日東竹枝詞〉 34수를 창작하였다. 이 작품은 신유한이 일본에 다녀온 지 28년 뒤(1747년)에 남태구가 통신 부사로 일본에 가기 전 일본 기행시를 써줄 것을 청한 데 따른 것이다.[201] 〈일동죽지사〉는 제술관의 시각에서 일본에서 견문한 바들을 형상화하였다.

또한 이상적은 직접 일본에 가지 않았는데 문헌자료를 참조하여 〈日本竹枝〉 20수를 지었고, 그의 제자 김석준은 역관으로 일본에 다녀온 이후에 사행 견문과 일본의 각종 풍물을 〈和國竹枝詞〉 22수에 담아냈다.

중인 출신인 조수삼은 신분적 제한으로 중앙 관직에 오르지 못하

---

[201] 申維翰, 『靑泉集』卷之二, 〈日東竹枝詞〉의 원래 제목 〈通信副使竹裏南公泰耆方乘月槎歷扶桑謂余曾有偸桃之緣願得紀行詩篇贊作指南車余今鬢髮星星矣十洲佳處杳然如夢强草日東竹枝詞七言三十四首 以佐權謳且曰珍重慎行李必以所得於彼者遞歌而和之也〉를 통해 직접적인 창작 동기를 엿볼 수 있다.

면서, 그의 삶은 여행으로 특징지어졌다고 볼 수 있다. 그는 총 여섯 차례 연경을 다녀오면서 죽지사를 많이 지었다. 〈海甸竹枝詞〉 5수, 〈瀋陽雜詠〉 10수와 〈瀋河雜詠〉 3수 등이 그 예다. 또한 그는 명대 程百二(?~?)의 『方輿勝略』을 참조하여 외국을 형상화한 〈外夷竹枝詞〉 133수를 짓기도 하였다.[202]

서얼 출신의 유득공은 1778년 가을, 사신을 따라가서 瀋陽을 유람하면서 〈遼野車中雜詠〉 33수를, 1790년 5월, 進賀副使 徐浩修의 從官으로 박제가와 함께 연경에 가서 〈熱河紀行詩〉 49수를 지었다. 그는 〈瀋陽襍絶〉 7수와 〈遼西襍絶〉 3수 등 광의적 연행죽지사를 창작하였다.

또한 중인층 김진수는 1832년에 동지 겸 사은사행의 부사인 尹致謙의 군관 신분으로 연경에 다녀왔으며, 1846년 벗 송주헌의 연행을 위해 장편 연작형 〈燕京雜詠〉을 지었다.

이처럼 외국죽지사의 창작은 주로 사행을 직접 다녀온 중서층에 의해 중국과 일본을 시적 대상으로 삼는 성향을 낳게 된다. 그 유행에 힘입어 직접 가보지 못한 외국의 모습을 상상하며 죽지사를 짓는 경향도 생기게 되었다.[203]

한국의 외국죽지사 창작 현황에 비하여 중국의 외국죽지사 창작

---

[202] 조수삼은 조선의 정월 대보름의 풍속을 기록하는 〈上元竹枝詞〉 15수(『珍珠船襍存』, 연세대학교 소장본.)과 여러 잡영류 죽지사를 창작하였는데 여기에서 그의 외국죽지사를 위주로 검토하겠다.

[203] 조수삼이 명대 程百二가 편찬한 지리서 『方輿勝略』을 참조하여 지은 〈外夷竹枝詞〉 133수와 이유원이 청나라의 『職貢圖』를 참조하여 지은 〈異域竹枝詞〉 30수 등은 이에 해당한다.

은 청나라 尤侗(1618~1704)으로부터 본격적으로 시작하였다. 그러나 그의 〈외국죽지사〉는 직접 외국에 가서 얻은 견문들을 다룬 것이 아니다.[204] 그 이후에 외국죽지사를 지은 작가들은 대부분 직접적으로 외국에 가서 목도, 체험한 바들을 죽지사에 담아냈다. 예를 들어 汪楫(1626~1689)은 1683년에 冊封使로 유구에 갔고, 거기서 보고 들은 바를 〈琉球竹枝詞〉로 담아냈다. 같은 시기의 문인인 林麟焻도 1683년에 책봉사로 유구에 다녀온 바 있고, 徐葆光(?~1723)은 1719년 책봉 부사의 신분으로 유구에 간 바 있다. 그리고 나서 각각 〈유구죽지사〉를 지었다. 黃子云(1691~1757)은 布衣였는데 수행원의 신분으로 유구에 다녀왔으며 〈琉球紀事詠〉을 남겼다. 이 외에 徐振은 18세기 중엽에 사신으로 조선에 가서 〈朝鮮竹枝詞〉를 지었다. 이처럼 청나라의 외국죽지사 작가군은 주로 사행의 사신으로 구성되었고, 환로에 들어서지 않은 이는 극히 일부분이다.

　이처럼 양국의 외국죽지사 작가층에는 뚜렷한 신분과 입장의 차이가 있다. 한국의 경우에는 사행에 참여한 역관을 비롯한 기술직이나 일반 수행원을 맡은 중서층이 죽지사를 많이 창작하였다. 이와 달리 중국의 경우에는 사행의 사신들이 외국죽지사 작가층의 핵심을 구성하였다. 이러한 차이는 양국의 사절단의 구성, 정치적이나 현실적인 각종 복잡한 상황으로 인해 발생한 것으로 볼 수 있다. 조

---

204) "予與修『明史』, 旣纂『外國傳』十卷, 以其餘暇復譜爲〈竹枝詞〉百首, 附土搖十首, 使寄象鞮譯, 爛然與十五國同風, 不已异呼!"(尤侗, 『明史』·『外國列傳』, 〈自序〉.) 라는 서문을 통해 우동이 『명사』·『외국열전』을 편찬하고 나서 관련 자료를 다시 죽지사로 지었음을 알 수 있다.

선의 중서층이 죽지사 창작에 활발하게 참여하여 외국죽지사가 지어지는 환경과 계기를 마련한 점은 조선만의 특징으로 주목할 만한 부분이다.

3) 토속적 죽지사 창작의 大流行

조선 후기에 접어들어 문학 창작에서 조선풍 경향이 대두하면서 조선팔도 내의 지역을 대상으로 다룬 죽지사가 우후죽순으로 나왔다.[205] 이들 작품은 대상 지역과 작가와의 관계에 따라 각양각색의 특징을 보인다. 본절에서는 대상 지역을 작가의 고향, 유배지 및 부임지, 기행 및 心像 속의 조선 강역으로 분류할 수 있다.

먼저 고향의 경우를 살펴보고자 한다. 작가의 고향을 죽지사의 대상으로 읊음은 조선 전기 영남 사림파로부터 비롯하였고, 한국 죽지사 창작에 있어서 하나의 특징적인 전통으로 자리 잡았음이 확인된다. 이러한 창작 경향은 조선 후기에 들어 한층 활발해졌다. 조선 후기의 대표적인 작품은 다음의 〈표6〉과 같다.

〈표6〉으로 정리한 바와 같이 17세기 후반으로부터 근대 전환기까지 고향을 소재로 한 죽지사는 꾸준히 창작되었다. 구체적으로 이희지는 오랫동안 고향과 떨어져 외지에서 생활하면서 고향을 그리워

---

[205] 이동환, 「조선후기 漢詩에 있어서 민요취향의 擡頭: 조선후기 漢文學의 역사적 변화의 一局面」, 『韓國漢文學研究』 제3집, 1978, 35쪽에서 처음으로 '竹枝詞類'와 '朝鮮風'의 관련성을 언급하였다. 장효현, 위의 논문(1984), 132~133쪽에서는 이동환의 이 주장을 인용하면서 조선 후기의 죽지사 창작과 '조선풍'에의 자각과 관련된다고 언급하였다. 필자는 이 주장을 받아들이고 다만 여기에서 조선 내의 여러 지역을 대상을 다룬 죽지사를 집중적으로 살펴볼 것이다.

〈표6〉 고향을 제재로 한 죽지사

순번	작가	작품(수)	소재	지명	출처
1	李喜之(1681~1722)	〈漁父詞〉(5)	고향 봄날 풍경	扶江	『凝齋集』卷之一
2	徐有英(1801~1874)	〈西湖竹枝詞〉(9)	토속쇄사	楊州郡	『雲皐詩抄』
		〈鬪峽竹枝詞〉(4)	토속쇄사	楊州郡	
3	尹廷琦(1814~1879)	〈金陵竹枝詞〉(25)	남녀 연정, 여성의 생활	金陵郡	『舫山遺稿』
4	趙冕鎬(1804~1887)	〈鎭嘉竹枝〉(10)	남녀 연정, 여성의 생활	鎭長坊, 嘉會坊	『玉垂集』卷之十
		〈弘濟竹枝〉(3)	민간 일상	弘濟洞	『玉垂集』卷之十一
5	金允植(1835~1922)	〈歸川紀俗詩〉(20)	민간 풍속	歸川	『雲養集』卷之一
6	鄭東植(1850~1910)	〈竹枝詞〉(1)	민간 일상	湖南	『慕隱先生文集』
7	鄭載星(1863~1941)	〈擬賦娥林竹枝詞六十八章〉(68)	역사·유적, 지리·산수, 생활·풍속	居昌郡	『荀齋先生文集』卷一
8	權宅容(1903~1987)	〈大坪竹枝詞〉(12)	민간 일상 및 풍속	大坪	『惕窩先生文集1』

하던 불우한 이였다. 그의 〈어부사〉는 그가 외지에 있을 때 고향을 회상하면서 지은 작품이다. '죽지사'라는 제목을 달지 않았지만 서문의 대목[206]을 보면, 그가 1705년 설날쯤에 외지에서 이 작품을 지었음을 파악할 수 있다. 작가는 멀리 있는 고향의 풍경을 떠올리면서 약즙에 적셔서 입에서 나오는 대로 읊어서 약간 수를 얻었으니, 애오라지 시름을 달랬다.

또한 서유영은 〈西湖竹枝詞〉 9수와 〈鬪峽竹枝詞〉 4수를 남겼다. 이는 그의 고향 경기도 楊州 지방의 민속 풍물과 土俗瑣事를 소재로 다룬 작품이다. 西湖는 양주 근처에 있는 호수의 이름이고, 鬪峽은

---

[206] 이에 대한 내용은 각주 90번의 인용문과 같다.

鬥尾峽이라고 하는데 楊州郡과 廣州郡 사이로 흐르는 한강 상류 부근을 가리킨다.[207]

윤정기[208]는 〈金陵竹枝詞〉 25수를 지었다. 금릉은 康津縣에 있는 金陵郡이고, 강진은 윤정기 가계의 세거지이다. 윤정기는 1860년에 강진으로 낙향하여 白鶴山 아래 집을 짓고 4년간 거주하였다.[209] 〈금릉죽지사〉는 작가가 그곳에 머무는 동안 견문한 강진 사람들의 생활과 풍속을 읊은 죽지사다.

조면호는 서울 북촌에서 태어나 생애의 대부분을 출생지에서 보냈던 문인이다. 그는 1863년에 서울의 진장방과 가회방을 대상으로 〈鎭嘉竹枝〉 10수 등을 지었다. 1865년에 홍제동이란 마을을 소재로 한 〈弘濟竹枝〉 3수를 남겼다. 전자는 현지 여성들의 일상과 임에 대한 애틋한 마음을 담아냈고, 후자는 홍제동 봄날의 풍경과 백성의 생활을 그려냈다.

근대 전환기에 들어서도 비슷한 내용의 죽지사의 맥은 끊기지 않았다. 정재성은 본인의 고향 경상남도 居昌郡의 이칭인 娥林을 제목으로 삼아 역사·유적, 지리·산수, 생활·풍속 등을 다룬 〈擬賦娥林竹枝詞六十八章〉을 지었다. 권택용은 고향 백성의 생계활동과 여가생활, 세시풍속 등 다양한 내용을 〈大坪竹枝詞〉 12수로 담아냈다.[210]

---

207) 장효현, 위의 논문(1985), 81쪽.
208) 尹廷琦, 『東寰錄』, 〈自序〉, "仍採各國之古蹟, 郡邑之古蹟, 略附以騷人之詩, 輯成一部."(한국학중앙연구원 장서각 소장본, 2쪽.) 여기에서 윤정기가 조선의 지리와 역사에 대해 많은 관심을 가지고 있었음을 알 수 있다.
209) 이철희, 「방산 윤정기의 기행시에 나타난 두 가지 경향 - 역사유적의 경물화와 비애의 서정화」, 『한문고전연구』 제19권, 한국한문고전학회, 2009, 93쪽.

김윤식은 경기도 광주시 歸川 출신의 문인으로 고향의 풍속을 읊은 〈歸川紀俗詩〉 20수를 지었다. 정동식은 호남지역 전라북도 익산 출신으로 고향 호남의 미풍양속을 노래한 〈죽지사〉를 지었다.

이처럼 조선 후기에 고향을 제재로 한 죽지사의 창작 경향은 조선 전기 영남 사림파의 전통의 연장선상에 있는 것으로 볼 수 있다. 그러면서도 문학 창작의 시대적 분위기와 작가 개성에 따라 조선 후기의 작품에서 다루어진 주제나 창작 의식에 있어서 변모가 발생한 것은 주목할 만한 사실이다.[211]

다음은 유배지와 부임지를 대상으로 창작한 작품을 살펴보고자 한다. 부임지를 읊은 작품은 크게 자신의 부임지를 읊은 작품과 벗의 부임을 전송하기 위해 지은 것으로 나눌 수 있다. 해당 작품은 다음과 같다.

〈표7〉 유배지 및 부임지를 제재로 한 죽지사

순번	작가	작품(수)	소재	지명	출처
1	崔成大 (1691~1762)	〈儒州雜詞〉(5)(유배지)	민간 가요	儒州	『杜機詩集』 卷之四
		〈儒州雜詞〉(4)(유배지)	민간 가요	儒州	『杜機詩集』 卷之五
2	申光洙 (1712~1775)	〈關西樂府〉(108)(벗의 부임지)	지리, 형승, 민간 생활, 관변 기녀 등	關西	『石北集』 卷之十

---

[210] 權宅容, 『惕窩先生文集1』, 〈大坪竹枝詞〉十二首, 其十二, "青山南走忽生枝, 衆議墳高菊浦湄. 翁婦有靈冥佑我, 應憐乘亂故園移. 先祖衆議公及子婦金氏墓同在菊浦磯." 이 가운데 제12수의 내용을 통해 작가가 자신의 고향을 읊었음을 엿볼 수 있다.

[211] 작품의 창작 의식 및 주제화 양상의 특징은 제4장에서 자세히 다룰 것이다.

3	丁若鏞 (1762~1836)	〈長鬐農歌〉(10)(유배지)	농경 활동 및 풍속	長鬐	『與猶堂全書』 卷四
		〈耽津農歌〉(10)(유배지)	민간 생활, 농경활동	耽津	
		〈耽津漁歌〉(10)(유배지)	민간 생활, 어업활동	耽津	
		〈耽津村謠〉(15)(유배지)	민간 생활, 역사, 지리, 농경 및 어업활동	耽津	
4	李學逵 (1770~1835)	〈金官竹枝詞〉(30)(유배지)	민요, 토산, 민간 일상 및 풍속	金官	『洛下生全集』 冊四
		〈江滄農家〉(10)(유배지)	민간 생활 및 농경활동	江滄	
		〈南湖漁歌〉(10)(유배지)	민간 생활 및 어업활동	南湖	
		〈上東樵歌〉(8)(유배지)	나무꾼의 일상	上東邨	
		〈金官紀俗詩〉(78)(유배지)	민간 생활 및 풍속	金官	『洛下生全集』 冊十三
5	金鑢 (1766~1822)	〈黃城俚曲〉(204)(부임지)	민간 생활 및 풍속	黃城	『藫庭遺藁』 卷之二
6	申錫愚 (1805~1865)	〈伊珍竹枝〉(20)(부임지)	민간 생활 및 풍속	伊川縣	『海藏集』 卷之四
7	姜溍 (1807~1858)	〈阿珍竹枝〉(5)(부임지)	민간 생활	安峽縣	『對山集』 卷之二
8	李裕元 (1814~1888)	〈岐城竹枝詞〉(20)(유배지)	유배 감회, 민간 생활 및 풍속	岐城	『嘉梧藁略』 冊五
9	朴珪壽 (1807~1877)	〈江陽竹枝詞十三首拜別千 秀齋李公之任〉(13)(벗의 부임지)	지역 역사, 유적, 지리 및 풍속	江陽	『瓛齋集』 卷之一
10	朴致馥 (1824~1894)	〈戲作金陵竹枝詞十二章送 許士咸赴崇善殿祠官之任〉 (12)(벗의 부임지)	민간 생활, 역사, 지리	金陵	『晚醒集』 卷之二

〈표7〉에서 나온 것처럼 유배지를 읊은 작품은 가장 큰 비중을 차지한다. 먼저 유배 문인들의 작품을 살펴본다. 최성대는 1745년 10월에 지평에 임명되었으나 12월에 廟享大祝에 불참하였다는 이유로 유배되었다. 석방조건으로 削職되어 황해도 문화현의 현령을 지내게 되었다.[212] 유주 지역 민간의 가요를 읊은 〈儒州雜詞〉는 그가

문화현에 있었을 때 지은 작품으로, 제목에서 나온 儒州는 황해도 文化縣의 옛 이름이다.

정약용은 1801년 2월의 천주교 교난으로 長鬐현으로 유배되었다가 그해 10월에 黃嗣永 帛書 사건이 일어나 다시 康津으로 이배되었다. 그는 유배지에서 생활하면서 〈長鬐農歌〉, 〈耽津農歌〉, 〈耽津漁歌〉, 〈耽津村謠〉 등 현지의 각종 생계노동, 일상생활 및 풍속을 읊은 농가 여러 수를 지었다. 長鬐는 경상북도 포항 지역의 옛 명칭이고 耽津은 전라남도 康津의 옛 지명이다.

이학규는 1801년에 黃嗣永帛書事件에 연루되어 경상도 김해로 귀양갔을 때, 김해에서 보고 들은 현지의 경치, 인정, 물산과 풍속 등을 다룬 〈金官竹枝詞〉 30수를 창작하였다. 금관은 김해의 옛 이름이다. 또한 그는 김해에 있었을 때 정약용의 〈탐진농가〉를 읽고 이에 화답하여 〈江滄農家〉, 〈南湖漁歌〉와 〈上東樵歌〉 등을 짓기도 하였다.[213] 이유원은 1881년 경상도 거제부로 이배되었고, 4년 후에 거제부의 유배 시절을 회상하면서 유배의 감회와 함께 유배지의 민간 일상 및 풍속을 담은 〈岐城竹枝詞〉 20수를 지었다.[214]

이처럼 조선 후기 유배 문인들이 유배지를 읊은 작품이 큰 비중을

---

212) 황수연, 「杜機 崔成大의 民謠風 漢詩 硏究」, 연세대학교 박사학위논문, 2000, 10쪽.
213) 丁若鏞, 『與猶堂全書』, 〈寄惺叟三十韻〉, "惺叟在金官, 和余詩甚多. 如云〈江滄農歌十章〉和余〈耽津農家〉之類也."
214) 李裕元, 『嘉梧藁略』 冊五, 〈岐城竹枝詞〉, "辛巳閏七月, 恩譴配中和, 未一望, 移配巨濟, 八月晦到. 十二月宥還, 壬午正月還家. 于今四載之間, 思之黯然. 追述其事, 效竹枝詞體, 隨思隨書."

차지하는 사실은 당나라 파초 지역에 유배된 문인들에 의해 처음으로 유배 죽지사가 창작되기 시작한 것과 일맥상통하고, 그 문학적 전통을 이어간 인상을 주기도 한다. 다만 조선 후기의 이들 죽지사는 조선 문인들에 의해 조선의 각 지역을 묘사의 대상 지역으로 지어짐으로써 조선만의 특징을 확보하게 된다.

다음으로 본인의 부임지를 읊은 작품을 살펴본다. 김려는 충청도 連山縣 현감으로 제수된 1817년부터 사임 연도인 1819년까지 관할지의 민간 일상과 각종 풍속을 〈黃城俚曲〉으로 담아냈다. 신석우는 1841년 겨울에 伊川 府使가 되었는데, 부임지의 지리, 역사 및 풍속에 대해 많은 관심을 지니고 있었다. 그는 1843년에 이천부의 읍지인 『淸伊府志』를 편찬한 바 있어 〈伊珍竹枝〉 20수도 이 시기에 지었을 것으로 짐작된다. 伊珍은 강원도 伊川縣의 옛 명칭이다. 그는 현지 백성들의 일상생활과 풍속을 두루 담아냈다. 강진은 1852년 安峽 현감으로 부임하였던 지방관으로, 관찰한 민간생활을 〈阿珍竹枝〉 5수로 담아냈다. 아진은 고구려의 阿珍押縣으로, 조선 시대에는 안협으로 불렸다.

그리고 벗의 부임을 전송하여 해당 지방을 읊은 죽지사는 신광수, 박규수와 박치복의 작품을 꼽을 수 있다. 신광수는 1774년에 벗 채제공이 平壤監司로 부임하게 되었을 때 전별을 위해 〈관서악부〉 108수를 지었다. 내용은 평양 일대인 관서 지방의 지리와 형승, 평양 감사로서의 업무와 역할, 민간인들의 삶과 관변 기녀들의 세태, 평양과 관련된 역사적 인물들, 세시풍속 등 다양한 소재를 다루었다.[215]

박규수는 강양으로 부임 가는 벗 千秀齋 李魯俊을 전송하며 강양 지역의 역사, 유적, 지리 및 풍속 등 다양한 내용을 읊은 〈江陽竹枝詞十三首拜別千秀齋李公之任〉 13수를 썼다. 박치복은 崇善殿의 祠官으로 부임하는 벗 許炑을 전별하며 금릉 지역의 민간 생활, 역사 및 지리를 노래한 〈戱作金陵竹枝詞十二章送許士咸炑赴崇善殿祠官之任〉 12수를 완성하였다. 이러한 작품에서는 벗의 부임지 소개와 함께 항상 벗의 부임에 대한 축하와 기원 등 색다른 마음도 같이 담겨져 있다는 특징이 있다.

마지막으로 기행 및 심상 속의 조선 강역을 표현한 죽지사이다. 해당 작품은 다음과 같다.

〈표8〉 기행 및 心像 속의 조선 강역을 제재로 한 죽지사

순번	작가	작품(수)	소재	지명	출처
1	柳得恭(1748~1807)	〈西京雜絶〉(15)	지역 회고, 민간 생활 및 풍속	西京	『泠齋集』 卷之一
		〈松京雜絶〉(9)	지역 회고, 민간 생활	松京	『泠齋集』 卷之一
		〈熊州雜絶〉(3)	지역 회고, 기생	熊州	『泠齋集』 卷之一
		〈二十一都懷古詩〉(43)	지역 회고	古都	『泠齋集』 卷之二
2	金濟學(1791~1860)	〈次申石北關西樂府百八韻〉(108)	지역 역사, 회고	關西	『龜菴集』
3	金進洙(1797~1865)	〈高興雜絶〉(5)	민간 풍경 및 생활	高興	『蓮坡詩鈔』 卷上
4	徐有英(1801~1874)	〈海東樂府竹枝詞〉(수백화)	조선의 역사	海東	『錦溪筆談』 (2수 전함)
5	趙冕鎬(1804~1887)	〈金官竹枝三疊贈權野樵在孝〉(3)	지역 역사, 회고	金官	『玉垂集』 卷之十七

---

215) 신장섭, 『석북 신광수와 〈관서악부〉 연구』, 북스힐, 2008(b), 1쪽에서 구체적인 내용을 소개한 바 있다.

		〈龍灣竹枝〉(20)	민간 생활, 변방 군사, 지역 회고	龍灣	『玉垂集』卷之二十三
		〈追補龍灣竹枝〉(5)	민간 생활, 관청 모습, 지역 회고		
6	張之琬(1806~1856)	『平壤竹枝詞』(85)	지역 역사, 민간 생활 및 풍경, 기생	平壤	『平壤竹枝詞』
7	李根洙(18??~18??)	〈西京竹枝詞〉(8)	지역 회고, 여성 생활	西京	『守庵集』
8	崔永年(1856~1935)	『海東竹枝』(560)	조선의 역사, 루대정각, 전묘사묘, 단소사향	海東	『海東竹枝』

〈표8〉에서 나온 죽지사 대부분은 조선의 넓은 강역에 주목한 작품들이다. 유득공은 1773년 윤3월 25일부터 4월 8일까지 朴趾源, 이덕무와 함께 평양을 유람하면서 〈西京雜絶〉 15수, 〈松京雜絶〉 9수 등의 기행 광의적 죽지사를 지었다. 1774년에는 〈熊州雜絶〉을 완성하였다. 그리고 1778년에는 역사서 『東國地誌』에 의거하여 한국 역대 21개 고국의 도읍을 읊은 〈二十一都懷古詩〉를 창작하였다. 이 작품에서 다루어진 지역은 직접 가보지 못한 곳이며 마음속에 간직한 역사적 조국에 해당한 곳이다.

조면호는 1874년에 〈金官竹枝三疊贈權野樵在孝〉를 지었는데 제목 아래에 "금관은 바로 가라국인데 그 지역의 고사가 유득공의 〈이십일도회고시〉에 주석과 함께 실려 있다."[216]라는 주석이 달렸다. 이를 미루어보면 조면호가 유득공 〈이십일도회고시〉의 영향을 받아 조선의 여러 지역을 노래하려 하였던 의도를 엿볼 수 있다.

---

216) 趙冕鎬, 『玉垂集』 卷之十七, 〈金官竹枝三疊贈權野樵在孝 金官卽加羅國也, 其地古實倂在柳惠風二十一都懷古詩註.〉

1884년에는 자신이 예전에 유람하였던 용만 지역을 읊은 〈龍灣竹枝〉를 창작하였다. 용만은 義州의 옛 이름이다. 1825~1827년에 걸쳐 조면호는 함경북도의 칠보산, 평안북도의 묘향산 등지를 두루 유람하였다.[217] 그 와중에 의주에도 들렀을 가능성이 크다.

김진수는 중인층 문인으로 관직에 오르지 않아 오랫동안 국내의 여러 곳을 周遊하면서 많은 시문을 남겼는데, 〈高興雜絶〉 5수는 그때 남긴 것으로 추정된다. 장지완은 發解諸生들과 1824년에 한수 이북을 둘러보았다. 남도와 관서에서 각각 10년 정도 객지 생활을 하면서 평양에서 직접 보고 들은 것을 85수의 장편 연작 『平壤竹枝詞』에 담아냈다.[218] 金濟學은 신광수의 〈관서악부〉 108수에 차운하여 관서의 역사적 사건에 초점을 맞춰 〈次申石北關西樂府百八韻〉을 지었다. 다만 김제학은 평양을 직접 탐방하지 못한 채 관련 지식 정보에 의거하여 작품을 썼다.[219] 이근수는 〈西京竹枝詞〉 8수를 지었는데 이는 그가 평양 일대를 유람하였을 때 완성하였다. 작품에 평양 지역의 풍경, 유적 등을 노래하는 내용을 담았다.

이후 죽지사에서 다루어진 지역이 확장되면서 최영년은 심상 속에 있는 조선 전역을 대상으로 560수의 장편 거작 『해동죽지』를 지었다. 이 가운데 상편에는 역사상 국가인 檀君朝鮮, 箕子朝鮮, 新羅,

---

217) 〈한국고전번역원〉의 『玉垂集』 해제 참조.
218) 전수연, 「張之琬의 性靈論과 詩世界」, 『東洋古典研究』 제3집, 동양고전학회, 1994, 314쪽.
219) 이은주, 「평양 죽지사의 새로운 모색 張之琬과 金濟學의 작품을 중심으로」, 『규장각』 제56집, 규장각한국학연구원, 2020, 275쪽.

高句麗, 百濟, 駕洛, 高麗, 朝鮮을, 하편에는 樓臺亭閣, 殿廟祠墓, 壇所祀享 등을 비롯한 각 지역의 누대 정각, 묘소 제단 등을 써내려 갔다. 서유영은 마음에 떠오른 조선 전역을 〈海東樂府竹枝詞〉 수백 수로 표현한 바 있다.[220]

이처럼 조선 후기 문인들은 실제로 가본 유람지 혹은 가보지 못한 심상 속의 조선 강역을 죽지사로 즐겨 읊었다. 시적 대상으로 삼은 지역은 역사적 명소나 현장을 비롯하여 조선팔도의 강역이다. 당시 지식인들의 독특한 지역 인식과 주체적인 민족의식이 드러나기도 한다. 특히 심상 속의 자국 전역을 대상으로 삼은 죽지사의 창작은 중국에서는 거의 보이지 않기에, 이는 한국 죽지사 가운데 지역성의 극대화이자 특질로 볼 수 있다.

지금까지 살펴본 한국 죽지사 창작의 전개 양상을 요약하자. 이 책에서는 고려 말기와 조선 전기를 묶어서 한국 죽지사의 초창기로 칭한다. 죽지사는 고려 말기에 성장한 신흥 사대부에 의해 처음으로 수용되었다. 당시 문인들은 고려의 각종 노래를 '죽지사'로 통칭하였다.

조선 초기의 죽지사는 서거정에 의해 서정적인 이미지로 활용되면서 그 장르의 문학적 의미가 부여되었다. 하지만 조선 전기에 죽지사를 본격적으로 창작하여 활성화의 계기를 마련한 이들은 바로 김종직을 비롯한 영남 사림파 문인들이었다. 이들은 영남지역에서

---

[220] 장효현, 위의 논문(1985), 81쪽에서 서유영은 〈海東樂府竹枝詞〉 수백 수의 작품을 지은 바 있는데 대부분은 유실되었다고 소개한 바 있다.

성장한 신진사류로 고향에 대한 애착이 죽지사에서 표출되었다. 특히 이들 가운데 유호인은 조선의 영남 지방의 풍속과 지역 회고적 소재를 다루었을 뿐만 아니라 오언 사구라는 새로운 형식을 시도하였다. 이는 죽지사의 일반적인 형식에서 벗어나 죽지사 양식의 영역을 확장하는 실험이었다. 그가 소속된 영남 사림파가 남긴 죽지사는 한국 죽지사의 본격적인 맹아라는 의미와 함께 주체성을 확보하였다는 의의가 있다고 볼 수 있다.

조선 중기의 죽지사는 당시풍의 영향을 받아 당나라 죽지사를 의작하려는 경향을 보이면서도 죽지사 양식에 대한 이해가 심화됨에 따라 조선적 소재를 활용하는 작품이 등장하였다. 특히 이홍남은 조선의 민간 풍속을 주요 소재로 삼으면서도 작품 뒤에 주석을 부기하였다는 점에서 주목할 만하다. 이외에 죽지사를 본떠서 쓴 효체와 중국을 대상으로 삼은 외국죽지사의 출현 등은 조선 죽지사를 一新의 단계로 나아가게 하였다. 즉 조선 중기는 당나라 죽지사를 지향하면서도, 조선 죽지사의 주체성을 갱신하고자 하는 노력이 공존하던 복합적 과도기라고 할 수 있다.

조선 후기에 이르면 작품의 양적 성장, 작가층의 확대, 대상 지역의 확장 등을 통해 죽지사의 작품 세계는 한층 풍부한 모습으로 발전해가는 전성기를 맞이하게 되었다. 이 시기 작가층의 확대와 관련되어 가장 주목해야 하는 것은 중서층의 외국죽지사의 창작이다. 또한 조선 후기 조선풍의 흥기로 인한 죽지사의 대상 지역의 확장에서 눈여겨봐야 할 점은 다양한 작가층에 의해 조선 강역 대부분이 죽지사의 시적 소재로 포섭되었다는 것이다. 다루어진 대상 지역은 고향, 유배지 및 부임지, 기행 및 심상 속의 조선 강역 등 몇 가지로 구분된다. 다만 각 분류의 작품에서 드러난 작가의 창작 의식, 활용된 소재 등이 작품마다 다른 면모를 지님으로 이를 다음 장에서 구체적으로 살펴보고자 한다.

제4장
창작 의식과 표현 방식의 특징

　죽지사는 고려 말기에 한국에 전입된 이후 조선 전기부터 문인들 사이에서 창작이 이루어졌고, 조선 후기에 들어서면서 활발한 창작이 이루어진 한시 장르다. 시기별의 창작 양상은 초창기와 과도기에는 당·송 죽지사를 의작하는 경향이 다소 있으나 전성기를 맞이하여 주체적인 특징이 선명하게 드러났다. 한국 죽지사의 특징을 선명하게 도출하기 위해 본장에서 창작 의식과 표현 방식 두 측면으로 나누어서 연구를 진행하겠다. 구체적으로 각 시기 작가들의 창작 동기 및 애용된 소재와 묘사를 통해 표출된 주제의식을 살펴보고, 한국 죽지사 형식의 다양화와 토속적 시어의 활용 양상을 고찰해보고자 한다.

1. 창작 동기

　죽지사의 창작 동기는 작가 개인의 개성 및 문학 창작의 시대적인 분위기와 밀접하게 관련이 있다. 개별 문인의 작품은 개인의 성향에서 비롯한 것이지만, 시기별 문학 창작 경향과 思潮에 밀접한 관련이 있다. 그래서 작가 개인과 시대적 동인을 종합적으로 고려하여 한국 작가층의 죽지사 창작 동기를 살펴보고, 결과적으로 채시 정신의 계승, 민족의식의 자각과 유배 및 은거 의식의 표출 3가지 대표적인 특징을 도출할 수 있다.

1) 採詩 정신의 계승

'채시'란 민간 노래를 채록하거나 민간에서 시적 소재를 채집한다는 두 가지의 뜻으로 이해할 수 있다. 이러한 채시 정신의 유래는 『시경』·「국풍」에서 비롯되었다. 고려 말기에 신진세력으로 활동하였던 신흥 사대부는 기존의 귀족 지식층과 달리 백성의 생활과 민간의 풍속을 주목하여 채시의 전통을 잇는 흐름을 조성하였다.

이러한 분위기 가운데 이제현은 당나라 민가에서 유래한 죽지사를 염두에 두어 백성들 사이에서 口傳된 노래를 채집하여 칠언 절구의 형식으로 〈소악부〉를 창작하였다. 그는 "탐라의 이 곡조는 지극히 비루하지만, 백성의 풍속을 살피고 세태의 변화를 알 수 있다〔耽羅此曲, 極爲鄙陋, 然可以觀民風知時變也〕."[221]라는 언급을 통해 민간의 노래를 채집함으로써 민속의 시세와 변화를 관찰할 수 있다

---

221) 李齊賢, 『益齋亂稿』 卷四, 〈昨見郭翀龍, 言及菴欲和小樂府, 以其事一而語重, 故未也. 僕謂劉賓客作竹枝歌, 皆夔峽間男女相悅之辭, 東坡則用二妃, 屈子, 懷王, 項羽事, 綴爲長歌. 夫豈襲前人乎? 及菴取別曲之感於意者, 翻爲新詞可也. 作二篇挑之.〉, 其一, "都近川頹制水坊, 水精寺裏亦滄浪. 上房此夜藏仙子, 社主還爲黃帽郎." 注釋, "近者有達官戲老妓鳳池蓮者曰:'爾曹惟富沙門是從, 士大夫召之, 何來之遲也?' 答曰:'今之士大夫, 取富商之女爲二家, 否則妾其婢子, 我輩苟擇緇素, 何以度朝夕.' 座者有愧色, 鮮于樞西湖曲云:'西湖畫舫誰家女, 貪得纏頭强歌舞.' 又曰:'安得壯士擲千金, 坐令桑濮歌行露.' 宋亡, 士族有以此自養者, 故傷之也. 耽羅此曲, 極爲鄙陋, 可以觀民風知時變也.".

는 뜻을 전하였다. 여기에서는 이른바 採詩觀風의 의식을 드러냈다.

그와 동시대의 문인 金九容(1338~1384)은 "풍요가 응당 사라지지 않았으니, 자세히 채록하여 대궐에 바치겠다〔風謠應未泯, 細採貢楓宸〕.²²²)"라고 주장함으로 민간 풍요를 채록하여 조정에 進獻하려는 陳詩觀風 의식을 뚜렷하게 드러냈다.

이처럼 채시관풍이든 진시관풍이든 모두 민간 노래를 채집하는 것에서 비롯한 것이고, 이는 『시경』・「국풍」의 창작 동기와 일맥상통한 것이다. 이러한 풍조가 고조되는 가운데 민간에서 발원한 죽지사가 고려 문인들의 주목을 받기 시작하였다. 앞에서 언급한 바와 같이 안축과 권한공, 이색, 백문보, 정포, 설장수 등의 사대부 문인들은 자국의 민간 가요를 채집하였고, 그 노래를 '죽지사(죽지가, 죽지)'라고 불렀다. 여기서 죽지사는 중국에서 유래한 민가로 일상생활 속에서 흔히 부르는 현지의 각종 노래를 일컫는 말이다. 즉 중국의 민간 가요의 명칭을 차용한 것이다. 이렇게 『시경』의 채시 전통이 고려에서도 시행됨은 한국 죽지사가 창작되는 기초적 토대로 구축된 계기로 볼 수 있다.

조선 전기는 민간 노래를 채집하여 '죽지사'라는 이름을 차용하는 단계에 머물지 않는다. 그 단계를 넘어서 민간에서 직접 시적 소래를 채집하여 죽지사를 본격적으로 창작하게 되었다. 영남 사림파는 자신의 고향으로 시선을 돌려 지역성을 내세우는 각종 소재를

---

222) 金九容, 『惕若齋學吟集』卷之上, 〈送鄭廉使〉, "天下幾沿革, 斯民三代民. 紛紛漸澆薄, 蠢蠢喪眞淳. 羅代千年蹟, 箕封萬古仁. 風謠應未泯, 細採貢楓宸."

죽지사에 등장시켰다. 특히 유호인은 현지의 다양한 풍속과 백성들의 생활을 두루 알아본 바 있다. 그는 고향 함양을 〈함양남뢰죽지곡〉의 시적 소재이자 배경으로 설정하였다.

조선 중기의 경우에 이홍남은 금천 돌촌에 우거하는 동안 양화도를 왕래할 때 관찰한 여러 민간 세태와 풍속을 〈양화도죽지가팔장〉으로 담아냈다. 이 작품은 각 연령층 여인들의 다양한 생활상을 포착하여 생생하게 그려낸 것이다.

후기로 갈수록 풍부한 민속적 소재를 기반으로 한 죽지사가 등장하면서 조선 문인들의 채시 풍조는 한층 뚜렷하게 투영되었다. 예를 들어 민간생활에 관심이 많던 姜必愼(1687~1756)과 姜樸(1690~1742)은 각각 〈元朝紀俗〉, 〈上元紀俗〉이라는 연작시를 지었다.[223] 특히 강필신의 〈상원기속〉의 주석에 "시인의 시어에 세속의 풍속이 섞여 있으니, 그 뜻은 범성대, 육유와 같고, 그 법은 궁사와 죽지가를 사용한 것이라 하겠다〔風人之語, 雜以俚俗. 其義則取石湖放翁, 其法則用宮詞竹枝歌云〕."라고 언급되어있다. 여기에서 範成大와 陸遊의 뜻과 같다는 말은 중국의 두 문인이 상원절을 지은 시에 담겨있는 채시 취지를 토대로 창작하였음을 의미한다. 이는 민간에서 시적 소재를 채록하여 죽지사의 작시법에 사용하고자 하였던 강필신의 창작 의도를 보여준다.

이와 관련되어 강준흠은 "서울의 옛 풍속 중에서 기록으로 남길만

---

223) 姜樸, 『菊圃集』 卷之五, 〈元朝紀俗〉 20수, 〈寒食紀俗〉 4수, 〈上元紀俗〉 15수 등이 수록되어 있다. 姜必愼, 『慕軒集』 卷之二, 〈上元紀俗〉 14수와 〈元朝紀俗〉 20수 등이 수록되어 있다.

한 것이 많은데 예로부터 이를 수집해서 지은 시가 없었다. 菊圃와 慕軒이 이러한 풍속을 기록한 시를 지었으니, 두공섬의 〈형초세시기〉와 견줄만하다. 후세에 국풍을 채집하는 자라면 반드시 여기에서 취할 것이 있을 것이다〔漢陽舊俗多有可記, 終古無萃集成詩者. 菊圃·慕軒有紀俗詩, 可比荊楚歲時記. 異時採國風者, 必有取之者〕."[224] 라고 하며 강필신과 강박이 서울의 풍속을 채집하여 시를 창작한 것을 높이 평가하였다. 이를 통해 두 사람의 채시 정신이 후세 문인들에게 영향을 주었음을 짐작할 수 있다.

신국빈은 밀양 지방 출신의 문인으로 백성들의 삶에 많은 관심을 갖고 있었다. 그는 〈觀察使春巡嶺南樓歌十章〉의 서문에서 『시경』·「국풍」의 채시와 진시관풍의 정신을 언급한 후 "시를 채록할 수 있겠는가?〔匪敢曰: 詩可以採?〕"[225]라고 하며 채시 전통을 높였다. 이를 통해 그가 『시경』의 채시를 실천하기 위한 일환으로 민간의 영역에서 시를 채록한 의도를 알 수 있다. 그의 이러한 취지는 그의 〈凝川敎坊竹枝詞八章〉에도 반영되었다. 이 작품에서 교방에서 여인들이 노래를 배우는 모습을 형상화하면서 현지 교방의 근황을 자세히 설명하기도 하였다.

조선 후기 문단의 채시 풍조는 조정의 정책에 힘입은 바도 있다. 영조는 1764에 『시경』의 「빈풍」〈칠월〉편을 講論하다가 각 도의

---

224) 강준흠(저)/민족문학사연구소 한문학분과(역), 『三溟詩話』, 소명출판, 2006, 150쪽.
225) 申國賓, 『太乙菴集』 卷之二·詞歌, 〈觀察使春巡嶺南樓歌十章〉, "古者方岳陳詩, 以觀民風, 里巷婦孺之謠, 幷皆採取, 用之於鄕黨邦國. 詩三百篇中列國之風是已. 兎園野夫, 仰瞻旬宣威儀之盛, 卽事永言, 純用俚語. 匪敢曰: '詩可以採'? 盖甘棠之頌美召伯者, 喜得見聖王新化, 及於江漢之南云爾."

관리들에게 백성의 풍속을 채집할 뿐만 아니라 그들의 애환을 살핀 뒤 民隱詩를 지어 올리도록 명한 바 있었다.[226] 영조의 명에 따라 지어진 민은시는 1765년에 『兩都八道民隱詩』라는 책으로 엮어졌다. 구체적인 창작의 경위는 영조가 친히 지은 〈御製兩都八道民隱詩帖小序〉로 확인할 수 있다.

> 아!『시경』한 책에서 風·雅·頌은 三體가 되고 여기에 賦·比·興을 더하여 六義가 되는데, 옛날 주 나라가 융성하였을 때에 시를 지어 올리라 하여 백성들의 풍속을 살핀 것이다. 그런 까닭에 부자께서 말하길 "시경 삼백 편의 시를 한마디로 말하면 '생각에 사특함이 없는 것이다.'"라고 한 것이다. 나는 팔순을 바라보는 나이에 이 경전을 다시 익히면서 가슴 속에 강개한 마음이 일어나, 양도의 유수로 있는 신하와 팔도의 방백과 수령으로 있는 문신들에게 특별히 명을 내려 이러한 예에 따라 민은시를 지어 올리도록 하였다. 대개『시경』의「빈풍」〈칠월〉편은 곧 농사의 근본을 노래한 것이다. … 민은시를 지은 것이 다 이르렀고 깨끗이 베껴 쓰는 것이 끝나가려 하기에 그 경위를 대략 적어 시첩의 첫머리에 놓는다.[227]

---

226) 『朝鮮王朝實錄』英祖 40年 11月 9日條, "上因〈豳風·七月〉章, 命諸道採其民風, 察其民隱, 倣『毛詩』例, 爲詩而進之."

227) 金尙翼 등,『兩都八道民隱詩』,(한국학중앙연구원 장서각 소장본)〈御製兩都八道民隱詩帖小序〉, "噫!『毛詩』一篇, 風雅頌卽三體, 興比賦卽六義, 昔周盛時陳詩以觀民風者也. 故夫子曰: "詩三百, 一言以蔽之曰'思無邪'" 予於望八重講此經, 興慨于中, 特命兩都居留之臣·八道方伯與文臣守宰, 倣此例, 以進民隱詩. 盖『詩經』中豳風七月篇, 卽稼穡之本也. … 其詩畢到, 繕寫將訖, 故識其槩, 弁于帖." 번역은 감상익 등(저)/신익철, 김건곤, 조융희, 어강석(역),『역주양도팔도민은

영조는 조선을 다스리기 위한 방안으로 주 나라가 진시관풍을 하여 융성한 사실을 염두하여 『시경』의 채시 정신의 중요성을 강조하였다. 영조의 명에 따라 여러 문인은 각 지역에 관한 민은시를 지어 바쳤다. 그중에 일부 예를 나열하자면 金尙翼(1699~1771)은 江華府, 蔡濟恭(1720~1799)은 開城府, 李景祜(1705~1779)는 京畿道, 尹得雨(1719~?)는 廣州府, 韓光肇(1715~1768)는 楊州牧, 洪趾海(1720~1777)는 水原府, 洪良浩(1724~1802)는 洪州牧에 대한 시를 지었다. 각자 맡은 지역의 독특한 풍속과 백성들 삶의 애환을 작품 속에 여실히 담아냈다.[228] 이처럼 조선의 전역을 대상으로 삼아 풍속과 민정을 다룬 민은시의 활발한 창작은 당시 문인들의 채시 정신을 어느 정도 제고시켜 민간에 주목하는 계기가 되기에 충분하였다고 볼 수 있다.

조선의 민간에서 시의 소재를 채집하려는 의식은 박지원과 정약용의 朝鮮詩 선언으로 절정에 이르렀다. 이른바 조선풍의 막이 본격적으로 올랐다고 볼 수 있다. 박지원은 〈嬰處稿序〉에서 "그 방언을 문자로 적고, 그 민요에다 운을 달면, 자연히 문장이 되어 참다운 天機가 발현된다〔字其方言, 韻其民謠, 自然成章, 眞機發現〕."[229]라고 주장한 바 있다. 이는 현지의 민요를 소재로 채집한 뒤 조선의 방언을 사용하면 자연히 참된 시가 된다는 뜻이다.

정약용은 "나는 바로 조선 사람인지라, 조선시를 달게 짓겠다. 누

시』, 한국학중앙연구원출판부, 2021, 17쪽의 번역을 참고하였다.
228) 신익철 외, 위의 책(2021), 참조.
229) 朴趾源, 『燕巖集』 卷之七, 〈嬰處稿序〉.

구나 자신의 법을 쓰는 것인데, 오활하다 비난할 자 그 누구인가?〔我是朝鮮人, 甘作朝鮮詩. 卿當用卿法, 迂哉議者誰?〕[230]라는 조선시를 짓겠다는 선언을 하였다. 정약용은 이러한 조선시를 쓰려는 의식을 가지고 민중들에게 시선을 돌려〈長鬐農歌〉10수,〈耽津農歌〉10수,〈耽津漁歌〉10수,〈耽津村謠〉15수 등 향토적인 소재를 다룬 광의적 죽지사를 지었다. 이 작품들은 조선 향촌의 각종 생활상을 다루는 데 조선 특유의 용어나 통속적인 방언을 즐겨 사용함으로 향토적인 정서가 물씬 풍긴다. 그의 채시 정신은 후학 이학규에게 많은 영향을 끼쳤다.

우연히 정탁옹이 지은〈耽津農歌〉12장을 얻어 보았더니, 농사짓는 사람들의 情事를 곡진하게 표현하였고, 詞理가 은미하면서 완곡하여『시경』·「국풍」의 뜻에 맞는 것이었다. 즉시 그 뜻을 같이하여〈江滄農歌〉10장과〈南湖漁歌〉,〈上東樵歌〉약간 편을 지어 탁옹이 보게 하였다.[231]

위는 이학규의〈강창농가〉서문에 적혀있는 대목이다. 이학규는

---

230) 丁若鏞,『與猶堂全書』第六卷,〈老人一快事六首效香山體〉, "老人一快事, 縱筆寫狂詞. 競病不必拘, 推敲不必遲. 興到卽運意, 意到卽寫之. 我是朝鮮人, 甘作朝鮮詩. 卿當用卿法, 迂哉議者誰? 區區格與律, 遠人何得知? 凌凌李攀龍, 嘲我爲東夷. 袁尤槌雪樓, 海內無異辭. 背有挾彈子, 奚暇枯蟬窺. 我慕山石句, 恐受女郞嗤. 焉能飾悽黯, 辛苦斷腸爲. 梨橘各殊味, 嗜好唯其宜."
231) 李學逵,『洛下生集』冊四,〈江滄農歌〉,〈小序〉, "偶得丁籜翁著有〈耽津農歌〉十二章. 曲盡農人情事, 詞理微婉, 深得風人之旨. 卽同其意, 爲〈江滄〉十章及〈南湖漁歌〉,〈上東樵歌〉, 共若干篇. 令籜翁見之."

정약용의 〈탐진농가〉 12장을 읽어보았다. 이를 계기로 〈강창농가〉, 〈남호어가〉 그리고 〈상동초가〉를 짓게 되었다고 말하였다. 그는 또한 민간에서 채시 하려는 의식에 따라 〈金官竹枝詞〉 30수와 〈金官紀俗詩〉 78수 등 많은 죽지사를 짓기도 하였다.

전에 보여준 〈金官竹枝詞〉 육장은 담긴 뜻이 심원·곡진하여 『시경』·「국풍」의 뜻을 깊이 얻었다고 하겠다. 다만 뜻을 세움이 너무 바르고 엄숙하며 시구를 다듬은 것이 너무 정제되어서 죽지사의 신묘한 이치가 매우 부족하다.[232]

위는 이학규의 〈與〉에 적힌 그의 의견이다. 죽지사에서 민간의 생활을 시로 담아낸 것이 『시경』의 뜻과 유사하다. 그는 〈금관죽지사〉에서 금관 지역에서 불리는 〈山有花〉를 비롯한 민요와 그 노래를 부르는 여자들의 모습까지 아울러 향토적 정서를 짙게 자아냈다.

또한 서울 출신의 사대부 문인인 조면호도 민간풍속에 주목하여 시적 소재를 즐겨 채록하였다. 그의 〈용만죽지〉 20수의 서문의 내용은 다음과 같다.

金倉山이 의주 부윤을 지낼 때 〈죽지사〉 25첩을 지었는데 『시경』·「국풍」의 취지를 깊이 얻은 것이었다. 내가 읽고서 이를 흠모하여 20

---

[232] 李學逵, 『洛下生集』 冊十, 〈與〉, "向示金官竹枝詞六章, 言近興遠, 深得風人之旨. 但立意太正經, 鍊句太齊整, 殊欠竹枝神理."

첩을 지었는데 제목은 그대로 따르고 운자는 바꿨으니, 이 또한 시인들이 예로부터 하던 일이다.[233]

여기에서 조면호는 벗 창산 金綺秀가 용만의 부윤을 지낼 때〈죽지사〉25수를 보고『시경』·「국풍」의 채시 정신에 맞다고 호평하였다. 그는 김기수의 채시 정신을 이어받아〈용만죽지〉20수를 지었다. 그 가운데 제1수 "변방의 풍운 속에 이제는 세태가 변해서, 교방에서〈죽지가〉를 새 곡조로 부른다네〔絶塞風雲今變態, 敎坊新譜竹枝歌〕."에서는 현재 절새의 세상사가 변하여 죽지가도 따라 변하였다는 뜻으로 세상사의 변화와 함께 하는 죽지가의 모습을 보여준다.

또한 이유원은 악부시를 즐겨 지은 작가다. 그의 문집『嘉梧藁略』권1의〈악부〉에 수록된 작품 중에 민간을 시적 소재로 삼은 악부시는 큰 비중을 차지한다. 또한 그는 이제현 등 고려 문인들이 민간의 가요를 채집하여 漢譯하는 전통을 계승하여〈소악부〉45수를 지은 바 있고, 거제부에서의 유배 시절의 일상을 회상하면서〈기성죽지사〉20수를 짓기도 하였다. 이 작품들은 채시 전통의 연장선상에서 이루어진 바라서 그 의지가 짙게 투영된 것으로 보인다.

신석우는 이천 부사를 역임할 적에 백성의 일상과 풍속을 소재로 취한〈이진죽지〉20수를 남겼다. 각 수 끝에 그 지역의 풍속을 설명한 주석을 살펴보면 그 향토적인 분위기를 느낄 수 있다. 강진은 안

---

233) 趙冕鎬,『玉垂集』卷之二十三,〈龍灣竹枝〉,〈小識〉, "金倉山以龍灣尹, 作竹枝二十五疊, 深得風人之旨. 玉垂讀而敬之, 乃以二十疊, 用題不用韻, 亦詩詞家故事."

협 현감을 지냈을 때 〈아진죽지〉 5수를 완성하였다. 그의 죽지사는 현지의 민생에 관한 바에 초점을 둔다. 이들은 관할지 백성들이 安居樂業하는 모습을 시적으로 기록하여 조정에 진헌하려는 의도가 있었으므로 진시관풍의 창작 동기를 가지고 있었음이 자명하다.

채시 정신의 투영은 민중과 상대적으로 가깝게 지내고 있었던 중인층 문인들에게서 한층 선명하게 드러났다. 먼저 조수삼을 들 수 있다. 조수삼의 〈高麗宮詞〉의 창작 의도는 해당 서문을 통해 확인할 수 있다.

> 내가 고려의 역사에 대해서는 잘 알지 못하였는데 우연히 『靑湖稗史』를 읽고 한두 가지 요령을 얻어 죽지사의 곡조를 본떠 〈高麗宮詞〉 22수를 지었다. 말이 졸렬하고 격조가 비루하여 주 나라 때 시를 채록하던 기준에는 맞지 않으나 대충 상자에 넣어두어 이로 한가할 때 답답함을 달래는데 보탬이 되고자 한다.[234]

조수삼은 죽지사의 정조를 본떠서 궁사를 지었다는 창작 의도를 밝혔다. 그는 "말이 졸렬하고 격조가 비루하여 주 나라에서 시를 채록하던 자의 기준에 맞지 않다."라는 겸사로 민간영역에서 『시경』의 채시 정신을 추구함을 극찬하였다. 그는 민간의 정월 대보름 풍습을 읊은 〈상원죽지사〉 15수를 지었다. 뿐만 아니라 그는 민풍 채록의

---

[234] 趙秀三, 『珍珠船襪存』, 〈高麗宮詞幷序〉, "余於勝國事, 未有聞知者, 偶得靑湖稗史. 遂有一二要領焉, 擬竹枝調作高麗宮詞二十二首. 詞陋格卑, 不合周官之採. 漫藏巾衍, 以資閒時遣悶云爾."

대상을 외국으로 확장시켜 연경을 읊은 〈해전죽지사〉와 여러 외국을 다룬 〈외이죽지사〉를 짓기도 하였다.

아울러 중인층 출신의 범경문은 조선의 원일 풍속을 다룬 〈元朝雜體〉 6수와 〈元夕雜體〉 3수 등의 광의적 죽지사를 남겼다. 범경문의 시 창작에 대하여 이만수는 "시를 잘 감상하는 자는 박식한 사람들의 저술이 아니라 반드시 閭巷의 가요를 우선시하니, 이는 대개 천기에서 비롯된 것이고 인위적인 것이 아니기 때문이다〔善觀詩者, 不於博士著作之林, 而必先於里巷歌謠. 盖以天機所發, 不假於人爲也〕."[235]라고 평한 바 있는데, 여기에서는 시 감상에 있어서 천기에서 비롯된 민간 가요의 진솔함이 중요함을 역설하였다.

이처럼 고려 말기부터 조선 후기 문단까지 『시경』의 민간 채시 정신을 계승하는 흐름에 따라 민간 친화적인 죽지사가 활발하게 지어졌다. 채록의 대상은 자국의 민간풍속과 세태 그리고 민심이다. 그러한 시적 소재를 활용함으로 조선적인 죽지사의 특질을 확보하는 문학사적 성과를 거두었다는 의미가 있다.

정리하자면 고려 말기부터 사대부 문인들은 『시경』의 채시관풍과 민중에서 기원한 죽지사를 유기적으로 연결하였다. 이러한 문학적 전통은 조선조에 들어서면서 그대로 이어졌다. 문인들이 개인적으로 창작하거나 조정의 요구에 따라 꾸준히 민중의 영역을 드나들면서 채록한 바를 죽지사에 담아냈다.

---

235) 李晩秀, 『屐園遺稿』 卷之九, 〈題儉巖詩集後〉.

2) 민족의식의 자각

민족의식의 자각은 채시 정신과 더불어 한국 죽지사의 기저를 이루는 주요한 창작 동기이다. 작가층은 민족적 주체성을 내세우려는 의식을 바탕으로 다양한 죽지사를 창작하였다. 대표적인 작품 유형은 조선 각 지역 현지의 역사적 사건이나 유적을 읊거나 조선의 풍부한 물산이나 훌륭한 문화를 다룬 작품, 또는 사행 도중의 외국 견문과 자국의 상황을 비교하면서 지은 외국죽지사 등이 있다. 본절에서는 다양한 시각과 대상을 형상화한 죽지사에 반영된 민족적 자각 의식을 구체적으로 살펴보고자 한다.

먼저 역사 회고 의식을 살펴보고자 한다. 15세기 후반의 사림파는 자국의 문화나 역사에 기반한 詠史樂府를 즐겨 지었다. 대표적으로 김종직은 자신의 거점지인 영남 지역에 있는 신라의 옛 수도 慶州를 표현한 〈東都樂府〉 7수를 남겼다. 유호인도 동일한 시적 소재로 〈東都雜詠〉 25수를 지었다. 이들 영사악부류 작품에서 자국의 문화와 역사를 노래하는 회고적 내용에 민족적 자각 의식을 드러냈다.

이러한 분위기 가운데 사림파의 죽지사에서도 동일한 의식이 투영되었다. 대표적으로 유호인은 함양의 일상생활과 각종 풍속 외에도 현지에 있는 유적이나 관련 고사를 죽지사에 담아냈다.

그의 〈함양람뢰죽지곡십절〉 제1수 "학사루 위에 밝은 달빛 비추니, 유선이 한 번 간 뒤 학은 이내 돌아왔다네〔學士樓頭明月輝, 儒仙一去鶴仍歸〕."에서 나온 '학사루'는 함양군 함양읍 운림리에 있는 통일신라 시대의 누각이다. '유선'은 최치원을 가리킨 말이다.[236] 이러한 시어를 쓰면서 역사의 유적과 인물을 읊는 분위기를 자아냈다. 제5수 "沙斤城 부근에 음산한 구름 일어나니, 땅 귀신 밤마다 울고 비는 어지럽게 내리네. 경신년(1380)에 죽은 넋들 흐느껴 우는 소리, 당시의 張使君을 한하는 듯하구나〔沙斤城畔起陰雲, 坤靈夜泣雨紛紛. 庚申萬鬼啾啾哭, 似恨當時張使君〕."에서 나온 사근성은 함양 沙斤山城縣의 동쪽 17리에 있는 성이다. '장사군'은 沙斤驛의 감무였던 張群晢을 가리킨다. 여기에서는 경신년(1380)에 감무 장군철이 성을 지키지 못하고 왜적에게 함락되자 그곳은 방치된 채 修築하지 않았다가 성종조에 와서야 겨우 수축하였다는 고사를 인용하였다.[237]

민족적 자각 의식은 후기로 갈수록 작가층의 확장과 작품의 양적 성장에 따라 이전 시기보다 선명하게 드러났다. 이러한 특징은 역사적 古都인 평양을 읊은 작품을 통해 살펴볼 수 있다. 평양은 특수한 역사적 의의로 인해 조선 후기 작가층의 자국 역사나 유적, 또는 문화적이나 자연적 유산에 대한 자부심을 표현할 소재로 안성맞춤이었다. 그래서 평양 일대 지역은 죽지사의 단골 소재가 되었다.

예를 들어 신광수의 〈관서악부〉는 평양의 유구한 역사를 노래하는 동시에 "천하제일의 강산〔天下第一江山〕."이라는 중국 사신들의 평가를 인용하여 평양에 대한 자부심을 표출한 작품이다.[238] 평양

---

236) 이에 대한 내용은 각주 136번의 전고와 같다.
237) 〈한국고전종합DB〉의 각주정보 참조.
238) 申光洙, 『石北集』卷之十, 〈關西樂府〉, "平壤, 箕子, 東明王之所都也. 自古號佳麗擅國中. 皇朝勅使如張芳洲, 許海, 朱蘭嶼諸公. 或稱天下第一江山, 或稱如金陵, 錢塘. 國朝昇平屢百年."

의 '천하제일의 강산'이란 호평은 신좌모의 〈방관서악부체기안사한 유하십삼절〉 가운데 제1수 "제일의 강산에 제일의 누각, 동명의 옛 나라는 이천 년이 흘렀네〔第一江山第一樓, 東明故國二千秋〕."[239], 강준흠의 〈관서죽지사〉에서 "제일의 강산에 제일의 누각〔第一江山 第一樓〕."[240]처럼 후대 문인들의 작품에서도 흔히 인용되었다. 이러한 방식을 통해 조선 후기 문인들은 평양의 역사를 떠올리면서 민족적 자부심과 주체성을 선명하게 드러냈다.

유득공은 『東國地誌』를 읽고 단군조선부터 고려의 도읍지를 회고한 〈이십일도회고시〉 43수를 지었다. 이 회고시는 고국의 도읍지를 대상으로 삼아 회고적 정조와 더불어 지역성을 한층 뚜렷하게 부각시킨 작품이 있다. 청나라 문인 潘庭筠은 유득공의 〈이십일도 회고시〉를 보고 죽지사의 특성을 지니고 있으며 후세에 반드시 전해질 작품이라고 高評하였다.[241]

〈이십일도회고시〉 중 〈金官〉의 "옛 가야국 방문하여 〈죽지사〉 목메어 부름에, 婆娑塔의 그림자가 虎溪의 물가에 드리워졌네〔訪古伽倻咽竹枝, 婆娑塔影虎溪湄〕."[242]라는 구절은 옛 가야국의 소재지를 방문하여 목메어 〈죽지〉 노래를 불렀다는 내용이다. 옛 가야국에 대

---

239) 申佐模, 『澹人集』 卷之七, 〈倣關西樂府體寄按使韓柳下十三絶〉.
240) 姜浚欽, 『三溟詩集』 五編, 〈關西竹枝詞〉.
241) 柳得恭, 『泠齋集』 卷之八, 〈題二十一都懷古詩〉, "憶戊戌年間, 寓居鍾岡. 老屋三楹, 筆硯與刀尺雜陳. 以是爲苦多, 坐小圃之傍. 荳棚菁花, 蜂蝶悠揚, 雖炊烟屢絶, 意氣自如. 時閱『東國地誌』, 得一首輒苦吟. … 是歲懋官次修入燕, 手抄一本, 寄潘香祖庶常. 及見潘書, 大加嗟賞: '以爲兼竹枝詠史宮詞諸體之勝, 必傳之作.'"
242) 柳得恭, 『泠齋集』 卷之二, 〈二十一都懷古詩〉, 〈金官 金海府〉, "訪古伽倻咽竹枝, 婆娑塔影虎溪湄. 回看落日沈西海, 正似紅旗入浦時."

한 회고와 더불어 그 지역에서 전해진 〈죽지곡〉의 슬픈 곡조를 아울러서 회고적 정서를 농후하게 드러냈다. 이러한 회고 의식은 후대 작가의 죽지사 창작에도 많은 영향을 미쳤다. 그 영향을 받은 대표적 후대 작가로는 조면호가 주목된다.

조면호는 "금관은 바로 가라국인데 그 지역의 고사가 유득공의 〈이십일도회고시〉에 주석과 함께 실려 있다."[243)]라고 하였다. 이 부분은 유득공의 작품에서 받은 영향의 정도를 짐작할 수 있는 대목이다. 그는 유득공의 작품에서 드러난 회고적 정서를 본받아 금관 일대를 읊은 〈금관죽지삼첩증권야초재효〉를 완성하였다.

그중의 제2수 "천고의 흥망을 어디에서 물을까? 후대 사람 여전히 〈죽지사〉를 부르는구나〔千古興亡問何處, 後人猶唱竹枝詞〕."[244)]라는 구절에서는 천고에 걸친 나라의 흥망을 읊조리며 회고적 정서를 자아냈다. 제3수 "한줄기 동풍이 나그네 꿈에 뒤섞여, 加羅 곳곳에서 불어오고 또 불어 가는구나〔一縷東風和客夢, 吹來吹去遍加羅〕."[245)]에서는 눈앞의 풍광과 먼 역사 속에서 사라진 가라국을 동시에 등장시켜 고금의 현황을 대조시켰다.

이 외에 李時恒(1672~1736)의 〈龍灣雜詠〉 2수 중의 제1수 "강서의 비옥한 수 천리 들판, 한위 이전엔 모두 우리 영토였다네〔江西沃

---

243) 이에 대한 내용은 각주 216번의 인용문과 같다.
244) 趙冕鎬, 『玉垂集』 卷之十七, 〈金官竹枝三疊贈權野樵在孝〉, 其二, "虎溪流水細如絲, 燕子樓空落日時. 千古興亡問何處, 後人猶唱竹枝詞."
245) 趙冕鎬, 『玉垂集』 卷之十七, 〈金官竹枝三疊贈權野樵在孝〉, 其三, "送君南浦恨情多, 綾峴人家買酒過. 一縷東風和客夢, 吹來吹去遍加羅."

野幾千, 漢魏以前皆我疆)."²⁴⁶⁾에서는 용만강 서쪽의 땅이 한위 시대 이전에 모두 자국의 영토였음을 강조하여 조선의 찬란한 역사와 과거의 번성을 회상함을 통해 주체의식을 선명하게 드러냈다.

상술한 과거의 시각에서 벗어나 당시 조선의 풍부한 물산이나 문화를 다루면서 자부심을 표출한 죽지사도 적잖게 나왔다. 예컨대 이학규는 김해로 유배되었을 때 〈금관죽지사〉 30수를 완성하였는데 금관의 각종 산물을 읊으면서 이에 대한 자부심을 감추지 못하였다. 예를 들어 제5수의 "세죽반화는 손으로 염색하는데 … 이는 동방의 일등가는 명품이라네〔細竹斑花手染成 … 此是東方第一名〕."²⁴⁷⁾라는 구절에서는 금관의 세죽반화 등의 문화적 유산이 동방의 일등이라고 극찬하며 이에 대한 자부심을 드러냈다.

조면호 또한 조선의 용만 지역을 대상으로 〈용만죽지〉 25수를 지었는데, 작품에서 자국의 풍속과 강역에 대한 자부심이 잘 드러난다. 예를 들어 용만 지역의 단오절을 읊은 제13수 뒤에 "조선의 관등절 저녁에 단양에 노닐었다. 한양 이외의 큰 도시는 모두 언급할 만하며 그중에 용만이 매우 성대하다〔朝鮮燈夕端陽之遊, 京外大都會, 皆足可言, 而龍灣甚盛〕."²⁴⁸⁾라는 주석을 달아 용만 단오절 활동의 성대함을 극찬하였다.

마지막으로 사행으로 외국에 머물면서 촉발된 민족적 자각 의식

---

246) 李時恒, 『和隱集』 卷之二, 〈龍灣雜詠〉 二首, 其一, "龍灣城府彈丸小, 城外一江如帶長. 江西沃野幾千, 漢魏以前皆我疆."
247) 李學逵, 『洛下生集』 冊四, 〈金官竹枝詞〉, 三十首, 其五.
248) 趙冕鎬, 『玉垂集』 卷之二十三, 〈龍灣竹枝〉, 二十五首, 其十三.

의 투영양상을 살펴보겠다.

이 섬은 조선의 한 州縣에 불과하다. 태수가 圖章을 받고 조정의 녹을 먹으면서 大小事를 명에 따라 행하여 우리나라에 대하여 번신의 의리가 있으며, 예조참의나 동래부사와 대등하게 예를 행하고 문서를 교환하니 그 등급이 같은 것이다. 국법에 조정의 관원이 일이 있어 외국에 나가 있는 사람은 존비를 막론하고 번신과 더불어 한자리에 앉아 서로 경의를 표하게 되어 있다. 지금 나는 문신으로 著作郎의 직위에 典翰을 겸하여 왔다. 설령 직위가 사신의 아래에 있어 島主를 만나보는 데에 약간의 분별이 있다 하더라도 또한 賓主의 자리를 피하더라도 도주가 남쪽을 향해 서면 나는 앞으로 나아가 서로 마주서서 내가 두 번 읍하고 도주가 한 번 읍하면 될 것이라 하겠다. 이것이 비록 편중되는 혐의가 있긴 하지만 다만 사신이기 때문에 억지로 한 등급을 낮추는 것인데, 만약 끝내 도주가 앉아있고 내가 절하는 것이 관례라고 한다면 이는 주인으로 하여금 번신으로서의 체모를 잃게 하는 것이다.[249]

---

249) 申維翰, 『青泉集』 續集 卷之三, 〈海槎東游錄·六月〉, "此島中不過如朝鮮一州縣. 太守受圖章食朝祿, 大小請命, 有我國藩臣之義. 與春官侍郎, 東萊府伯抗禮而通書, 卽其班級等耳. 國法京官之以事在外者, 勿論尊卑, 與藩臣合坐交敬. 今不佞文臣著作郎, 兼典翰而來矣. 藉令職在使臣後, 視島主有乍分別, 且避賓主之席, 島主南鄉立, 我進前相向, 我再揖而島主一揖云爾. 則此雖有偏重之嫌, 特爲使臣故而勉降一級耳, 若終以坐與拜爲例, 則是使主人而失禮於藩臣耳.", 번역은 김상조, 「青泉 申維翰의 일본 인식과 雨森芳州 이해」, 『영주어문』 제23집, 영주어문학회, 2012, 326~327쪽의 번역을 참고하되 문맥을 고려하여 일부 수정하였다.

위의 인용문은 신유한의 〈海槎東游錄·六月〉에 적힌 대목이다. 첫머리에 대마도는 조선의 한 고을과 같은 것에 지나지 않다고 하였다. 이는 일본과 조선을 비교하여 자국 강역에 대해 자부심을 드러내려는 의도가 보인다. 이어서 일본의 사신 접대 예의의 문제점을 조선과 비교하면서 일일이 지적하였다. 이처럼 사행을 통해 얻은 외국에 대한 인식을 바탕으로 자국의 강역 및 문화와 비교하여 자부심과 민족적 자각 의식이 뚜렷이 드러나게 한 기저 의식은 조선 지식인의 小中華 의식인 것이다.

이러한 소중화 의식은 신유한의 〈일동죽지사〉에서도 뚜렷하게 투영된다. 제1수 "푸른 대머리에 아롱진 적삼 걸치고 새마냥 재잘거리며, 모두들 삼한 사신의 의관이 훌륭하다고 칭송하네〔綠頂斑衫音似鳥, 齊言韓使好冠袍〕."[250]라는 구절은 현지인이 조선 사신의 복장을 칭찬하였던 사실을 언급하며 자부심을 드러내었다. 또한 제32수 "오랑캐 말소리에 벌레 모양의 글씨를 어찌 글이라 하리오, 봉래산 바다 위의 구름을 제멋대로 칠한 격이라〔蠻音虫篆豈能文, 抹殺蓬萊海上雲〕."[251]에서도 "오랑캐 말소리에 벌레 모양의 글씨를 어찌 글이라 하리오?"라는 의문을 제기하였다. 이는 조선이 문명의 국가라는 전제하에 일본과 일본의 문학을 폄하한 것이다.

또한 김진수가 1832년에 자제군관의 신분으로 연경에 다녀온 후

---

250) 申維翰, 『靑泉集』 卷之二, 〈日東竹枝詞〉, 三十四首, 其一, "錦帆南過水宗高, 蠻浦燈竿簇百艘. 綠頂斑衫音似鳥, 齊言韓使好冠袍."
251) 申維翰, 『靑泉集』 卷之二, 〈日東竹枝詞〉, 三十四首, 其三十二, "蠻音虫篆豈能文, 抹殺蓬萊海上雲. 白石芳洲今在否, 翩翩詩札定超羣."

에 지은 〈연경잡영〉에서는 숭명의리와 소중화 의식이 뚜렷하게 투영된다. 그 점은 "오직 동방에 군자국이 있어서 한 칸 초가집에서 소왕[252]을 제사 지내네〔惟有東方君子國, 一間茅屋祭昭王〕."[253]라는 구절에서 두드러진다. 여기서는 조선을 '동방의 군자국'이라고 칭하여 자국에 대한 애착과 자부심을 표출하였을 뿐만 아니라 소왕을 제사 지냄으로 명나라가 멸망한 이후에도 명나라 마지막 황제 崇禎帝를 끝까지 숭배함을 비유하여 숭명의리를 잘 드러냈다.

그의 〈연경잡영〉에는 중국 貢士[254]를 읊은 뒤에 조선의 문사들(崔致遠, 金尙憲, 金可紀, 朴齊家, 許蘭雪軒, 許渾, 李廷龜, 申緯, 洪顯周)을 읊은 8수의 시가 이어진다.[255] 이는 조선의 훌륭한 문사들은 중국의 유명한 문사들과 견줄 만하다는 뜻으로 볼 수 있다. 특히 그중 김상헌과 관련된 "뽑은 육가 중에 으뜸이라 칭찬하니, 과연 동국이 시를 잘 안다 하겠구나〔選六家中誇第一, 果肰東國解聲詩〕."라는 구절은 김상헌의 〈소고사〉가 『대청육가선』에 "과연 동국이 시를 잘 안다 하겠구나."[256]라고 중국 사람이 품평한 바 있다는 내용을 자랑스럽

---

252) '昭王'은 唐 나라 때 楚 나라 지방 遺民들이 사사로이 초 나라 소왕에게 제사 지낸 것을 말한다. 韓愈, 『韓昌黎集』, 〈題楚昭王廟〉에 "아직도 그 나라 백성 중에 옛 덕을 생각하고 있는 사람이 있어 한 칸 모옥에서 소왕을 제사 지내네〔猶有舊德懷舊德, 一間茅屋祭昭王〕."라고 하였다.
253) 金進洙, 『碧蘆前集』, 其四十二, "試看山海共梯航, 洌水無誰感浸稂. 惟有東方君子國, 一間茅屋祭昭王."
254) 金進洙, 『碧蘆后集』, 其二十六~其三十三.
255) 金進洙, 『碧蘆后集』, 其三十四~其四十一.
256) 金進洙, 『碧蘆后集』, 其三十五, "淡雲踈雨小姑祠, 嫋娜輕淸是絶奇. 選六家中誇第一, 果肰東國解聲詩."【自註】"金淸陰小姑祠, 詩選入大淸六家選, 果然東國解聲詩, 華人品詩."

게 소개한 것이다.

　상술한 바와 같이 한국 죽지사의 작가군은 민족적 자각 의식으로 조선의 유구한 역사, 찬란한 유산, 훌륭한 문화 또는 풍부한 물산 등에 주목하였다. 이러한 의식의 표출은 역사의 회고와 현황의 묘사로 古今이란 시간을 넘나들고 조선과 중국을 왕래하며 內外의 공간을 왕래하는 방식으로 이루어졌다. 그리하여 자국의 역사적 사건, 인물, 유적에 대한 회고와 칭송뿐만 아니라 당시 조선의 풍부한 산물과 문화에 대한 자부심을 드러냈다. 사행으로 간 외국에서 느꼈던 소중화 의식도 마찬가지이다.

3) 유배 및 은거 의식의 표출

　조선에서 죽지사가 창작되기 시작된 이래로 작가 자신의 마음을 표출한 이른바 述懷類 작품이 적잖게 나왔다. 이 종류에서 드러난 정서는 유배지에서 느낀 불우함과 소외감, 은거자 혹은 방외인을 자처하여 세상을 멀리하고 자연과 가까워지려는 마음, 또는 노년 생활의 고독 등으로 분류할 수 있다.

　앞서 언급한 듯이 한국 죽지사 작가층에는 유배 문인들이 큰 비중을 차지한다. 예컨대 신흠은 춘천 소양강가로 귀양을 갔을 때에〈소양죽지가삼장〉을 지었다. 유배 문인으로서의 개인의 감회를 표출하는 데 집중한 작품이다. 그중의 제1수 "석파령 마루턱에 해 떨어지려 하니, 신연강 어귀에 길손이 뜸하구나. 짧은 돛대에 가벼이 노 저어 어지러운 물결 헤치며 가는 저 배, 봉황대 아래 여울을 멀리 가리켜 보이네."[257]는 소양에서 유배된 마음을 담아냈다. '봉황대'는 춘천 지역에 있는 하나의 명소로 지금의 춘천시 삼천동 배터 서쪽 기슭에 솟은 봉우리이다. 여기에서 해가 질 무렵에 강가에 행인이 드물다는 처량한 분위기 속에서 배 하나가 홀로 봉황대로 내려가는 모습을 그려냈다. 이는 홀로 어지러운 파도를 타고 내려가는 배로 신흠 자신을 비유하고 어지러운 파도는 험악한 사회 현실을 말한 것이다. 이를 통해 소양강가에 유배된 자신의 불우함을 토로하고 있다.

　이 부분은 이백의 〈登金陵鳳凰臺〉를 떠올리게 한다. 신흠은 이백이 신선의 자질로 마치 우담발화가 하늘 가운데에 변화하여 나타난 것과 같다고 하여 이백의 시를 높이 평가하였다.[258] 이백은 〈등금릉봉황대〉에서 "이 모두 뜬구름이 하늘을 가린 탓이라, 장안을 보지 못해 근심하게 하는구나〔總爲浮雲能蔽日, 長安不見使人愁〕."[259]라는 구절로 당시 배척을 당하여 금릉에서 유람하였을 때의 수심을 표출하였다. 신흠도 자신의 시에서 '봉황대'를 등장시켜 배척을 당한 이백과 같은 심정을 표출하였다고 볼 수 있다. 그는 또한 그의 〈소양죽지가삼장〉 가운데 제2수에서 "예 사는 사람들아 柀郞曲일랑 부르지 말게나, 그 곡조 들으면 나그네 애간장이 녹는다오〔居人莫唱柀郞曲, 遊子此時空斷腸〕."[260]라고 하였다. 여기서 '난랑곡'은 이백의

---

257) 이 작품의 원문은 각주 188번의 인용문과 같다.
258) 申欽, 『象村稿』卷之五十一, 〈晴窓軟談中〉, "古之論者, 以子美爲出於靈運, 太白爲出於明遠. 子美固有依形而立者, 若太白, 天仙也. 如優曇鉢花, 變現於空中, 特其賓偶與明遠相類爾."
259) 李白, 『李太白文集』卷十八, 〈登金陵鳳凰臺〉.
260) 申欽, 『象村稿』卷之二十, 〈昭陽竹枝歌三章〉, 其二, "居人莫唱柀郞曲, 游子此時空斷腸. 一百八盤何處是, 鉤輈聲裏樹蒼蒼."

〈秋浦歌〉17수 가운데 제14수의 "난랑이 밝은 달밤에, 노래 곡조가 한천을 진동하네〔赧郞明月夜, 歌曲動寒川〕."[261]라고 한 구절에서 나온 것이다. 여기에서 신흠은 이백의 〈추포가〉의 뜻을 염두하여 나그네로서의 개인적인 감회를 토로하였다.

이홍남이 우거 생활하는 동안 지은 〈양화도죽지가팔장〉에는 민간의 생활을 읊은 작품 외에도 자신의 처지와 연결하여 개인의 감회를 드러낸 것이 확인된다. 예를 들어 그중의 제7수 "시냇물 따라 마음 가는 대로 낚싯대 드리우니, 어찌 고달프게 읊조리며 모래섬으로 나가랴? 그대 얼굴 보니 깨어 있는 굴원이 아닌데, 내 봄철 막걸리 있으니 맛나고 부드럽다네〔垂釣緣溪亦自由, 行吟何苦出河洲. 看君顏色非醒屈, 我有春醪旨且柔〕."[262]에는 자유롭게 낚시할 수 있는 시냇가에서 밖에 있는 모래섬으로 나갈 필요가 없다면서 속세를 멀리하고 은거하고자 하는 작가의 마음이 표현되었다. 또한 전구에서 나온 '醒屈'은 굴원의 〈漁父辭〉에 "온 세상이 모두 탁한데 나 홀로 맑고, 사람들 모두 취하였는데 나만 정신이 또렷하구나〔擧世皆濁, 我獨淸; 衆人皆醉, 我獨醒〕."[263]라는 부분에서 따온 시어다. 여기에서는 맛 좋고 부드러운 막걸리를 더 마시고 굴원처럼 취한 채로 살려는 의지를 보였다. 이는 더러운 속세를 멀리하고 자연 속에서 혼자 은거 생활을 즐기려는 동기가 담겨있다.

권필은 자유분방하고 구속받기 싫어하는 성격의 소유자로 방외

---

261) 李白, 『李太白文集』 卷七, 〈秋浦歌〉.
262) 李洪男, 『汲古遺稿』 卷上, 〈楊花渡竹枝歌八章〉, 其七.
263) 屈原, 『楚辭』, 〈漁父辭〉.

인으로 자처하였던 문인이다. 그의 〈춘강사효죽지가〉 중의 제1수의 "이월이라 강촌에 꽃과 버들솜 날리니, 물 깊고 모래사장 따스한데 갈대 순 살찌어 가네〔二月江村花絮飛, 水深沙暖荻芽肥〕."[264]에서는 강가 마을에 꽃과 버들솜이 날리고 모래사장에 갈대 순이 살찌어 가는 풍경을, 제2수의 "喜雨亭 정자 가에 아침 비 지나가고, 楊花渡에는 방초가 우거졌네〔喜雨亭邊朝雨過, 楊花渡頭芳草多〕."[265]에서는 비가 지나가고 방초가 우거진 봄철의 활기찬 자연 풍경을 각각 읊었다. 이와 같이 권필은 풍광의 묘사에 집중하여 방외인으로서 현실과 거리를 두고 자연과 가깝게 지내려는 마음을 드러냈다.

이희지는 불우하게 살았던 학자로 오랫동안 외지에서 지내면서 느낀 고독과 鄕愁를 죽지사에 투영하였다. 그는 1705년 설날쯤 외지에서 머물렀는데 고향에 대한 그리움을 달래려는 의도로 죽지사 5수를 지었다는 창작 의도를 직접 밝혔다.[266] 예를 들어 그 가운데 제1수 "푸르른 봄 강물에 오리 새끼 날고, 맑게 갠 대숲엔 햇살 맑게 비치네〔春江解綠鴨雛飛, 竹樹新晴淨日輝〕."[267]와 제5수 "한낮에 자라와 악어 강물에 떠 있고, 따스한 모래사장에 갈매기 바람 따라 나네〔日午黿鼉浮水出, 沙暖鷗鳥趁風飛〕."[268]에서 고향 봄날 강가의 풍광을 생생하게 그려냈다. 그러면서 고향의 자연 풍경에 빠져 있는

---

264) 權韠, 『石洲集』 卷之七, 〈春江詞效竹枝歌〉 二首, 其一.
265) 權韠, 『石洲集』 卷之七, 〈春江詞效竹枝歌〉 二首, 其二.
266) 이에 대한 내용은 각주 90번의 인용문과 같다.
267) 李喜之, 『凝齋集』 卷之一, 〈漁父詞〉 五首, 其一, 번역은 〈한국고전종합DB〉의 번역을 참고하되 문맥을 고려하여 일부 수정하였다. 이하는 이와 같다.
268) 李喜之, 『凝齋集』 卷之一, 〈漁父詞〉 五首, 其五.

나그네의 모습을 보여줬고, 향수와 더불어 외지에서 느낀 고독감을 해소하려는 마음까지 드러낸 것이다.

申厚載(1636~1699)는 외직에 여러 차례 부임하다가 만년에 은퇴하여 학문에 전념하였던 문인이다. 그가 남긴 〈龍潭竹枝詞〉 중에 "문 앞의 방초 녹음이 짙어져 가는데, 울타리 밖 복사꽃은 아직 덜 붉었구나. 낚시 마치고 느지막이 돌아오는 냇가 길에, 휘영청 뜬 보름달 칡덩굴 옷 밝게 비추네〔門前芳草綠初肥, 籬外桃花紅未稀. 罷釣歸來溪路晚, 一輪明月照蘿衣〕."[269]에 쓰인 '蘿衣'는 칡덩굴 옷이라는 뜻으로 보통 산에 사는 은자의 복장을 가리킨다. 이를 통해 자연에 몸을 의탁한 은자의 모습을 그려냈다. 속세를 멀리하고 자연의 아름다운 풍경을 감상하면서 은거생활을 하려는 뜻이 내포된 것이다.

黃後榦(1700~1773)은 1761년 만년에 夷山精舍의 주변 풍광을 감상하면서 〈幽居十景〉을 지었고 또한 백발노인이 된 이후의 외로움과 복잡한 심정을 〈희음죽지〉에 담아냈다.[270] 또한 신국빈의 〈응천교방죽지사팔장〉에서도 흐르는 세월에 대한 개탄스러움이 드러난다. 예를 들어 제1수 "대나무 푸른 빛 해마다 자라도 바뀌지 않으니, 사람이 늙어감에 이 같지 못함이 애석하구나〔竹色年年長不改, 可憐人老不如斯〕."[271]에서 한결같이 푸르디푸른 대나무 가지와는 달리

---

269) 申厚載,『葵亭集』卷之二,〈龍潭竹枝詞〉.
270) 黃後榦,『夷峯集』卷之一,〈戲吟竹枝〉, "髫垂當日騎常走, 頭白如今仗以行. 每涉敧橋頗得力, 逮登危棧亦扶傾. 老翁已結平生契, 衰脚猶思遠近程. 別是撫摩相約意, 百年賴爾步還輕."
271) 申國賓,『太乙菴集』卷之二,〈凝川敎坊竹枝詞八章〉, 其一.

세월에 따라 늙어감을 한탄하였다.

　중인 출신의 범경문은 백거이의 〈죽지사〉를 본뜬 〈효백향산죽지사〉 2수가 있다. 그중의 제1수 "달은 밝은데 목메이도록 죽지가 부르니, 고향 그리워하는 장사치들 얼마나 놀랐을까?〔唱到月明聲咽處, 思鄉賈客幾回驚〕."[272)]에서 〈죽지사〉 특유의 슬픈 정조를 고향을 그리워하는 나그네의 외롭고 애틋한 마음으로 표현해냈다.

　이유원은 거제에서의 유배 생활을 회상하면서 〈기성죽지사〉 20수를 완성하였다.

　　신사년(1881) 윤칠월에 임금의 질책을 받아 중화에 유배되었다가 보름도 못 되어 거제로 이배되어, 8월 그믐에 도착하였다. 12월에 사면되어 임오년(1882) 정월에 집으로 돌아왔는데, 이제 4년이 지난 일이건만 생각해보면 서글픈 마음이 든다. 그곳에서 지낸 일을 떠올려 죽지사체를 본떠 생각나는 대로 쓴다.[273)]

　위는 〈기성죽지사〉의 서문이다. 여기에서 이유원은 그 당시의 슬프고 침울한 심정을 털어놓고자 작품을 지었다는 창작 의도를 밝혔다. 유배자로서의 소외감과 외롭고 쓸쓸한 심정을 토로한 부분도 있다. 예를 들어 제2수 "치졸하였던 어린 시절 지내고 지금은 백발노인이라, 너를 보며 내 신세 떠올리니 서글픔만 마음에 가득하구나

---

272) 範慶文, 『儉巖山人詩集』 卷之一, 〈效白香山竹枝詞〉 二首, 其一.
273) 이 부분의 원문은 각주 214번의 인용문과 같다.

〔兒時稚卒今頭白, 以爾看吾恨一腔〕."[274]에서 덧없는 세월과 연로함에 대한 안타까움을 표현하였다.

또한 근대 전환기에 접어들면 독립운동에 참여한 지식인들의 좌절감을 담아둔 죽지사가 나왔다. 예를 들자면, 張錫英(1851~1929)은 벗 宋晉翼(1847~1906)에게 화답한 〈竹枝詞一闋和贈宋致車晉翼〉[275] 40구를 지어 주었다. 마지막 8구절 "아득한 이 마음 누구에게 하소연할까? 삐걱거리는 목소리 새 울음소리와 어울리기 어렵네. 담장 동쪽에 또한 안절부절못하는 나그네 있는데, 일생을 구름 뚫는 재주를 써보지 못하는구나. 튼실한 수레로 험한 곳 다니면서 도가 소원해질까 걱정하고, 곤궁한 집 쓸쓸히 시들고 시절의 어려움을 슬퍼하네. 굳센 마음으로 절개는 변치 않고 보전하며, 그대와 더불어 이 추운 계절 함께 하리라〔悠悠此懷向誰吟, 嘔啞衆鳥聲難諧. 牆東亦有棲棲客, 平生不試凌雲才. 堅車躡險憂道遠, 窮盧枯落悲時艱. 貞心苦節保不渝, 與子同期此歲寒〕."에서 독립운동가로서의 어려운 처지를 토로하고 정조 어린 마음과 절개를 지킬 수 없는 현실을 탄식하였다.

권택용의 〈대평죽지사〉 12수 가운데 제11수 "외로운 산 한 조각 구름 속의 벼랑, 나는 오리와 왜가리는 한가하네. 학로의 미두를 읊은 시구를 흉내내고 읊조리노라니, 진실로 마음이 명리 사이에서 멀어짐 깨닫네〔一片孤山雲裡顔, 浴鳧飛鷺任淸閒. 唱來學老楣頭句,

---

274) 李裕元, 『嘉梧藁略』冊五, 〈岐城竹枝詞〉二十首, 其二.
275) 張錫英, 『晦堂集』卷一, 〈竹枝詞一闋和贈宋致車晉翼〉.

信覺心遙名利間)."[276]에서 세상을 멀리하고 명리를 좇지 않겠다는 은자로서의 의식을 드러냈다. 崔東泰(?~?)가 벗 노재봉에게 주기 위해 지은 〈效竹枝詞體贈盧竹農載鳳〉에는 "세밑의 찬바람 불어와 얼굴 치고 지나가는데 인생에 애환이 얼마나 되려는지?(歲暮寒風掠面吹, 人生贏得幾懽悲)."[277]라는 구절이 있는데 세밑의 찬바람 속에서 인생의 애환을 개탄하였다.

위에서 언급하였듯이 한국의 술회류 죽지사는 작가층의 불우한 상황과 신분적 처지를 반영한다. 주로 유배 또는 은거하는 불우한 문인, 방외인, 중인의 작품에서 이런 상황이 짙게 배인다. 그리고 시대적 정황과 제약으로 인해 소외감 또는 외로움을 느꼈던 문인들의 죽지사에도 이런 정서가 동일하게 투영되었음이 확인된다.

상술한 바를 정리하자면 한국 죽지사는 중국의 죽지사를 일방적으로 모방하는 천편일률적인 것이 아니고, 시기별 동인에 따라 다양한 창작 동기가 드러나게 되었다. 물론 『시경』의 채시 정신을 계승하고 있지만, 한국의 특수한 소재나 정황이 반영되기도 하여 독창적인 창작 의식을 보이기도 한다. 그러면서도 민족적 자각 의식을 비롯한 시대적 동인도 반영되기에 이르렀다. 이러한 의식은 역사적 회고와 작가가 직면한 조선의 산물과 문화의 현황이란 고금의 시간차와 조선과 중국 등의 해외의 공간차를 넘나드는 시적 시선을 조성하게 되었다. 또 하나 별도로 주목해야 할 점은 개인적 요소가 한층

---

276) 權宅容, 『愓窩先生文集1』, 〈大坪竹枝詞〉 十二首, 其十一.
277) 崔東泰, 『日溪先生文集』, 〈效竹枝詞體贈盧竹農載鳳〉, 二十首, 其一.

농후한 유배 및 은거 의식의 표출이다. 이는 주로 유배, 은거하는 불우한 문인, 방외인, 중인 등 다소 소외감을 느끼고 있었던 각 시기의 작가들이 지닌 특유의 창작 의식으로 볼 수 있다.

2. 주제화 양상

내용 및 주제적 측면은 죽지사의 핵심일 뿐만 아니라 한국 죽지사의 특징을 한층 분명하게 확인할 수 있는 지점이다. 우선 대표적인 주제를 민중의 삶과 풍속, 자국의 강역과 문물, 사행 체험과 이국에 대한 관심으로 분류하여 작품의 구체적인 주제화 양상을 살필 수 있다.

1) 민중의 삶과 풍속의 관찰

한국 죽지사의 소재는 민중 영역에서 채집한 것이 큰 비중을 차지하고, 구체적으로는 남녀 연정과 일상생활, 민간 풍속으로 나뉠 수 있다. 여기에서 각종 소재의 사용과 이에 표출된 주제의식을 일별해 보고자 한다.

① 남녀 연정: 浪漫性에서 現實性으로의 변모

민중 사이에서 벌어진 남녀간의 연정을 다루는 성향은 조선 시대 전반에 걸쳐 유행하였다. 남녀 연정은 죽지사의 기원인 당나라 작품에 많이 등장한 것과 관련이 있다. 조선의 작가들은 그러한 경향을 죽지사의 전통적인 소재로 관습적으로 활용하였다. 다만 한국 죽지사에서 등장한 남녀 연정과 관련된 소재의 활용 양상은 시기에 따라 차이를 보인다.

먼저 조선 전기의 남녀 연정을 다룬 죽지사를 살펴보겠다. 그 시기의 작품은 조선의 지역적 특색과 낭만적인 남녀 연정을 아우르는 것이 주류를 이룬다. 영남 출신의 문인 김종직은 고향 응천 지방을 배경으로 〈응천 죽지곡 구장을 써서 양씨 여인에게 주다〉을 지었다.

높은 누각에 풍악 연주되고 패옥도 울리는데	絲管高樓鳴珮環
연한 향기 갈대꽃 물굽이에 반나마 퍼지네.	輭香半落蓼花灣
원앙새 촉옥새 쌍쌍이 춤추는 모습	鴛鴦鸀玉雙雙舞
미인의 눈썹 시름에 겨워 찌푸리게 하는구나.	惹得愁攢八字山[278]

위의 인용문은 제1수다. 풍악이 연주되고 패옥이 울리는 연회 자리에서 여인이 원앙새가 쌍쌍으로 춤추는 모습을 보고 눈썹을 찌푸리는 모습을 포착해냈다. 이를 통해 사랑을 갈망하는 여인의 모습과 분위기를 그려냈다. 김종직은 양씨 여인에게 지어주기 위해 여인과 남녀 연정에 관한 내용을 죽지사에 등장시켰다. 제5수 "서로 따르는 것 오직 부평초뿐이라니, 이 인생 이별의 슬픔을 어찌하랴?〔相隨唯有浮萍草, 奈此人生離別何〕."[279]라는 구절에는 서로 따르는 부평초

---

278) 金宗直, 『佔畢齋集』 卷之一, 〈凝川竹枝曲九章書與梁娃〉, 其一.
279) 金宗直, 『佔畢齋集』 卷之一, 〈凝川竹枝曲九章書與梁娃〉, 其五, "四月江頭楊柳花, 花飛渡江點晴波. 相隨唯有浮萍草, 奈此人生離別何."

를 부러워하는 남녀의 애틋한 마음으로 이별의 슬픔을 묘사하였다. 여기에서는 대조법을 사용하여 이별의 고통을 한층 뚜렷하게 드러냄으로써 낭만적인 정조를 자아냈다.

김맹성의 〈가천죽지곡〉에서도 남녀 연정이 내용의 핵심을 이룬다.

강위에 외로이 조각배 한 척 떠 있는데	江上孤舟一葉浮
울부짖으며 나는 두 마리 갈매기 소식이라도 전하는 듯.	飛鳴有信兩沙鷗
이 몸 새보다 못함이 못내 한탄스러워	此身堪嘆不如鳥
홀로 성근 난간에 기대니 달은 거듭 갈고리 모양일세.	獨倚踈櫺月再鉤[280]

위의 인용문은 제3수이다. 기구에서 가천의 한 강 위에 외로이 떠 있는 조각배 하나를 등장시켰다. 이는 배를 타는 외로운 사람을 가리킨 것이다. 승구에서는 배 주변을 울부짖으며 나는 두 마리 갈매기를 등장시켜 기구의 분위기를 강화하였다. 전구는 김종직의 위 작품처럼 대조법을 사용하여 외로이 떠 있는 조각배에 혼자 있는 '나'와 두 마리의 갈매기를 짝지어 비교하였다. 또한 경치를 보고 감정을 일으킨다는 이른바 '觸景生情'의 수법을 통해 새보다 못한 자신의 외로운 운명에 한탄하는 처지를 그렸다. 결구는 외롭게 성근 창살에 기대어 갈고리 모양의 달에 의탁하는 작가의 모습을 슬픔과

---

280) 金孟性, 『止止堂詩集』, 〈伽川竹枝曲〉, 其三.

낭만의 분위기를 아우르며 묘사하였다.

그중의 제5수 "울타리 아래엔 해맑은 국화 한 가지, 창가의 가랑비는 참으로 실처럼 가늘구나. 국화 가지 비 맞아도 그 향기 여전히 남아 있나니, 님 향한 제 마음도 그칠 때가 없지요〔籬下鮮鮮菊一枝, 窓前細雨政絲絲. 菊枝經雨香猶在, 妾意向君無歇時〕."281)에서는 여성 화자를 등장시켜 님에 대한 깊은 사랑을 그렸다. 기구와 승구에서 울타리 아래의 국화와 창가에 실처럼 가는 가랑비 한 줄을 등장시켜 전반적인 정서를 집약적으로 드러냈다. 전구는 바로 앞에 나온 풍경을 한층 새롭게 활용하였다. 그리하여 국화 가지가 비를 맞아도 향은 남는 속성을 통해 영원한 사랑을 비유적으로 말하였다. 결구에서는 님을 향한 여자의 영원한 사랑을 표현하였다.

반대로 여자의 마음과 달리 남자의 마음은 쉽게 변한다는 뜻을 담은 내용은 그 가운데 제7수에서 확인된다. "은팔찌에 금비녀 차고 안개 속에 가니, 단풍 든 연못 가에 꽃밭이 있다네. 꽃 시듦이 자못 님의 마음과 같으니, 한은 강 어귀에 가득하고 바람은 배에 가득하네〔銀釧金釵煙裏去, 丹楓淵畔有花田. 花衰頗似郎君意, 恨滿江頭風滿船〕."282)에서도 경물을 사랑에 빗대는 시어로 활용하였다. 승구는 연못 가의 만발한 꽃을 묘사하고, 전구에서 짧은 시간 안에 시든 꽃을 통해 빨리 변하는 남자의 마음을 비유적으로 표현하였다.

유호인의 〈우연히 서원죽지삼절을 지어 새로운 곡조를 보탠다〉

---

281) 金孟性, 『止止堂詩集』, 〈伽川竹枝曲〉, 其五.
282) 金孟性, 『止止堂詩集』, 〈伽川竹枝曲〉, 其七.

3수는 모두 남녀 연정을 노래한 작품이다.

낭군의 마음 탁류와 같나니	郎意如濁流
쉽사리 얕고 깊음 헤아릴 수 없네.	未易窺淺深
첩의 슬픔 달처럼 새하얗기에	妾恨皎如月
밤마다 그대의 마음을 비추리라.	夜夜照君心[283]

이는 전체 3수 중에서 제3수다. 오언 사구의 새로운 형식을 취하지만 내용상으로는 김종직과 김맹성의 작품과 동일한 분위기와 소재를 다루었다. 기구와 승구에서는 여자를 향한 남자의 마음을 쉽게 알아볼 수 없는 탁류에 비유하였다. 전구와 결구에서는 불확실한 남자의 마음으로 인한 여자의 슬픔을 말하였다. 그러면서 여자의 슬픔은 달처럼 순결하다고 표현함으로써 헤아릴 수 없는 남자의 마음과 대조를 이루었다.

한편, 김시습과 성현의 작품은 조선의 지역적 특색과 현실성을 뚜렷하게 드러내지 않고 낭만적인 사랑의 묘사에만 집중하였다. 예를 들어 김시습의 〈죽지사〉 3수 가운데 제1수 "그리운 이 꿈꾸노라 단잠 못 이루어, 몇 가닥 향 줄기 삼분이나 감하였네〔擬夢情人眠不得, 數條香線減三分〕."[284]에서는 외로운 밤 중에 꿈에서나마 사랑하는 사람을 만나려는 시도를 하느라 계속 잠을 못 자는 여자의 고민

---

283) 兪好仁, 『㵢谿集』 卷之一, 〈偶製西原竹枝三絶以資新腔〉, 其三.
284) 金時習, 『梅月堂集』 卷之八, 〈竹枝詞〉, 三首, 其一, "一片紙帳白於雲, 夜撒東窓直到昕. 擬夢情人眠不得, 數條香線減三分."

스러운 모습을 그려냈다. 제3수 "인간 세상 가장 괴로운 건 님 그리는 마음이라, 뒤척이며 잠 못 이루어 부질없이 애만 끊는구나〔人間最是多情苦, 展轉不寐空斷腸〕."[285]에서도 다정한 여자가 사랑으로 인해 뒤척이며 잠을 못 자는 고통스러운 모습을 포착하였다.

성현의 〈죽지사〉 10수 중의 제9수 "낭군이 지금 멀리 남쪽으로 길 떠나는데, 귀밑머리 날리는 가을바람에 쓸쓸하게 읊조리네. 청컨대 낭군이여 잠시만 더 머물러, 내 배에서 술 한 잔만 더 마시고 가시어요〔君今南去海山遙, 西風吹鬢吟蕭蕭. 請君更借須臾住, 飮我船頭酒一瓢〕."[286]에서는 멀리 떠날 낭군과 작별하는 여자의 모습에 시선을 돌렸다. 특히 "낭군이여 잠시만 더 머물러, 내 배에서 술 한 잔만 더 마시고 가시어요."라는 구절을 통해 여자의 애틋한 마음을 한층 분명하게 형상화하였다.

조선 중기의 죽지사에는 당나라 죽지사를 의작하는 경향이 농후하게 드러난다. 특히 주제상으로 당나라 죽지사의 단골 소재인 남녀연정을 많이 다루었다. 허난설헌의 〈죽지사〉 4수도 마찬가지다. 예를 들어 제2수 "양동·양서에는 봄물 질펀한데, 님 실은 배 작년에 구당으로 떠나갔네. 파강 골짜기 원숭이 괴롭게 울어대는데, 세 번을 듣기 전에 이미 창자가 끊겼다네."[287]에는 작년에 배를 타고 구당

---

285) 金時習, 『梅月堂集』 卷之八, 〈竹枝詞〉, 三首, 其三, "夜如何其夜未央, 星移西嶺月侵床. 人間最是多情苦, 展轉不寐空斷腸."
286) 成俔, 『虛白堂集·虛白堂風雅錄』 卷之一, 〈竹枝詞〉 十首, 其九.
287) 許蘭雪軒, 『蘭雪軒詩集』, 〈竹枝詞〉 四首, 其二, "瀼東瀼西春水長, 郎舟去歲向瞿塘. 巴江峽裏猿啼苦, 不到三聲已斷腸."

으로 간 님에 대한 그리움과 더불어 파강에서 괴롭게 울어대는 원숭이의 소리로 그리움으로 인한 슬픔을 한층 강하게 드러냈다.

제4수 "영안궁 밖은 층층 여울이라, 여울물에 배 지나려면 얼마나 어려울까? 조수는 신의 있어 응당 절로 이를 기약 있건만, 님의 배는 한 번 떠나가면 언제나 돌아오려나〔永安宮外是層灘, 灘上舟行多少難. 潮信有期應自至, 郎舟一去幾時還〕."[288]에서 특히 결구는 "님의 배는 언제나 돌아오려나."라고 하며 님에 대한 그리운 마음을 표출하였다.

허난설헌의 작품 외에 윤신지[289], 최명길[290], 조문수[291], 이춘원[292] 등의 죽지사에서도 비슷한 성향이 보인다. 당나라 죽지사에서 가장 애용된 남녀 연정을 핵심 주제로 삼을 뿐만 아니라 시적 배경도 파 지역의 특징적인 단어와 이미지를 활용하여 당나라 죽지사의 낭만적인 분위기를 조성해낸 것이다.

---

288) 許蘭雪軒, 『蘭雪軒詩集』, 〈竹枝詞〉 四首, 其四.
289) 尹新之, 『玄洲集』 卷之三, 〈竹枝詞〉, "巴江春水拍船時, 巴女聯街唱竹枝. 紅蓼碧蘺無限恨, 不知郞意似儂悲."
290) 崔鳴吉, 『遲川集』 卷之一, 〈用前韻竹枝詞三疊〉, 其二, "妾家本住瀼西邊, 燕子樓高三月天. 綠楊絲脆易斷絶, 莫遣漁郞來繫船."; 其三, "雙蛾鬢向鏡臺邊, 不恨郞君只恨天. 未識巴西路近遠, 含情樓畔問商船."; 〈效竹枝詞〉, 其一, "巴陵江水春更深, 時聽沙禽相對吟. 何處女郞將桂棹, 竹枝一曲壞人心."; 其二, "煙花三月暗西隣, 無限春愁解醉人. 越商自是不解事, 灔澦堆前長苦辛."; 〈竹枝歌〉, 其一, "巴山西望白雲多, 五月瞿塘不可過. 一送郞君遡三峽, 幾廻堤畔動悲歌."; 其三, "灔澦堆前白浪多, 巴商辛苦側帆過. 含情欲問郞消息, 落日沙頭聽棹歌."
291) 曹文秀, 『雪汀詩集』 卷之四, 〈竹枝詞〉, "岸上聯歌諸女兒, 春來何處寄相思. 郞心不似門前水, 日夜東流無歇時."
292) 李春元, 『九畹集』 卷之二, 〈竹枝詞三疊〉, 其三, "秋風秋月苦相思, 春草春花怨別離. 橫塘一隔斷音信, 子夜歌聲聞竹枝."

조선 후기에도 남녀 연정을 읊는 성향이 쭉 이어졌다. 다만 이 시기의 작품은 이전 시기와 달리 낭만적인 정조보다 현실성이 한층 농후해졌다.

서슬 퍼런 이빨에다 호랑이 머리라	鯨齒嵯峨更虎頭
님에게 차 파는 배에 오르지 말라 하시오.	勸郞休上販茶舟
봉래 영주에는 자고로 풍파가 사나우니	蓬瀛自古風波惡
지금 와서 천천히 흐른다 말하지 마소.	莫道今來是緩流[293]

위의 작품은 趙榮順(1725~1775)의 〈效竹枝詞體〉이다. 이 작품에서는 위험한 곳으로 떠날 님을 걱정하는 여성 화자를 등장시켰다. 생이별로 인한 여자의 애틋한 마음은 차를 파는 배에 오르지 말라는 만류에 잘 드러난다. 여기에서는 낭만적이고 사랑스러운 정서보다 현실적으로 생계를 위하여 멀리 떠나야 할 님을 걱정하는 마음이 가득하다.

이승에서 무관 아내일랑 되지 말지니	此生莫作武官娘
우리 집 쇠고랑과 어찌 그리 같은지.	肯似儂家鐵固郞
벼슬 구하러 서울 간 뒤론 소식 없어	一去京城求祿仕
해마다 꽃 피는 달밤에 독수공방하며 운다네.	年年花月泣空房[294]

---

293) 趙榮順, 『退軒集』 卷之一, 〈效竹枝詞體〉.
294) 尹廷琦, 『舫山遺藁』, 〈金陵竹枝詞〉 二十五首, 其二十五.

위의 인용문은 윤정기의 〈금릉죽지사〉 25수 중에 끝부분이다. 여기서는 무관의 아내인 한 여자를 화자로 등장시켰다. 다른 여성들에게 자신의 처지를 교훈으로 삼아 무관의 아내는 되지 말라고 일러줬다. 남편이 벼슬을 구하러 서울로 가면서 소식이 없다. 그래서 외로움을 못 이겨 항상 빈방에서 울며 세월을 보내야 하기 때문이다. 이 역시 현실의 생계로 인해 남편 없이 홀로 살아가야 하는 여성의 불행을 표현한 것이다. 이러한 처지로 인해 여자의 불행을 형상화한 것은 제4수에서도 확인된다. "원통해라! 님의 마음 첩과 같지 않아, 돈만 좋아하였지 첩의 얼굴 좋아하지 않네〔懊恨郎心不如妾, 愛錢不愛妾容顔〕."[295)]라는 구절에서는 애정보다 금전을 더 중요시하는 남편의 무정과 이로 인한 여자의 한스러움을 표현하였다.

아들 많이 낳는 구자마모 되기 싫고	不願多男作魔母
장수하는 마고 선녀 되기도 싫어라.	不願長壽作麻姑
단지 소원은 백발 되도록 서로 버리지 않음이라	但願白首不相棄
영명사 밖에서 부도에게 절을 올리네.	永明寺外禮浮屠[296)]

위는 이근수의 〈서경죽지사〉 8수 가운데 제4수이다. 이 작품도 여성 화자를 등장시켜 여성으로서의 간절한 소원을 읊었다. 기구와 승구에서 나온 '마모'는 구자마모[297)]의 전설에서 나온 말로, 여러 아

---

295) 尹廷琦, 『舫山遺藁』, 〈金陵竹枝詞〉 二十五首, 其四, "門前虎眼水灣灣, 經歲藁砧山又山. 懊恨郎心不如妾, 愛錢不愛妾容顔."
296) 李根洙, 『守庵集』, 〈西京竹枝詞〉 八首, 其四.

들을 둔 흉측하고 사나운 엄마를 가리킨다. 마고는 마고선인[298]을 뜻한다. 즉 흉측하고 사나운 엄마나 혼자서 오래도록 살 수 있는 신선인 마고처럼 되기 싫다는 뜻을 표현한 것이다. 반대로 차라리 사랑하는 이와 백발이 되어도 서로 버리지 않고 평생을 함께하기를 바라는 마음을 드러냈다.

상술하였듯이 남녀 연정은 한국 죽지사의 핵심 주제로, 조선 전기부터 후기까지 꾸준히 등장하였다. 다만 각 시기의 작품에서 드러난 정취에는 다소의 차이가 있다. 조선 전기와 중기의 작품에서는 남녀 연정을 읊음에 낭만적인 정취가 농후하지만 조선 후기에는 세상살이를 비롯한 현실 문제로 사랑을 깨뜨리는 요소가 개입하면서 현실성이 한층 부각된 것이다.

② 일상생활: 다각도의 관찰 및 문제 폭로

민중의 일상생활에 관한 내용은 민간인의 생계노동 및 유유자적

---

[297] '九子魔母'는 裵談이라는 사람이 불법을 독실히 믿었는데, 자기 아내가 어찌나 사납고 질투가 심한지 자기 아버지보다 더 무서워하였다. 그가 자기 아내를 두고 남에게 말하기를, "나는 우리 아내가 세 번 무섭게 보였는데, 젊었을 적에 生菩薩 같아서 무서웠고 아들 딸들이 앞에 가득하였을 때는 九子魔母 같아서 무서웠고, 나이 50~60세가 되어 분단장이라도 살짝 할라치면 푸르뎅뎅 거무튀튀한 게 악독한 귀신(鳩槃茶) 같이 보여 무섭더라."라고 한다.(『本事時·嘲戱』, 〈한국고전종합DB〉의 각주정보 참조.)

[298] '麻姑仙人'은 전설 속의 선녀 이름으로 후한 桓帝 때 선인 王方平의 부름을 받고 마고가 蔡經의 집에 내려왔는데, 새 발톱처럼 긴 마고의 손톱을 본 채경이 속으로 "등이 가려울 때에 이 손톱으로 긁으면 딱 좋겠다."라고 생각하였더니, 왕방평이 채경의 속마음을 알아차리고 "마고는 신인인데, 네가 어찌 그 손톱으로 등을 긁을 수 있다고 생각하느냐"라고 하였다고 한다.(『神仙傳』卷七, 〈麻姑〉, 〈한국고전종합DB〉의 각주정보 참조.)

한 여가생활의 모습을 객관적으로 보여주는 것과 민간에 존재한 현실 문제들을 폭로하고 비판한 것으로 나눌 수 있다. 이러한 주제를 다룬 죽지사를 통해 조선 시기 민간 사회의 일면과 지식인들의 민간에 대한 인식을 엿볼 수 있다.

조선 전기와 중기에 민간인의 일상생활을 다룬 작품은 유호인과 이홍남의 작품을 대표작으로 들 수 있다. 유호인은 민간인의 생계노동을 고향의 일부분으로 삼아 일부 작품에서 다루었다. 이홍남은 유거 생활을 하면서 객관적인 시각으로 양화도 지역 백성들의 각종 생계노동을 관찰하여 거의 모든 작품에 담아냈다.

유호인의 〈함양남뢰죽지곡십절〉 중의 제3수 "창밖에 지저귀는 새소리에 잠이 깨니, 꿈틀거리는 수많은 누에들이 고치안에서 사각사각 노래해〔隔牕夢覺間關鳥, 唱得蠕蠕百箔蠶〕."[299]에서는 누에농사를 언급하였고, 제4수 "백년 인생의 참으로 즐거운 고장이라, 집집마다 흩어지지 않고 자손들 바쁘다네〔百歲生涯眞樂土, 家家不解子孫忙〕."[300]에서는 집집마다 생계 때문에 자손들이 바쁜 모습을 묘사하였다.

이홍남의 〈양화도죽지가팔장〉 중의 제3수 "강가의 여인 장사치 아낙네 되었는데, 장사치 청어 사러 연평도에 갔다네. 원님이 봄날 곡식 꾸어주는 정사 베푸는데, 소 끌고 떠들썩하게 떠드는 이들 태

---

[299] 兪好仁, 『㵢谿集』 卷之二, 〈咸陽灆澦竹枝曲十絶〉, 其三, "十里柔桑綠漲林, 淸明時節已成陰. 隔牕夢覺間關鳥, 唱得蠕蠕百箔蠶."
[300] 兪好仁, 『㵢谿集』 卷之二, 〈咸陽灆澦竹枝曲十絶〉, 其四, "秋風一郡烏桍樹, 滿眼霜紅似醉鄕. 百歲生涯眞樂土, 家家不解子孫忙."

반이 여인네라네〔沿江女作商人婦, 商向延平去打鯖. 太守當春開賑貸, 牛牽喧咦半雌聲〕."³⁰¹⁾라는 구절은 강가 집안의 남편은 장사치이고 청어 사러 집을 떠나 부인이 혼자 소를 끌고 진대를 받으러 간다는 마음 쓰린 장면을 다루었다.

제5수 "여인네들 서로 짝을 지어 봉비 캐며, 뿌리가 통통하다고 다투어 자랑하네. 녹미 주머니에 가득 채워 바꾸러 가니, 귀족 집안의 묵은 나물도 여기서 나온다네."³⁰²⁾는 여인들이 봉비를 캐러 가는 모습과 시장의 시끌시끌한 장면을 그려냈다. 또한 제6수 "몇 이랑 비옥한 밭에 靑黛를 심어, 항아리 가득한 검푸른 물감이 강가에 늘어섰네. 성 안에 검푸른 옷 입는 사람들, 누가 어린 여인네 손으로 물들이는 고달픔 알리〔幾畝膏腴種黛田, 黛成盈甕列江壖. 城中鼎綠衣裳者, 誰識兒娘手所挼〕."³⁰³⁾에서는 강가 여인들의 염색 작업 현장을 시적으로 기술하였다.

조선 후기에 죽지사 창작이 보다 활기를 띠게 되면서 민중의 구체적인 생활상이 다양하게 죽지사에서 등장하였다. 먼저 이학규가 김해에서 유배할 때 지은 〈금관죽지사〉부터 살펴본다. 이 작품은 강가 어부들의 일상생활을 중심으로 다루었다.

아침 시장의 생선 장사 저녁 시장에 이어져　　　朝市魚兼暮市來

---

301) 李洪男, 『汲古遺稿』 卷上, 〈楊花渡竹枝歌八章〉, 其三.
302) 李洪男, 『汲古遺稿』 卷上, 〈楊花渡竹枝歌八章〉, 其五, "相隨女伴采葑菲, 鬪語聞誇下體肥. 祿米滿囊爭貿去, 侯家旨蓄此焉依"
303) 李洪男, 『汲古遺稿』 卷上, 〈楊花渡竹枝歌八章〉, 其六.

강 상류에 올라간 어선 다투어 하류로 내려오네.　上江船逐下江迴
남호의 여합 새로 잡아 물 좋은데　　　　　　　南湖蠡蛤新扠好
산 채로 소반에 넣으니 스스로 입을 연다네.　　生致盤中呀自開[304]

위는 〈금관죽지사〉 30수 중의 제9수다. 기구와 승구에서 어업에 종사하는 어부들이 배를 타서 고기를 잡고 아침부터 저녁까지 시장에서 파는 모습을 기술하였다. 전구와 결구에서는 어부들이 잡은 신선한 여합을 등장시켰다. 또한 그중의 제16수 "범방대 앞의 범방진이라, 曹家 정자는 작년에 새로 지었다네. 언제나 달빛 밟으며 강 하류로 내려갈까? 범방진에서 곧장 취포 물가에 이른다네〔汎舫臺前汎舫津, 曹家亭子去季新. 何時蹋月下江去, 汎舫直到鷲浦濱〕."[305]에서 강가 사람들의 일상 노동의 동향과 경로를 묘사하였다. 이학규는 어업을 생업으로 삼고 있는 김해 강가 어부들의 일상을 자신의 작품에 두루 담아냈다.

권택용의 〈대평죽지사〉 12수에도 강가에서 지내는 고향 사람들의 일상이 담겨져 있다. 예를 들어 제8수 "검은 머리 짝을 불러 가벼운 비단 빠는데, 빨래질 소리에 해가 저물려 하네. 웃으며 말하기를 강 오른편으로 떠나간 신랑, 내일 아침이면 쌀 팔아 집으로 온다고 하네〔烏鬢招侶浣輕紗, 洗濯聲中日欲斜. 笑謂阿郎江右去, 明朝販米卽歸家〕."[306]라는 구절을 보면, 앞에는 여자가 강가에서 빨래를

---

304) 李學逵, 『洛下生全集』 冊四, 〈金官竹枝詞〉, 三十首, 其九.
305) 李學逵, 『洛下生全集』 冊四, 〈金官竹枝詞〉, 三十首, 其十六.
306) 權宅容, 『惕窩先生文集1』, 〈大坪竹枝詞〉 十二首, 其八.

하는 장면, 뒤에는 생계를 위해 쌀을 팔러 떠난 신랑의 모습을 등장시켰다.

윤정기는 가계의 세거지인 금릉을 대상으로 하여 지은 〈금릉죽지사〉 25수에서 고향 사람들의 생계노동, 유유자적한 모습, 또는 민간인의 苦衷 등 다양한 측면을 다루었다.

삼월의 석문에서 이른 꾀꼬리 나는데	石門三月早鶯飛
쪽진 머리 눈썹까지 삐져 내려온 시골 여인 통통하여라.	仄髻當眉野女肥
댓잎에 물고기 싸매어 장터에 갔다가	竹葉包魚趁虛去
귀밑에 살구꽃 꽂아 차 따고 돌아왔다네.	杏花挿鬢採茶歸[307]

위는 〈금릉죽지사〉의 제7수로, 봄날 시골 여인들의 일상생활을 묘사한 작품이다. 승구에서 쪽진머리 눈썹까지 삐져 내려온 시골 통통한 여인의 모습을 생생하게 묘사하였다. 전구와 결구에서 댓잎에 물고기 싸매어 장터에 갔다가 귀밑에 살구꽃을 꽂고 차를 따고 돌아온 모습을 세세하게 그려냈다. 아침부터 저녁까지 시골 여인들의 유유자적한 하루의 일상을 기록하였다. 제10수 "머리 빠진 맨발 차림의 못생긴 촌 아낙네, 울타리에 치자꽃 핀 포구 위가 집이라네. 베 짜고 김매기를 다 마치고 나면, 소금 팔고 조개 주워 생계를 꾸려가네(黃頭赤脚村娥醜, 籬落梔花浦上家. 織布耕田完事業, 鬻鹽撈蛤

---

307) 尹廷琦, 『舫山遺藁』, 〈金陵竹枝詞〉 二十五首, 其七.

理生涯)."^308)에서도 시골 못생긴 여인의 모습을 등장시키면서 노동으로 분주한 일상을 형상화하였다.

윤정기는 고향 여인들의 생활 일상을 관찰하면서 이들의 고충에 주목하기도 하였다.

옥천의 젊은 아낙 창가에서 베 짜는데	玉川少婦當囱織
베틀 위 열 손가락 얼어 터지려 하네.	十指機頭凍欲穿
시어머니 저고리 없고 아이들 바지도 없건만	姑老無襦兒不袴
베 팔아 와서 먼저 세경부터 막아야 한다네.	賣來先防所耕錢[309]

위는 제17수이다. 기구와 승구에서 젊은 여인들이 추운 날씨에도 열심히 베를 짜고 있는 모습을 묘사하였다. 전구에서는 집에서 매일 베를 짜는데도 가족들이 입을 옷이 없다는 현실을 말하였고 결구에서는 그 이유를 밝혔다. 바로 所耕 요역에 있다. 소경의 요역은 戶가 보유한 所耕田의 다소에 따라 人丁을 내는 요역이다.[310] 여기에서 당시 과중한 요역으로 착취당하고 있는 고향 백성들의 살기 고됨을 보여줌으로써, 국가의 요역 제도에 대해 비판적인 태도를 드러냈다.

신석우는 부임지에서 현지민의 각종 생계노동과 일상 생활상을 관찰하여 〈이진죽지〉 20수에 담아냈다. 그는 지방관으로서 현지의

---

308) 尹廷琦, 『舫山遺藁』, 〈金陵竹枝詞〉 二十五首, 其十, 번역은 김명순 위의 책 131쪽의 번역을 참고하되 문맥을 고려하여 일부 수정하였다.
309) 尹廷琦, 『舫山遺藁』, 〈金陵竹枝詞〉 二十五首, 其十七, 번역은 김명순 위의 책 135쪽의 번역을 참고하되 문맥을 고려하여 일부 수정하였다.
310) 有井智德, 「朝鮮初期の徭役」, 『朝鮮學報』 30·31, 朝鮮學會 1963, 97쪽.

민생에 주목하였다.

    돌무늬 치밀하고 색깔은 까마귀마냥 검붉은데   石紋縝密色如鴉
    주전자에 새긴 솜씨 정교해 옛 법식에 통하였네.   銚樣精工博古家
    목로의 시에서 샘물이 남다르다 하였으니   牧老詩中泉味別
    팥배싹으로 만든 우전차를 새로 마셔보네.   棠梨新試雨前茶[311]

위는 〈이진죽지〉의 제3수이다. 기구와 승구에서 현지의 검은 돌과 이로 만든 주전자가 나온다. 전구와 결구에서 이색의 시를 염두에 두며 오석 주전자로 팥배나무 우전차를 마시는 유유자적한 모습을 그려냈다. 이와 관련하여 "읍에서 烏石이 나는데, 이를 캐어내 彛鼎으로 만들면 못 만들 것이 없다. 그중에서도 찻주전자를 만들면 가장 좋으니 차 맛이 변하지 않는다. 이색의 시 가운데 '샘물은 반공중에서 쏟아져 내리네.'라는 구절이 있는데, 산중의 차 가운데 팥배싹이 훌륭하다〔邑産烏石, 採造彛鼎, 無所不可. 最宜茶銚, 令茶味不變. 牧老有飛泉懸半空之詩, 山中茶品, 以棠梨芽爲佳〕."라는 주석에서 이진의 특산물인 오석이 찻주전자 만들기에 가장 좋고 차 맛이 변하지 않는다고 극히 칭찬하였다. 이색의 〈伊川歌〉[312]에서 묘사한

---

311) 申錫愚, 『海藏集』 卷之四, 〈伊珍竹枝〉 二十首, 其三.
312) 李穡, 『牧隱藁』 卷之十五, 〈伊川歌〉, "典客郞君向山後, 茅屋石田知幾畝. 崖傾飛泉懸半空, 路入危巓磨北斗. 石壁雲埋有字苔, 玉井月照如船藕. 往來處處逢野僧, 談笑時時値林叟. 居民淳朴供鷄黍, 縣令蕭條具牛酒. 雖然風俗近鄙野, 幸是人情尙淳厚. 我今病臥欲還鄕, 每遇酣歌聊擊缶. 門前誰復致生芻, 筆下自知無雍臼. 眼花落井賀秘書, 齒搖盆脫韓吏部. 欲從濂洛泝眞源, 直恐乾坤似豐芑. 只向

이진의 샘물과 팥배나무 우전차의 훌륭함을 자세히 풀어 설명하였다. 이는 작가가 지방관으로 민생을 살펴보고, 현지의 각종 물산을 높이 칭찬하였던 것으로 이해할 수 있다.

또한 그중의 제4수 "보릿가루 떡 향기 좋은 고미탄, 벌 삼백 통을 기른 백림원이라. 산중의 늙은이 배부름에 무얼 해야 할지 알았나니, 서당을 처음으로 열어 자손을 가르쳤네〔麥粉餻香古味呑, 蜂筒三百柏林園. 山翁腹飽知何事, 草創書堂課子孫〕."313)라는 구절은 현지의 보릿가루 떡과 벌 등 풍부한 물산을 소개하였다. 그리고 잘 사는 산중의 늙은이가 서당을 처음으로 열어 자손들을 가르치는 것을 일삼았다는 安居樂業의 모습을 그려냈다.

날씨가 새로 개어 딱 모내기 철이 되자	新晴恰到揷秧時
쌀밥과 바닷고기로 논에서 일하는 이들 대접하네.	稻飯魚臑餉水薔
아전들이 아침마다 다투어 휴가를 청하니	衙役連朝爭告暇
고을 원은 본디 農師가 되어야 마땅한 법이라.	長官本合作農師314)

위는 제13수이다. 첫 부분은 봄날 농경 활동의 실제적인 모습을 묘사하였다. 그리고 지방관아에 딸린 아전들이 집안의 농사를 돕기 위해 앞다투어 휴가를 청하는 모습과 지방관이 부지런한 백성들에게 농사를 이끌어 가르치는 역할을 해야 함을 강조하였다. 이는 지

　殘年更料理, 道德文章垂不朽."
313) 申錫愚, 『海藏集』 卷之四, 〈伊珍竹枝〉 二十首, 其四.
314) 申錫愚, 『海藏集』 卷之四, 〈伊珍竹枝〉 二十首, 其十三.

방관으로서의 본직이 무엇인지를 보여주는 것이다.

신석우와 같은 맥락에서 강진은 안협 현감을 지낼 때 지은 〈아진죽지〉 5수에서 현지의 민생과 관련된 것들을 집중적으로 다루었다. 예를 들어 그중의 제1수 "아이 쿨쿨 자고 아낙네 명아주 삶고 있을 때, 콩 같은 새벽 별빛이 강물 서쪽에서 비추네. 아침에 산마루 너머 부대로 가는데, 흰 수건으로 이마 감싸고 짧은 호미 들었네〔兒眠駒駒 婦蒸藜, 似荳殘星在水西. 早向山頭浮垈去, 白巾纏額短鋤提〕."[315] 에서는 새벽에 농사 준비를 시작하는 것부터 묘사하였다. 또한 제2수 "갯논에 바람 따스하고 보리가 누렇게 익어갈 무렵, 용구강 가에서 쏘가리를 잡네〔浦田風暖麥黃初, 龍九江邊獵鱖魚〕."[316]에서는 가을철에 농민들이 추수를 하는 장면을 그려냈다. 백성들이 잘 사는 모습을 거듭 등장시켜 지방관이 관할지를 잘 다스렸음을 보여주려는 의식이 잘 드러났다.

한편, 지방관이었던 신석우나 강진과 달리 조면호는 宦路에 들어서지 않은 사대부여서 백성의 생활을 관찰하는 시각에 차이를 보인다. 그는 백성들의 일상을 관찰하면서 존재하였던 여러 문제와 고충을 포착하여 직접적으로 폭로하였다.

| 얼음처럼 맑고 옥처럼 고결한 명성으로 | 冰淸玉潔好名聲 |
| 벼슬살이 만리 길을 당당히 나섰지만, | 雲路堂堂萬里程 |

---

315) 姜溍, 『對山集』 卷之二, 〈阿珍竹枝〉, 五首, 其一.
316) 姜溍, 『對山集』 卷之二, 〈阿珍竹枝〉, 五首, 其二, "浦田風暖麥黃初, 龍九江邊獵鱖魚. 官北村南齊荷索, 兩頭圍去曳弓如."

금석산 빛이 시력을 앗아갔는데　　　　　　　金石山光奪眼去
다시 누가 이전의 밝음 지켜줄 수 있으랴?　　更誰能保前時明[317]

　　위는 조면호의 〈용만죽지〉 20수 중의 제9수다. 대개 용만 지역의 부패상을 폭로하는 내용으로 이루어졌다. 먼저 용만부 부윤의 명성이 얼음처럼 맑고 옥처럼 고결함을 언급하다가 마지막에 "누가 이전의 밝음을 지켜줄 수 있겠는가?"라는 의문문으로 끝맺어 누구든 한결같이 청렴한 부윤으로 남기 어렵다는 뜻을 표출하였다. 특히 작품 뒤에 "근년에 합안전이 부윤에게 존재한 하나의 큰 폐해이다〔近年闔眼錢, 爲府尹一大弊〕."라는 주석은 근년에 용만 지역에서 가장 큰 병폐가 합안전임을 밝혔다. '합안'이란 남의 허물을 보고도 모르는 척한다는 뜻으로 '합안전'은 관리들의 암묵적 부패를 가리킨다. 참고로 李圭景(1788~1856)의 「八路利病辨證說」에서는 용만이 중국과 인접한 곳이라 변경 무역이 번창한 가운데 각종 비리가 생겼는데 합안전 폐정은 바로 그중의 하나라고 소개한 바 있다.[318]

　　또한 〈용만죽지〉의 제7수 "용만은 이윤을 일삼아 통상을 중시하는 곳이라, 동지사 떠날 때면 열 배는 흥성거렸지. 각국 사람 몰려와

---

317) 趙冕鎬, 『玉垂集』 卷之二十三, 〈龍灣竹枝〉 二十首, 其九, 번역은 김용태, 「옥수 조면호의 '기속시' 연구」, 『동방한문학』 제 24권, 동방한문학회, 2003, 190쪽의 번역을 참고하되 문맥을 고려하여 일부 수정하였다.
318) 李圭景, 『五洲衍文長箋散稿』, 〈八路利病辨證說〉, "義州號稱灣營, 或作龍灣, 處於兩界要衝之地. 燕貨委積, 管檢搜驗之際, 富商大賈所挾者, 無非禁物. 且應行常貨, 不入禁條者, 收稅亦夥. 一經使行, 所收之稅, 已極不貲. 而禁物潛賄, 難可搜數. 名以闔眼錢者, 以至數十萬金."

날마다 개항을 하니 앞으론 너희들도 다급해지겠구나〔灣州業利重通商, 年使興成十倍常. 各國人來日開港, 前頭爾輩亦蒼茫〕."³¹⁹⁾의 기구와 승구에서 변경 도시 용만이 청나라와의 변경 무역이 잘 되었던 번창한 곳이었다고 하였다. 특히 동지사가 지나갈 때 더욱 흥성하였던 시기를 회상하였다. 전구와 결구에서는 당시 구미 자본주의 나라들이 계속 한국에게 통상을 요구하고 있는 상황인데 만약에 개항을 하게 되면 용만 상인들이 피해를 볼 수 있다며 우려를 보였다. 또한 작품 뒤의 주석 "각국과 개항한 이래 용만의 상인들은 반드시 이익을 잃게 될 것이다〔自各國開港, 灣商必失利〕."에서 개항이 용만의 상인들에게 손해를 입힌다고 하여 개항을 반대하는 의사를 보였다.

청어 한 두름 값이 열 냥이나 하니	一級靑魚十兩錢
세간의 모든 물건값 모조리 그 모양이네.	世間百種盡然然
어떻게 올 한해 지출을 감당할 수 있을까?	云何抵得今年用
그 돈이면 다른 때 오십 년은 살 텐데.	可敵他年五十年³²⁰⁾

위는 조면호의 〈죽지〉 15수 중 제1수다. 첫머리에서는 청어를 비롯한 모든 물가가 급등한 정황을 포착하였다. 이렇게 값이 폭등하게

---

319) 趙冕鎬, 『玉垂集』 卷之二十三, 〈龍灣竹枝〉 二十首, 其七, 번역은 김용태, 「玉垂 趙冕鎬의 시문학에 담긴 開港 10년」, 『고전과 해석』 제1집, 고전문학한문학연구학회, 2006, 114쪽의 번역을 참고하되 문맥을 고려하여 일부 수정하였다.
320) 趙冕鎬, 『玉垂集』 卷之二十五, 〈竹枝〉 十五首, 其一, 번역은 김용태, 위의 논문 (2003), 196쪽의 번역을 참고하되 문맥을 고려하여 일부 수정하였다.

된 역사적 계기는 개화를 시도한 甲申政變(1884년)의 실패로 인하여 조선의 시국이 매우 불안해졌기 때문이다. 심지어 當百錢에 이어 當五錢과 같은 화폐의 주조로 말미암아 인플레가 극심한 상태였다.[321] 작가는 일상에서 목격한 물건값 폭등 사정을 죽지사에 담아내어 사회적 문제를 폭로하였다. 그리고 〈추보용만죽지〉 5수에서도 민중과 사회가 직면한 문제를 폭로하였다. 그리고 "용만부의 잡기는 고치기 어려운 폐단이 되었다〔本府雜技, 成一難醫之瘼〕."[322]라는 주석을 달아 그 현지민의 陋習인 잡기의 심각함을 들춰내기도 하였다.

이처럼 조면호는 벼슬을 하지 않은 사대부 문인이었으나, 당시 백성들의 생활과 직면한 문제에 대해 많은 관심을 가졌다. 지방관의 부패, 민간인의 누습, 나라의 실패한 개혁, 또 외국 열강에서 비롯한 위기 등 각종 사회적 문제를 죽지사에서 담아냈다.

정리하자면 당시 민중의 일상생활을 주제로 삼은 죽지사를 통해 민중의 삶을 파악할 수 있다. 다만 또한 작가 신분의 차이로 백성의 일상을 세심하게 관찰하는 시각과 투영된 태도에서 차이를 보인다.

작가가 고향을 다룬 작품을 보면 고향 사람들의 일상 생계노동과 유유자적한 여가 활동을 다루면서 각종 고충도 놓치지 않고 담아냈다. 지방관이 부임지를 읊은 작품에서는 현지의 풍부한 물산, 백성들이 안거낙업하는 모습 등 주로 긍정적인 면을 보여줬다. 벼슬을

---

321) 김용태, 위의 논문(2003), 196쪽.
322) 趙冕鎬, 『玉垂集』 卷之二十四, 〈追補龍灣竹枝〉 五首, 其三, "雜技平民大害財, 官家禁飭至嚴哉. 生憎討捕將校惡, 富漢江牌不捉來." 註釋: "本府雜技, 成一難醫之瘼."

하지 않은 조면호 같은 사대부 문인은 당시 여러 지방을 유람하면서 지방관의 부패, 민간인의 누습, 나라의 실패한 개혁, 또 외국에서 비롯한 위기 등 각종 사회적 문제를 밝혔고 비판적인 태도를 표하였다. 이러한 죽지사를 통해 조선 백성들의 진실한 생활의 여러 일면을 파악할 수 있을 뿐만 아니라 당시 조선 지식인들이 민간에 대한 인식과 태도를 엿볼 수도 있다.

③ 민간풍속: 민간신앙과 풍속문화의 인식

민간의 풍속은 민간에서 기원한 죽지사에서 흔히 다루어진 주제다. 하지만 조선 전기와 중기의 경우 일부 죽지사에서만 풍속이 언급되었다. 그러나 조선 후기에 들어서면 조선의 각양각색의 일반풍속과 세시풍속을 집중적으로 다룬 죽지사가 활발하게 창작되는 양상을 보인다. 이러한 죽지사는 해당 지역 민간생활의 일부분으로 풍속을 다루거나, 구체적인 명절이나 풍습의 명칭으로 제목을 짓거나, 조선 전국의 각종 세시풍속을 집중적으로 다룬 風俗志의 성격을 띠는 등 여러 특징으로 나뉜다. 이러한 죽지사를 통해 조선 민간인의 신앙 및 풍속문화의 변모 양상과 지식인들의 풍속에 대한 인식을 파악할 수 있다.

첫째, 풍속을 지역 생활의 일부분으로 읊은 작품으로는 유호인의 〈함양남뢰죽지곡십절〉, 이홍남의 〈양화도죽지가팔장〉, 이학규의 〈금관죽지사〉, 박규수의 〈강양죽지사〉, 신석우의 〈이진죽지〉와 윤정기의 〈금릉죽지사〉 등 지역 죽지사를 대표작으로 들 수 있다.

유호인은 〈함양남뢰죽지곡십절〉에서 함양 지방 민간인의 일상생활을 다루었다. 農神 및 江神 제사를 비롯한 민간신앙 습속을 기술하였다. 예를 들어 그중의 제2수 "성의 남북에 닭 돼지 요란하네, 밭의 신에게 지내는 푸닥거리 끝나자 곡우 비 내려 어둑어둑[城南城北鬧鷄豚, 賽罷田神穀雨昏]."[323)]에서는 풍년을 빌기 위해 농신 제사를 지내는 푸닥거리 활동을 다루었고, 제9수 "나이 어린 총각 江神께 절 올리며, 운명 기구한 이는 되지 않게 해달라 남몰래 기도하네[嬰年總角拜江神, 暗禱休爲薄命人]."[324)]에서는 그 지역에서 치러진 강신굿이 언급된다.

이홍남은 〈양화도죽지가팔장〉 제1수 "노파는 푸닥거리하러 叢祠에 가고, 어여쁜 딸만 남아 사립문 지키네[主嫗叢祠賽神去, 秖留嬌女守柴扉]."[325)]에서는 현지민이 여러 신을 모신 총사에서 푸닥거리를 하는 장면을 보여줬다.

신석우는 부임지 이천을 대상으로 지은 〈이진죽지〉 20수 중의 제1수 "산골 아가씨 들꽃처럼 예쁜데 때마침 오월 단옷날을 맞았네. 시어머니 춤추고 서방님은 씨름하는데, 앞 골목에 가서 그네뛰기나 해볼까?[峽村兒女野花嫣, 正値端陽五月天. 母也婆娑夫角抵, 前街試去踏鞦韆]."[326)]라는 구절은 이진 지역 단오절의 등고, 추천과 각종 풍속을 다루었다.

---

323) 俞好仁, 『濡谿集』 卷之二, 〈咸陽灆溪竹枝曲十絶〉, 其二.
324) 俞好仁, 『濡谿集』 卷之二, 〈咸陽灆溪竹枝曲十絶〉, 其九.
325) 李洪男, 『汲古遺稿』 卷上, 〈楊花渡竹枝歌八章〉, 其一.
326) 申錫愚, 『海藏集』 卷之四, 〈伊珍竹枝〉 二十首, 其一, 번역은 김명순, 위의 책 49쪽의 번역을 참고하되 문맥을 고려하여 일부 수정하였다.

윤정기는 고향을 읊은 〈금릉죽지사〉 가운데 제5수 "이웃집 처자들 무리 지어 웃으며 달려가니, 앞마을에서 매귀굿을 떼지어 성대하게 치른다네〔羣羣譁笑走鄰娘, 罵鬼前邨作隊狂〕."³²⁷⁾라는 내용과 작품 뒤에 "호남에서 매년 초하룻날에 붉은 옷을 입고 징과 북을 치면서 시끄럽게 하는 것을 매귀라고 부르는데, 대개 역신과 악귀를 쫓는 것이다〔湖南每歲首, 着赤衣鉦皷鬧轟謂之罵鬼. 盖逐厲疫惡鬼也〕."라는 주석에서 금릉 지역 정월의 풍속을 소개하였다.

또한 이학규는 금관 지역을 대상으로 읊은 〈금관죽지사〉와 〈금관기속시〉에서 금관 지방 각종 풍습을 세밀하게 담아냈다. 〈금관죽지사〉에서는 대보름³²⁸⁾, 중춘³²⁹⁾ 및 기타 여러 제사 활동³³⁰⁾을, 〈금관기속시〉에서는 금관의 원일³³¹⁾, 대보름³³²⁾, 입춘³³³⁾, 중춘³³⁴⁾, 삼월망

---

327) 尹廷琦, 『舫山遺藁』, 〈金陵竹枝詞〉 二十五首, 其五.
328) 李學逵, 『洛下生集』 冊四, 〈金官竹枝詞〉 三十首, 其十四, "元宵乞皷春噎發, 萬喚千呼愁地神. 一拍繁聲串珠落, 場中羞殺舞腰人." 註釋: "元宵, 府中以鐃皷, 致四方地神, 謂之乞皷."
329) 李學逵, 『洛下生集』 冊四, 〈金官竹枝詞〉 三十首, 其二十一, "仲春之旬嶺登天, 百隊鳴鴉風打船. 人家隨例昏時餞, 瀝酒炊糕星月前." 註釋: "嶺南二月, 祀風神曰嶺登神."
330) 李學逵, 『洛下生集』 冊四, 〈金官竹枝詞〉 三十首, 其二十五, "大巫結束似男童, 小腰長裾不肯紅. 腰鼓銅鉦合徐奏, 第三席次大丁東."; 其二十七, "旱天掛佛去燒香, 掃地隨便作道場. 東社盲師急鼗皷, 西廂素女引龍王." 註釋: "天旱, 府中禱雨, 掛丈六佛幀, 謂之掛佛."
331) 李學逵, 『洛下生集』 冊十三, 〈金官紀俗詩〉 七十八首, 其七十, "月正元日乞供晨, 串皷鏗鏗喚地神. 何物惱人酸學究, 就中能笑復能嚬." 註釋: "歲朝, 邨人結隊, 槌皷擊鈸, 巡行各家, 謂之乞供. 一人戴假面, 作學究軆態以相取笑."
332) 李學逵, 『洛下生集』 冊十三, 〈金官紀俗詩〉 七十八首, 其十四, "上元閱月古南城, 列隊豪橫曳索聲. 柭柭木毬都打盡, 一時耕種事還生." 註釋: "府中上元夜, 爲拔河戲, 傾城縱觀, 俗謂柭柭爲豊登, 木毬爲贈公, 歲首盛爲此戲."

일[335] 등 각종 풍속을 두루 다루었다. 여기에서는 중춘을 다룬 작품을 예로 들어 살펴본다.

중춘 때가 되면 嶺登神에게 제사 올려	仲春之旬嶺登天
온 떼거리 윙윙거리고 바람이 배를 친다.	百隊鳴鴉風打船
인가에선 예에 따라 저물녘에 잔치하며	人家隨例昏時餞
성신과 월신 앞에 술을 붓고 떡을 바친다네.	瀝酒炊糕星月前[336]

영등신 내린 뒤에 가장 성을 내시니	靈童降後最生嗔
상복 입은 상주 같이 차리고 상을 올리네.	羹獻喪輀與棘人
연등 겨우 마치고 바로 이어서 목욕재계하고	纔了燃燈仍澡沐
동산에 가서 本鄕神에게 재를 올리네.	東山去賽本鄕神[337]

---

333) 李學逵, 『洛下生集』 冊十三, 〈金官紀俗詩〉 七十八首, 其七十一, "迎春簫鼓土城陰, 眞有糟邱與肉林. 惟恨大家無兩腹, 一人人爲一衣襟." 註釋: "立春日, 府戶長具公服, 鼓吹前導, 至東城門外春場內迎春. 是日, 盛備殽羞, 祭芒神及先農, 祭畢讌飮, 盡懽而罷."

334) 李學逵, 『洛下生集』 冊十三, 〈金官紀俗詩〉 七十八首, 其七十二, "靈童降後最生嗔, 羹獻喪輀與棘人. 纔了燃燈仍澡沐, 東山去賽本鄕神." 註釋: "仲春之月, 各家祭風神, 謂之靈童神. 是月, 忌凶服人不相問訊, 尤忌磔狗, 各家每春, 登山燃燈供佛, 就東山神巫堂中賽鬼, 謂之省本鄕."

335) 李學逵, 『洛下生集』 冊十三, 〈金官紀俗詩〉 七十八首, 其七十三, "海倉三月月初圓, 簫篴誼誼送漕船. 但得船王饒解事, 不愁飛度碇渠前." 註釋: "邑例三月望日, 就竹島江口, 發送漕船. 是日, 祭船王神, 觀者傾城."

336) 李學逵, 『洛下生集』 冊四, 〈金官竹枝詞〉 三十首, 其二十一, 번역은 김성진, 「이학규의 〈금관죽지사〉 연구」, 『문창어문논집』 26권, 문창어문학회, 1989, 96쪽의 번역을 참고하되 문맥을 고려하여 일부 수정하였다.

337) 李學逵, 『洛下生集』 冊十三, 〈金官紀俗詩〉 七十八首, 其七十二, 번역은 김명순, 위의 책 48쪽의 번역을 참고하되 문맥을 고려하여 일부 수정하였다.

위의 인용문은 〈금관죽지사〉의 21수와 〈금관기속시〉의 72수다. 두 작품은 금관 지역 중춘 시절에 풍신에게 제사를 올리는 풍속을 등장시켰다는 공통점이 있다. 그러나 시적 묘사와 시선에는 다소 차이가 보인다. 첫 번째 작품은 사람들이 중춘 시절에 낮부터 저녁까지 제사를 지내는 과정에 초점을 맞추었다. 그리고 뒷부분에 "영남 이월에 풍신에게 제사를 지내는 것을 영등신이라고 한다[嶺南二月, 祀風神曰嶺登神]."라는 주석을 달아 영등 풍속에 대해 간단히 설명함에 그쳤다. 두 번째 작품은 제사의 대상인 신령에 더 주목하였다. "중춘달에 집집마다 풍신에게 제사를 올리는 것을 영동신이라고 한다[仲春之月, 各家祭風神, 謂之靈童神]."라는 주석을 통해 풍신 제사의 이칭인 '영동신'을 확인할 수 있는 점도 작가의 성향이 그러함을 뒷받침해주는 증거다. 그리고 작가는 〈靈童辨〉를 지어 습속의 기원과 변모, 폐단을 자세히 기술하기도 하였다.[338] 이러한 사실을

---

338) 李學逵, 『洛下生集』 冊十一, 〈靈童辨〉, "嶺南之俗, 每歲仲春, 各家祀靈童神, 或曰"嶺登神", 或曰"風神", 又曰"風婆". 祭用醴酒, 粢餌, 羹臛. 男婦齋沐虔肅, 自搢紳世族, 以至邨畯愚甿, 靡狀同風. 或曰: "神本嶺左某嗯童子, 以歲仲春而死, 有靈應能禝福人, 一嗯敬事之. 末俗寢訛, 轉相慕效, 至于今日而極矣." 愚按羅麗之世, 尤尙淫祠, 如鼻荊郞, 豆豆乙, 龍王, 帝釋等名目甚多. 而鼻荊謂之王子. 龍王, 帝釋, 另有祠院, 自王家祀饗之. 惟豆豆乙, 爲李義旼家所奉, 亦未聞大嶺之外, 萬姓之衆, 家祝而戶禠之, 如今日之靈童者也. 設若靈童, 夭于鬌齡, 則下殤不當有祭. 祭亦不當及于它族也. 設若非童子, 季代寢邈, 以其族班袝, 親盡必已久矣. 設又如勝國之四太師, 我朝之五先生, 必有安靈之所, 必有肢享之典. 各家安得以徧祭之? 設又如俗所云風婆, 風神, 風雲雷雨, 載于祀典, 國王祭之, 庶人安得以私享之? 嶺南素號我東鄒魯, 名賢碩士, 霞蔚鵲起, 其於非其鬼不祭之義, 固當講之熟矣. 彼邨蠢愚甿, 固不足訓. 不謂絃誦古家簪纓世族, 而不怵乎好鬼之目. 不恥乎巫覡之事. 自底乎淫邪鹵莽之科, 而不自覺也. 或曰: "廢靈童固不難, 而如殃報之至, 奈何?" 畬曰: "昔西門豹沈巫于河, 狄梁公徧毀淫祠, 未聞由此而見受殃報, 君子見理卿則心不惑, 信道篤則邪不犯, 豈區區靈童所能逞虐者耶?"

미루어보면 이학규는 금관 지역의 각종 풍속에 주목하여 죽지사에서 집중적으로 다루었음을 알 수 있다.

이처럼 각 지역 죽지사는 민간 풍속을 다루는 데 백성들이 地神과 風神, 雨神 등 농사를 주관하는 신령에게 제사를 올리는 푸닥거리가 시적 소재로 많이 쓰인다. 이를 통해 조선의 백성들이 豐農의 실현을 위해 관련 신령에게 제사를 올렸던 민속신앙의 양상을 파악할 수 있다.

두 번째로는 명절이나 풍습을 핵심 주제로 기술한 작품이다. 대표적인 작가와 죽지사는 강필신의 〈寒食紀俗〉과 〈上元紀俗〉, 강박의 〈元朝紀俗〉, 〈上元紀俗〉, 〈寒食紀俗〉, 범경문의 〈元朝雜體〉와 〈元夕雜體〉, 조수삼의 〈上元竹枝詞〉, 김려의 〈上元俚曲〉, 유득공의 〈端陽雜絶〉, 조면호의 〈端陽絶句〉 등이 있다. 그중에 가장 많이 소재로 다룬 것은 설날과 대보름이다. 그 외에 한식과 단오절의 광경도 적잖게 표현되었다.

먼저 한 해의 시작을 읊은 죽지사로 강필신의 〈원조기속〉 20수와 강박의 〈원조기속〉 20수를 살펴보겠다. 강필신과 강박은 서로 교유하였을 뿐만 아니라 시를 주고받을 정도로 막역한 사였다.[339] 그래서인지 두 작가가 풍속을 관찰, 묘사하는 시각이 유사하다. 두 시인의 작품은 궁궐을 비롯하여 서울의 민가까지의 설날 풍속을 다루었는데 각 신분별로 지내는 명절과 풍속에 시선을 옮겨가면서 형상화한

---

[339] 姜樸, 『菊圃集』 卷之五에 수록된 〈寒食和慕軒〉과 〈醉中慕軒〉 등 작품을 통해 두 사람이 서로 시를 주고받았던 사이였음을 알 수 있다.

것이다.[340] 두 작가의 죽지사에는 명절 때 사람들의 즐겁고 활력이 넘치는 유유자적한 모습이 많이 보인다.

위의 두 작가가 공들여 읊은 원조의 각종 풍습은 범경문의 〈원조잡체〉 6수에서도 표현된다.[341] 하지만 중인 출신의 범경문은 상대적으로 민중의 영역에 보다 많이 주목하였다.

工商과 吏卒이 각기 분분히 총망한데	工商吏卒各紛忙
사방에서 와서 매매에 힘쓰는구나.	買賣經營來四方
부자들은 근심 없이 웃음 짓는 날에	富者無憂歡笑日
가난한 자만 쓸쓸히 길게 탄식하는구나.	貧人冷落愁歎長[342]

인용한 부분은 〈원조잡체〉의 제2수다. 여기에서 공인과 상인, 아전과 군졸, 부자와 가난한 자, 각 계층의 사람들이 각기 맞이하는

---

340) 예를 들어 姜必愼, 『慕軒集』 卷之二, 〈元朝紀俗〉 20수의 제12 "街頭幼女笑徘徊, 兩臉桃花一樣開. 憐渠不是屠穌醉, 新自姨家踏板來."와 姜樸, 『菊圃集』 卷之五, 〈元朝紀俗〉 20수의 제9수 "官家放禁巷閭遊, 件件綾羅僭不愁. 少婦分曹爭踏板, 羣兒擲栖賭先籌."에서는 발판에 대해 소개하였다; 강필신의 제13수 "㩲餠便便㩲餠長, 氷砂果品滿盤香. 客來有酒無多醉, 今日偏嫌面發光."와 강박의 제1수 "舊歲去盡新歲至, 月正元朝爲元正. 俗風是日重湯餠, 前夕家家擊餠聲."에서는 설날 때 먹는 세병을 다루었다; 또한 강필신의 제18수 "沿道高呼乞米僧, 十家難得一家應. 直過三朝齊上寺, 鉢囊殘粒劣盈升."와 강박의 제7수 "京山寺寺小沙門, 伴偶來城乞化喧. 富家捨米爲功德, 三日持歸供世尊."에서는 쌀을 구하는 중을 대상으로 하였다.
341) 范慶文, 『儉巖山人集』 卷之二, 〈元朝雜體〉 六首, 其六, "晦初之際須紛鬧, 打餠聲歇跳板聲. 齋米山僧相繼至, 聲聲盡是樂昇平."에서 세병, 발판과 쌀을 구하는 중의 모습을 다루었다.
342) 范慶文, 『儉巖山人集』 卷之二, 〈元朝雜體〉 六首, 其二.

새해 첫날의 모습을 읊었다. 특히 전구와 결구에서 부유층이 근심 없이 웃으면서 새해를 맞이하는 모습과 빈곤층의 근심스럽고 한탄하는 모습을 대비시킴으로 강한 대조를 이루었다. 이를 통해 빈곤의 차이가 심한 사회적 현실을 우려하고 비판하는 태도를 보였다.

현실에 대한 이러한 비판적인 의식은 〈원조잡체〉의 첫머리 "그믐날 이전에 악착같이 지내던 사람들이, 새해 첫 삼일 동안은 돈후한 풍속이 많구나〔晦日以前人齷齪, 新年三日多淳風〕."에서 잘 드러났다. 작가는 각 계층의 평소의 모습과 새해 첫날의 풍속을 대비함으로 미풍양속에 어울리지 못하는 사람들의 비루하고 가난한 진실한 모습을 폭로한 것이다.

즉 범경문처럼 백성과 보다 가깝게 지내는 중인 출신의 작가는 사대부 문인의 입장인 강필신과 강박이 민속을 관찰한 시각과 달리 하층민에 더 주목하여 이들의 어려운 살림과 가난한 풍속을 묘사하는 데 집중하였다.

이어서 정월 대보름을 다룬 작품들을 살피고자 한다. 정월 대보름을 소재로 삼은 작품들 가운데 조수삼의 〈상원죽지사〉 15수[343]가 주목된다. 조수삼은 중인 출신의 문인으로 민중들과 가까이 생활해서 그들의 문화에 익숙하였다. 그래서 대보름의 풍습들인 '迎猫', '禾竿', '紙鳶', '藥飯', '納土', '移井', '羅睺', '聽鍾', '踏橋', '石戰',

---

343) 趙秀三, 『珍珠船襪存』, 〈上元竹枝詞〉 十五首. 김영죽, 위의 논문(2008c)에서 조수삼이 1차 연행 이후의 인간사에 대한 관심 촉발과 조선 고유의 문화에 대한 애정과 관심이 그 저작 동기의 주를 이루었다고 할 수 있으며, 이는 「세시기」, 「상원죽지사」에서 구체적으로 형상화되었다고 소개한 바 있다.

제4장 창작 의식과 표현 방식의 특징 **185**

'九食', '賣喝', '嚼腫', '固齒', '治聾'을 생생하게 다룬 바 있다. 여기에서는 조선의 대보름 풍습을 다룬 작품부터 보겠다.

맛 좋은 꿀에다 설탕을 섞고	津津石蜜和糖霜
찰밥에다 여러 과향을 섞어 엉겨 굳혔네.	粳飯黏匙雜菓香
성 위에 우는 까마귀 편지 물고 있었으니	城上啼烏銜尺紙
신라왕 그 옛날 거문고 갑을 쏘았다네.	羅王何日射琴囊[344]

조수삼의 〈상원죽지사〉 중의 〈약반〉이란 작품이다. 기구와 승구에서 약반의 재료와 제작 과정을 기술하였고, 전구와 결구에서는 그 음식의 유래와 관련된 설화를 표현하였다. 대보름에 찰밥(약밥이라고 칭하기도 함)에 꿀과 설탕을 넣어 만드는 약반을 먹는 것은 조선 민중들의 고유의 풍습이다. 그 유래는 신라의 炤智王으로부터 시작하였다는 설화가 전한다.

설화의 내용은 다음과 같다. 대보름날에 성 위에 우는 까마귀가 물던 편지에 "거문고 갑을 쏴라."라고 적혀있었다. 이를 본 소지왕은 궁으로 들어가자 거문고 갑을 쏘았고 그 안에 사람이 있었는데 그는 바로 왕궁을 교란시킨 주범이였다. 이 사건 이후로 소지왕은 찰밥으로 그 신령스러운 까마귀에게 제사를 올렸다. 이 이야기는 후대에도 전해져 대보름날의 관습으로 자리잡으면서 변모가 생겼다. 원래 까마귀에게 제사를 지낼 때 만든 찰밥은 나중에 사람에게 제사

---

344) 趙秀三, 『珍珠船襫存』, 〈上元竹枝詞〉 十五首, 〈藥飯〉.

지낼 때도 많이 쓰였다. 이렇게 정착된 풍습은 조선 시대 문인들이 즐겨 읊는 단골 소재가 되었다. 강필신과 강박의 〈상원기속〉과 김려의 〈상원리곡〉에서도 시재로 사용되었다. 두 작품에는 그 풍속을 설명하는 상세한 주석이 달려있는데 조수삼의 위의 작품보다 풍습의 기원과 변화 과정을 한층 세밀하게 기록하였다.[345]

셋째, 조선 전국의 각종 풍속을 집중적으로 다룬 풍속지의 성격을 지닌 작품은 최영년의 『해동죽지』(중편 「名節風俗」), 洪錫謨의 〈都下歲時紀俗詩〉, 유만공의 『歲時風謠』 등이 대표적이다. 이들은 주로 풍속류 소재들을 장편 연작의 형식으로 폭넓게 담아내었다.

예를 들어 최영년의 『해동죽지』 중편의 「명절풍속」은 일년간의 세시풍속을 두루 소개하는 구조로 짜여있다. 그래서 제목도 각각의 풍습 명칭으로 지었다. 이를 정리하면 아래의 표와 같다.

다음 〈표9〉에서 밝힌 듯이 「명절풍속」은 1월부터 12월까지 조선에서 보내는 각 계절의 다양한 명절과 풍속의 광경 등을 순차적으로 기술하였다.

---

345) 姜必愼, 『慕軒集』 卷之二, 〈上元紀俗〉 其三, "細果括香白粒均, 甑籠炊蜜爛生津. 當時與作神烏食, 近俗遣烏只飼人." 註釋: "糯飯, 自新羅炤智王始."; 姜樸, 『菊圃集』 卷之五, 〈上元紀俗〉 其一, "藥飯烝紅爛似霞, 輕調嫩蜜白於花. 東京遺俗傳來久, 祭廟如今不祭鴉." 註釋: "新羅炤智王, 上元幸天泉寺, 得烏銜書, 開視之. 書曰: 射琴匣, 王入宮射之. 匣中果有人, 乃內殿焚修僧亂宮者也." 自是, 國俗每於是日, 以糯飯祭烏. 藥飯之設始此, 今則用以爲祭祀賓客之羞."; 金鑢, 『藫庭遺藁』 卷之二, 〈上元俚曲〉 其二, "家家藥飯成風俗, 不祭烏神祭祖祠." 註釋: "新羅炤智王, 以正月十五日, 作糯飯祭神烏報恩, 東人遂以爲時食祭先."

〈표9〉『海東竹枝』所載「名節風俗」목록[346]

시간(음력)	세시풍속
1월	祀餠湯, 新歲衣, 拜歲錢, 白醍醐, 跳板戲, 佩兎絲, 聽曉鳥, 消癰果, 祭藥飯, 固齒炙, 聰耳酒, 食陳蔬, 爭賣暑, 打祭俑, 擲柶戲, 汲龍卵, 撒魚食, 望圓月, 踏橋行, 夜光神, 鬼鷄日
2월	掃舍宇, 祭陳同, 驗春星
3월	上墳墓, 煮花會
4월	立彩棚, 流火雩, 水匏樂
5월	麥水團, 薦櫻桃, 浴菖蒲, 送鞦韆, 贈節筵, 藥水浴
6월	消病符, 食拘腫, 濯足會
7월	洗鋤宴, 罷接禮, 七夕飮, 盂蘭盆
8월	新松餠
9월	黃花飮, 九日製
10월	茱陳藏, 都堂賽, 迓成造, 戊午餠
11월	撒豆粥, 冬至曆, 頒煎藥, 門神符, 驗穀苗, 食臘肉
12월	頒宮囊, 頒臘藥, 賣燈盞, 賣繭餻, 春帖子, 贈歲饌, 打餠聲, 燒頭髮, 福篠埋

그중 사대부 문인들 사이에서 행해지던 풍속을 읊은 〈罷接禮〉를 살펴보겠다.

초정에서 날마다 科詩를 익히는데   草亭課日習行詩

공교롭게 스님의 夏安居와 흡사하다네.   工似僧家結夏時

梧葉과 深樽으로 서로 주고받는 말   梧葉深樽相贈語

新涼燈火[347]라 또한 독서할 시절이 따르는구나.   涼燈又赴讀書期[348]

---

346) 필자는 崔永年, 『海東竹枝』, 民昌文化社, 1989의 내용에 따라 이를 정리하였다.
347) '新涼燈火'는 여름이 다하고 가을이 시작될 무렵의 서늘한 기운 속의 등잔불 아래에서 독서하기 좋은 계절을 뜻한다.(〈한국고전종합DB〉의 각주정보 참조.) 이색의

작가는 시구 앞머리에서 음력 4월 초부터 7월까지 문인들이 글을 짓거나 책을 읽는 모임이 있는데 끝날 즈음에 잔치를 베푸는 풍습이 '파접례'라며 그 사대부 풍속을 소개하였다. 승구에서 나온 '結夏'는 승려가 음력 4월 보름부터 90일 동안 출입을 금하고 한 곳에 모여 수행에 전념하는 하안거 풍습을 가리킨다. 작가는 문인들의 파접례를 언급하면서 이와 유사한 승려들의 하안거를 떠올렸다. 전구와 결구에서는 문인들이 같이 모이는 동안 술을 마시면서 책을 읽는 유유자적한 모습을 그려냈다.

지금까지 살펴본 바를 미루어보면 한국 죽지사는 각종의 풍속을 읊은 작품이 적잖은 비중을 차지함을 알 수 있다. 또 묘사 대상이 동일하더라도 작가의 신분 또는 창작 당시의 시대적 분위기에 따라 작품의 묘사 시각, 작가의식에 기인한 차이가 발생한다는 사실도 확인된다. 예컨대, 원조를 대상으로 삼을 때 강필신과 강박은 사대부 문인의 시각으로 새해에 사람들의 즐겁고 활력이 넘치는 유유자적한 모습을 다루었다. 반면에 중인인 변경문은 명절 때 각 계층의 빈곤 차이를 포착하였다. 이를 통해 조선의 민간신앙 또는 풍속문화의 변모 양상뿐만 아니라 당시 지식인들의 풍속 인식의 일면을 파악할

『牧隱集』卷之三十四, 〈雨中〉에서 "平野田廬疑浮水, 短檠燈火可新涼."라는 구절이 있고 조수삼의 『秋齋詩稿』上, (서울대학교 규장각 소장 필사본), 〈北城早秋〉, "梧葉槐花繞一臺, 新涼燈火舊書開. 誰知老子勤如許, 月課園中日課來"에서 '新涼燈火'를 언급한 바 있다.

348) 崔永年, 『海東竹枝』中篇「名節風俗」, 〈罷接禮〉, "舊俗, 自四月初, 會集習作詩, 謂之開接. 至七月散會, 謂之罷接. 每設酒肉麵餠, 互相慰勞, 名之曰: '파접례'. 草亭課日習行詩, 草亭課日習行詩. 梧葉深樽相贈語, 涼燈又趂讀書期."

수 있다.

2) 秀麗江山과 歷史文物의 묘사

지역성을 강조하는 것은 죽지사의 특징 중 하나로 조선 후기에 접어들면서 죽지사 창작의 성행과 더불어 더욱 두드러졌다. 이러한 흐름으로 인해 조선의 각 지역을 대상으로 한 작품이 연달아 창출되었다. 그리하여 조선의 수려한 강산과 풍부한 역사적 문물들이 주요 주제로 죽지사에서 많이 등장하였다. 죽지사의 묘사 대상 지역 가운데 가장 많이 다뤄진 지역은 관서 지역이고, 그 다음이 영남 지역이다. 본절에서는 두 지역을 묘사의 대상으로 삼은 죽지사를 중심으로 분석함을 통해 그 내용과 기술된 강역과 문물의 양상뿐만 아니라 두 지역을 가장 주목하게 된 계기를 파헤치고자 한다.

① 관서 지방: 역사·문화 발상지의 위상 부각

관서 일대는 한반도에서 가장 일찍 개발된 북쪽 대동강 유역에 소재한다. 단군·기자·위만조선과 고구려 등 역대 국가들도 모두 이 지역을 중심으로 번창하였다. 이러한 역사적 흐름을 거친 관서 지방은 자연히 민족 문화의 발상지로 거듭나게 되었다. 그리고 시기별 죽지사 작가층의 주목을 받은 지역이기도 하였다. 관서 지방을 읊은 죽지사는 다음과 같다.

〈표10〉 관서 지역을 읊은 죽지사

순번	작가	작품(수)	출처
1	金錫冑(1634~1684)	龍灣雜詠十絶和副使(10)	『息庵遺稿』卷之六
2	徐宗泰(1652~1719)	龍灣雜詠十首次息菴集中龍灣十絶韻(10)	『晚靜堂集』第四
		羅山雜詠(8)	『晚靜堂集』第三
3	金昌業(1658~1721)	龍灣雜詠和息庵(5)	『老稼齋集』卷之五
4	李時恒(1672~1736)	龍灣雜詠(2)	『和隱集』卷之二
		次約齋龍灣詠韻(1)	『和隱集』卷之二
		續和龍灣詠韻(3)	『和隱集』卷之三
5	趙文命(1680~1732)	龍灣雜咏(8)	『鶴巖集』冊二
6	申光洙(1712~1775)	關西樂府(108)	『石北集』卷之十
7	柳得恭(1748~1807)	西京雜絶(15)	『泠齋集』卷之一
8	丁若鏞(1762~1836)	長鬐農歌十章(10)	『與猶堂全書』卷四
9	姜浚欽(1768~1833)	關西竹枝詞(1)	『三溟詩集』五編
10	洪顯周(1793~1865)	柳京竹枝詞(10)	『海居齋文集』
11	申佐模(1799~1871)	倣關西樂府體寄按使韓柳下十三絶(13)	『澹人集』卷之七
12	金濟學(1791~1860)	次申石北關西樂府百八韻(108)	『龜菴集』
13	趙冕鎬(1804~1887)	龍灣竹枝(20)	『玉垂集』卷之二十三
		追補龍灣竹枝(5)	『玉垂集』卷之二十四
14	申錫愚(1805~1865)	平壤懷古(17)	『海藏集』卷之三
		邊門雜絶(10)	『海藏集』卷之十五
15	張之琬(1806~1856)	平壤竹枝詞(85)	『平壤竹枝詞』
16	尹濟奎(1810~1879)	浿江竹枝詞(11)	『扐堂遺稿』
		平壤雜詠(13)	『扐堂遺稿』
		平壤雜節(13)	『扐堂遺稿』
17	金允植(1835~1922)	西京雜絶(4)	『雲養集』卷之六
18	李根洙(18??~18??)	西京竹枝詞(8)	『守庵集』

관서 지역 죽지사는 그 곳을 전체적으로 조망하며 읊거나 옛 수도였던 평양과 변경 지역인 용만을 대상으로 삼은 작품이 가장 주목할 만하다.

평양은 관서 지방의 중심지이자 오랫동안 나라의 도읍으로 자리 잡은 곳이었기에 한국의 역사와 문화의 중심지 역할을 행해왔다. 평양이 죽지사와 관련된 소재로 사용되었던 가장 이른 시기의 작가로는 고려 말기의 권한공과 조선 초기의 서거정이다. 권한공은 〈황경계축주감득사서우대동강헌창〉의 "여울 가의 푸른 나무 봄 그늘이 엷은데, 강가 푸른 산엔 저문 빛이 많구나. 넘은 완연히 물 가운데 있는데 어디멘지 아득한데, 해질녘 어느 곳에서 죽지가 소리 들리는가〔磯邊綠樹春陰薄, 江上靑山暮色多. 宛在水中迷遠近, 夕陽何處竹枝歌〕."[349]라는 구절로 대동강 가의 봄날 풍경 가운데 어디서 죽지가 소리가 들린다고 표현하였다.

그의 작품을 의식한 서거정은 〈평양 대동강의 누선 위에서 정지상의 운에 차하다〉에 "고국에 돌아오니 강개한 마음 그지없는데, 해질녘 어느 곳에서 죽지가 소리 들리는가?"[350]라며 사적을 보면서 고국에 대한 정뿐만 아니라 그 역사적 사실을 회고하면서 우러나는 개탄을 형상화하였다. 두 작가 이후로 이 지역을 대상으로 한 죽지사 창작이 성행하게 되었다. 이에 따라 역사적 고도로서의 평양뿐만 아니라 평양 주변 일대 지역까지 대상과 내용이 확대되기에 이르렀다.

그 사실을 반증하는 작품 중의 하나는 유득공의 〈이십일도회고

---

349) 權漢功, 〈皇慶癸丑酒酣得四書于大同江軒窓〉(『東文選』 卷之二十一), 번역은 〈한국고전종합DB〉의 번역을 참고하되 문맥을 고려하여 일부 수정하였다.
350) 이 작품의 원문은 각주 119번의 인용문과 같다.

시〉[351]다. 그중에서 平壤府를 읊은 〈檀君朝鮮 平壤府〉 1수, 〈箕子朝鮮 平壤府〉 2수, 〈衛滿朝鮮 平壤府〉 2수와 〈高句麗 平壤府〉 5수가 있는데, 그 중의 한 수를 살펴보겠다.

대동강은 안개 낀 벌판을 적시며 흘러가고	大同江水浸烟蕪
왕검성에 봄이 드니 한 폭의 그림같네.	王儉春城似畵圖
만리 밖 도산에 옥을 갖춰 참예하니	萬里塗山來執玉
훌륭한 아들 해부루를 아직도 기억하네.	佳兒尙憶解扶婁[352]

인용한 시는 〈단군조선평양부〉이다. 기구와 승구는 평양부의 대동강과 단군 왕검의 도성이 있었던 평양을 읊었다. 전구와 결구에서 단군조선 때의 해부루 고사를 등장시켜 평양의 모습과 역사를 회상하는 회고적 정조와 함께 유구한 역사에 대한 자부심이 어우러졌다. 이러한 창작 의식은 기자조선, 위만조선과 고구려의 평양부를 읊은 시뿐만 아니라 그의 〈西京雜絶〉 15수 창작의 기저의식으로 작용하였다. '서경'은 고려 왕조의 四京의 하나다. 〈서경잡절〉의 7수 "일찍이 이곳에 안동도독부 있었기에 지금까지 여전히 당풍이 남아 있구나〔曾是安東都督府, 至今猶自有唐風〕."[353]에서 그려진 안동도독부

---

351) 유득공의 〈이십일도회고시〉는 관서 지방에만 집중되지 않고, 21개 고곡의 도읍지를 모두 읊은 작품이라 '표〈10〉 관서 지역을 읊은 죽지사'에서 수록하지 않음을 밝혀둔다.

352) 柳得恭, 『泠齋集』 卷之二, 〈二十一都懷古詩〉, 〈檀君朝鮮 平壤府〉, 번역은 유득공(저)/실시학사 고전문학연구회(역), 『역주 이십일도회고시』, 도서출판 푸른역사, 2009, 33쪽의 번역을 참고하되 문맥을 고려하여 일부 수정하였다.

는 당이 고구려를 멸한 후 평양에 설치하였던 지방행정 부서다. 그 역사적 사실을 소재로 삼아 옛 평양을 회고하였다.

또한 신광수는 관서 지역의 풍광을 〈관서악부〉 108수로 지었다.

서경은 번화함 항주와 흡사한데	西都佳麗似杭州
태평한 세월 4백 년 이어졌네.	聖代昇平四百秋
천하제일 강산에 부귀마저 갖추어	第一江山兼富貴
풍류 관찰사가 예부터 노니는 곳이라.	風流巡使古今游[354]

인용한 시는 제1수다. 〈관서악부〉의 첫머리는 평양의 絶景이 중국의 역사적 名城인 항주에 뒤지지 않는다고 하였다. 그리고 평양을 '제일의 강산'이라는 중국 사신들의 평가를 인용하여 그 지역의 아름다움을 더욱 강조하였다. 그리하여 평양의 강산에 대해 자부심과 더불어 주체의식을 드러냈다.[355] 이 역시 작가의 자국에 대한 자긍심

---

353) 柳得恭, 『泠齋集』 卷之一, 〈西京雜絶〉 十五首, 其七, 번역은 유득공(저)/실시학사 고전문학연구회(역), 『영재 유득공의 영재집 1』 학자원, 2019, 135쪽의 번역을 참조하였다.
354) 申光洙, 『石北集』 卷之十, 〈關西樂府〉 百八首, 其一, 번역은 신장섭, 위의 책 (2008(b)), 211쪽의 번역을 참고하되 문맥을 고려하여 일부 수정하였다.
355) 申光洙, 『石北集』 卷之十, 〈關西樂府〉, 〈序〉, "平壤, 箕子, 東明王之所都也. 自古號佳麗擅國中. 皇朝勅使如張芳洲, 許海嶽, 朱蘭嵎諸公. 或稱天下第一江山, 或稱如金陵, 錢塘." 에서 중국의 사신 張芳洲, 許海嶽, 朱蘭嵎 같은 이들은 평양을 "천하제일강산"이라 일컬었고 중국의 금릉, 혹은 전당과 같다고 칭하였다. 姜浚欽, 『三溟詩集』 五編, 〈關西竹枝詞〉, "第一江山第一樓, 芳辰留客錦窑筵. 蘭舟忍別新歡去, 不雨無風反是愁." 에서 "제일의 강사에 제일의 누각[第一江山第一樓]."라는 평양의 미칭을 등장시킨 바 있다.

의 발로이며 평양이 조선만의 아름다운 풍광을 지녔으니 중국에 결코 뒤지지 않다는 주체적 자각 의식을 드러낸 것이다.

또한 그중의 제58수 "구름 사이 단정히 솟은 모란봉은 흡사 새로 치장한 옥녀의 얼굴 같다네. 예로부터 평양은 빼어난 미인의 고장이니, 명산의 수려한 정기가 대부분 이곳에 모였다네〔雲間端正牧丹峯, 恰似新粧玉女容. 古來平壤傾城色, 多是名山秀氣鍾〕."[356)]에 언급된 '牧丹峯'은 평안북도 영변군 영변읍 네거리 동쪽 철옹성 본성에 솟아 있는 산봉우리다. 기구와 승구에서 평양을 빼어난 미인의 고장이라고 하여 모란봉의 아름다움을 강조하였다. 전구와 결구에는 모란봉 같은 여러 명산의 수려한 정기가 모여서 평양의 傾城之色을 이루었다고 하여 평양의 수려한 풍경을 극찬하였다.

평양 지역의 강산, 풍경, 역사 문화에만 한정되지 않고, 교육 제도와 현황, 유산 등도 죽지사에서 형상화되었다. 다음으로 유생의 학업을 장려하기 위해 진행된 '白日場' 시험을 읊은 작품을 보겠다.

구름 장막 친 강 다락에 백일장 열렸으니	雲幕江樓白日場
황혼 무렵에 그 누가 장원랑에 뽑힐까?	夕陽誰是壯元郎
붉은 난간에 줄지어 선 기생들 맑은 목청으로	紅欄百隊淸喉妓
가는 곡조 길게 끌며 그 이름을 부르네.	細調呼名故故長[357)]

---

356) 申光洙, 『石北集』 卷之十, 〈關西樂府〉 百八首, 其五十八, 번역은 신장섭, 위의 책(2008(b)), 287쪽의 번역을 참고하되 문맥을 고려하여 일부 수정하였다.
357) 申光洙, 『石北集』 卷之十, 〈關西樂府〉 百八首, 其八十, 번역은 신장섭, 위의 책(2008(b)), 259쪽의 번역을 참고하되 문맥을 고려하여 일부 수정하였다.

시험의 광경을 형상화한 부분은 제80수다. 『牧民心書』의 기록에 의거하면 백일장은 조선조 때 지방 고을에서 과거문제와 형식을 본떠서 시험문제를 보이고, 즉석에서 글을 짓게 한 시험의 일종이었다. 우수한 사람에게 장원을 내려 표창하여 인재를 양성하려는 취지에 시행한 제도이다. 그 시험을 치르는 시간대가 해가 떠 있는 낮에 시행해서 백일장이라고 칭하였다. 승구에서 당일 열린 백일장의 결과를 황혼이 생기는 무렵에 알 수 있다고 언급하였다. 이어서 붉은 난간에 줄지어 선 기생들이 맑은 목청으로 장원으로 뽑힌 이의 이름을 공개적으로 부르는 광경을 생생하게 묘사하였다.

이처럼 평양 지역의 다양한 바를 108수에 걸쳐 읊은 〈관서악부〉는 당시 조선의 문단에 큰 파장을 일으켰다. 신좌모를 비롯한 문인들이 그 작품에 차운하여 평양 일대를 앞다투어 읊었다. 예를 들어 신좌모의 〈방관서악부체기안사한유하십삼절〉은 제1수 "예전부터 재상이 노닐던 곳으로, 조선 제일의 승지라 하겠구나〔從前宰相回翔地, 合是朝中第一流〕."[358]에서 관서의 제일 강산과 유구한 역사를 읊었다. 제6수 "반듯반듯 구획된 논에 겹겹이 두른 여염집들, 여인네들 정숙하고 남자들은 신의 지켜 팔조규범 남아 있네. 성대부터 지금까지 엄격하게 정도를 지켰나니, 외성의 글 읽는 소리는 요즘엔 어떠한지?〔井井方田帀帀閭, 女貞男信八條餘. 聖代于今嚴闒衛, 外城絃誦近何如〕."에서는 관서 지역의 역사에 전해진 습속이나 문화 등을 읊었다. 그리고 "외성의 인사들은 대개 기자의 유풍이 있다. 몇

---

358) 申佐模, 『澹人集』卷之七, 〈倣關西樂府體寄按使韓柳下十三絶〉, 其一.

년 전에 사교가 번성하여 퍼졌는데도 빠져 물든 사람이 한 명도 없었다〔外城人士, 盖有箕子之遺風. 年前邪敎滋蔓, 無一人漸染〕."[359]라는 주석을 달아 평양성 밖의 사람들이 기자조선의 훌륭한 유풍을 제대로 계승한 점이 자랑스럽다고 하였다.

김제학이 지은 〈次申石北關西樂府百八韻〉은 평양의 역사를 다룬 내용이 큰 비중을 차지한다. 이를 구체적으로 설명하자면 다음과 같다. 처음에는 평양을 위시한 평안도가 군사적인 요충지라는 점을 강조한다. 그리고 제3수~제8수까지 단군에서 기자조선, 고려 말의 위화도 회군 사건을, 제27수~제34수까지 임진왜란과 병자호란을, 제67수~제82수까지 홍경래의 난과 같은 사건을 다루면서 당시 평양의 정황과 역사를 술회하였다.[360]

비슷한 분위기나 방식으로 지은 작품으로는 신석우의 〈平壤懷古〉 17수, 洪顯周의 〈柳京竹枝詞〉 10수, 李根洙의 〈西京竹枝詞〉 8수 등이 있다. 여기에서는 홍현주의 작품을 간략하게나마 살펴보고자 한다. 홍현주의 〈유경죽지사〉에서는 "기자의 옛 도읍이 곧 지금의 평양이다〔箕子舊都卽今平壤〕."[361]라는 설명과 더불어 유경을 소개하였다. 그 어조에는 회고적이면서 자랑스러운 심정이 담겨있다. 그는 "영제교 가에 만 그루 버드나무, 대동문 밖 천여 곳의 술집.

---

359) 申佐模, 『澹人集』 卷之七, 〈倣關西樂府體寄按使韓柳下十三絶〉, 其六, 번역은 유영혜, 「申佐模의 倣關西樂府體, 寄按使韓柳下 연구」(『동방한문학』 64권, 동방한문학회, 2015.) 255~257쪽의 번역을 참고하되 문맥을 고려하여 일부 수정하였다.
360) 이은주, 위의 논문, 283쪽.
361) 洪顯周, 『海居齋文集』, 〈柳京竹枝詞 箕子舊都卽今平壤〉.

그림 같은 강산에 정대가 있고, 이 중에 세상에 다시 없는 미인도 있다네〔永濟橋頭柳萬株, 大同門外酒千壚. 江山如畫亭臺出, 中有佳人絶世無〕."362)라는 구절에서 평양의 강산, 풍경과 역사적인 인물을 두루 회상하였다.

또한 관서 일대의 용만 지역을 읊은 죽지사도 적잖다. 이 지역은 압록강과 가까운 주요 지역으로 문인들의 많은 주목을 받아 왔다. 조선 지역 죽지사 창작이 성행하면서 용만도 주요 대상 지역 중 하나가 되었다. 용만에는 왕래하는 조선과 외국 사신들이 묵을 수 있는 義州館이 있다. 특히 사신 업무를 수행한 이들에게는 익숙한 장소다. 金錫冑(1634~1684)는 1682년 사은사로 연경에 다녀왔고 柳尙運도 그의 부사 자격으로 燕行業務를 함께 수행하였다. 유상운은 용만을 읊은 작품을 지었고 김석주는 그 작품에 차운하여 〈龍灣雜詠十絶和副使〉 10수를 남겼다.363)

후대에 김석주의 작품에 차운한 작품이 나오게 된다. 이를 열거하자면 徐宗泰(1652~1719)의 〈龍灣雜詠十首次息菴集中龍灣十絶韻〉 10수, 金昌業(1658~1721)의 〈龍灣雜詠和息庵〉 5수가 그것이다.

그리고 이시항은 1727년 사은 겸 진주사로 연행을 수행하게 되었을 때에 스승 유상운의 작품을 염두하여 〈次約齋龍灣詠韻〉 1수, 〈龍灣雜詠〉 2수와 〈續和龍灣詠韻〉 3수 등을 완성하였다. 이외에 1725

---

362) 洪顯周의 『海居齋文集』에 〈柳京竹枝詞〉 10수 가운데 3수만 수록되어 있고, 이 작품은 3수 중의 첫 번째 작품이다.
363) 김석주의 〈龍灣雜詠十絶和副使〉는 그 제목에 부사 柳尙運의 시에 차운하여 지었다고 표시되어 있는데 李時恒도 유상운의 〈용만영〉에 차운하여 〈次約齋龍灣詠韻〉을 지었다고 하였는데 유상운의 작품은 확인되지 못하였다.

년에 서장관으로 연경에 다녀왔던 趙文命(1680~1732)은 〈龍灣雜詠〉 8수를 지었다. 이처럼 조선 사신들에 의해 용만을 읊은 일이 유행하였다고 해도 과언이 아니다.

예를 들어 김석주의 〈용만잡영십절 부사에 차운하다〉 중의 제10수 "용만의 거상은 計然의 치부술로 일 년 내내 금기를 가득 쌓아 모았네. 무엇보다 강주의 인삼 하나로 밤같이 큰 진주를 바꿔 왔다네〔龍灣大賈計然術, 終歲金綺爛作窟. 最是江州一條葠, 換得蠙珠大如栗〕."[364]에서 나온 계연은 춘추 시대 치부술에 뛰어난 사람이다. 여기에서는 용만 거상들이 변경 무역을 통해 거부로 거듭난 것을 읊는 데 활용하였다. 전구와 결구에서는 조선 강주의 인삼 한 뿌리를 외국의 밤처럼 큰 진주로 바꿨다는 무역 거래를 표현하였다. 용만의 이러한 모습은 김석주뿐만이 아니라 조선의 많은 문인이 포착하였다.

용만의 번화함 으뜸이라 소문 났는데	灣府繁華號檀場
백 줄 늘어선 예쁜 계집들 새로운 단장 눈부시구나.	嬌娥百隊耀新粧
양쪽 귀밑머리에 모두 진주 귀고리를 하고	鬢邊一一眞珠珥
서번의 獸錦 치마를 또한 걸쳤구나.	更着西蕃獸錦裳[365]

---

364) 金錫冑, 『息庵遺稿』 卷之六, 〈龍灣雜詠十絶和副使〉, 其十.
365) 趙文命, 『鶴巖集』 冊二, 〈龍灣雜詠〉 八首, 其六.

위에 인용한 시는 조문명의 〈용만잡영〉 8수 가운데 6수다. 이 작품은 첫 구절부터 용만의 번화함은 으뜸이라고 극찬하며 운을 뗀다. 이어서 그 번화함을 여성들의 일상을 통해 부각시켰다. 눈부시게 새로 단장한 예쁜 여인들이 양쪽 귀밑머리에 귀한 진주 귀고리를 거는 모습뿐만 아니라 서번에서 전해온 수금 옷을 입은 것까지 생생하게 그려냈다. 용만은 청나라와 인접하는 변경 도시로 이국의 특산품을 쉽게 얻을 수 있기에 현지 여성들의 단장과 옷차림에 있어서 외국적인 요소가 많이 드러난 것으로 보인다.

신광수는 용만 지역의 군사 설치와 병사들의 생활을 묘사하기도 하였다. 예를 들어 그의 〈관서악부〉 108수 가운데 제91수 "용만은 조선의 강역이 다하는 곳, 통군정에 올라 저 멀리 요동 땅 바라보네. 삼강에 날 저무는데 봉화 오를 일 없어, 거문고 노래 가락 한밤중에도 그치지 않는구나〔灣府朝鮮地界窮, 統軍亭上望遼東. 三江日暮烽無事, 錦瑟嬌歌午夜中〕."[366]에서 나온 통군정은 용만에서 제일 높은 압록강 기슭 삼각산 봉우리에 있는 名所이다. 그곳은 용만 서북 방위를 담당하는 군사 지휘처로 쓰이기도 하였다. 삼강은 의주 근처에서 세 갈래로 흐르는 압록강의 별칭이다. 기구와 승구는 조선의 국경에서 저 멀리 요동을 바라볼 수 있는 변경 도시로서의 용만을 표현하였다. 전구와 결구에서는 날이 저물면 용만에서 저녁 한밤까지 거문고 노래 가락 속에서 연회를 즐기는 모습을 그려냈다. 이러

---

366) 申光洙, 『石北集』 卷之十, 〈關西樂府〉 百八首, 其九十一. 번역은 신장섭, 위의 책(2008(b)), 246쪽의 번역을 참고하되 문맥을 고려하여 일부 수정하였다.

한 변경지역의 광경을 통해 작가는 조선의 國泰民安이란 주관적 인상을 받은 듯하다.

앞에서 거듭 언급한 조면호의 〈용만죽지〉 20수와 〈추보용만죽지〉 5수는 용만의 역사적 유적과 고사 등 여러 측면을 관찰하여 훌륭한 강산 또는 우수한 문화에 대한 자부심을 표출하였다. 예를 들어 〈용만죽지〉 제13수 "대보름과 단오절에 노니는 시절, 사람마다 우리 조선을 칭찬한다오〔燈夕端陽遊樂年, 人人誇道我朝鮮〕."[367)]에서 용만 지역의 단오절 광경을 극찬하였다.

② 영남 지방: 한국 죽지사 발원지의 전통 유지

낙동강의 유역지 중 하나인 영남 지방은 한국 죽지사가 본격적으로 창작되기 시작한 곳이라고 할 수 있다. 조선 전기의 영남 사림파는 처음으로 영남 지방을 형상화한 죽지사를 창작하였고, 이는 죽지사가 본격적으로 창작되는 계기가 되었다. 또한 이 지역은 원래 삼국시대 가락국의 소재지로 죽지사 작가들로부터 오랫동안 관심을 받아왔다. 구체적인 작품은 다음과 같다.

〈표11〉 영남 지역을 읊은 죽지사

순번	작가	작품(수)	출처
1	金宗直(1431~1492)	凝川竹枝曲九章書與梁娃 (9)	『佔畢齋集』 卷之一
2	金孟性(1437~1487)	伽川竹枝曲 (9)	『止止堂詩集・七言絶句』
3	俞好仁(1445~1494)	咸陽灆溪竹枝曲十絶 (10)	『濡谿集』 卷之二

---

367) 趙冕鎬, 『玉垂集』 卷之二十三, 〈龍灣竹枝〉 二十首, 其十三.

4	曺偉(1454~1503)	凝川竹枝曲 效佔畢齋贈雲娘 (9)	『新編類聚大東詩林』卷之三十
5	申國賓(1724~1799)	凝川敎坊竹枝詞八章 (8)	『太乙菴集』卷之二
6	李學逵(1770~1835)	金官竹枝詞 (30)	『洛下生集』冊四
		金官紀俗詩 (78)	『洛下生集』冊十三
7	趙冕鎬(1804~1887)	金官竹枝三疊贈權野樵在孝 (3)	『玉垂集』卷之十七
8	朴珪壽(1807~1877)	江陽竹枝詞拜別千秀齋李公之任 (13)	『瓛齋集』卷之一
9	尹廷琦(1814~1879)	金陵竹枝詞 (25)	『舫山遺稿』
10	朴致馥(1824~1894)	戲作金陵竹枝詞十二章送許士咸烒赴崇善殿祠官之任 (12)	『晚醒集』卷之二
11	鄭寅星(1863~1941)	擬賦娥林竹枝詞六十八章 (68)	『荷齋先生文集』

영남의 密陽, 陜川, 高靈, 金官, 居昌 등 여러 지역은 죽지사의 대상이 되었다. 그리고 그 근처에 있는 金陵 일대도 죽지사의 주요 소재로 활용되었다. 금관가야는 六伽倻 중의 하나로서 가야연맹체의 주요국이었다. 역사적으로 많이 알려진 나라라서 한국의 시기별 죽지사 작가들의 주목을 꾸준히 받아왔다.

고려 시대 정몽주는 김해를 방문하기 전에 "내가 장차 가야의 옛 터를 방문하게 되면 응당 새로 쌓은 산성 위에서 술잔을 들겠네〔余將訪古伽倻之墟, 當擧酒於新城之上〕."[368]라며 예전의 가야국을 생각하는 역사의식을 지녔음을 보였다. 김해를 다녀온 후에도 방문하였을 당시를 떠올리면서 "옛 가야 찾아오니 풀빛 푸른 봄이로세. 흥

---

368) 鄭夢周, 『圃隱集』卷之三, 〈金海山城記〉, "昔先王南巡, 次于尙, 余時召入爲翰林, 始識朴侯葳於旅舍, 相從而悅之. 自是比肩事先王十有餘年, 固已服其才焉. 及今上卽位之明年, 余以罪謫嶺南方. 其冬, 倭陷金海. … 余將訪古伽倻之墟, 當擧酒於新城之上. 以賀朴侯政績之有成也."

망이 몇 번 변해 바다가 진토 되었나. 당시에 애끓으며 시 남긴 객은 본래부터 맘이 깨끗해 물 같은 사람이었네〔訪古伽倻草色春, 興亡幾變海爲塵? 當時斷腸留詩客, 自是心淸如水人〕."[369]라고 형상화하였다. 그리고 〈懷金海舊遊〉에는 회고적이면서도 애틋한 마음을 드러내었다.[370]

앞서 언급하였던 유득공의 〈이십일도회고시〉 중에 〈금관김해부〉는 금관가야의 김해부를 읊었다. 구절 중에 "옛 가야 찾아오니 〈죽지〉에 목이 메는데 파사탑 그림자는 호계 가에 비치네. 돌아봄에 지는 해가 서쪽 바다에 잠기니 붉은 깃발 강창포로 들어오는 때인 듯하네."[371]는 금관가야의 소재지를 찾아가서 〈죽지〉 노래를 들은 것이다. 여기에서 옛 가야국에 대한 회고의 정조와 그 지역에서 전해져오는 〈죽지곡〉의 슬픈 리듬을 아우르며 애틋한 마음을 표출해냈다.

또한 조면호는 유득공의 작품을 염두에 두고 금관을 읊은 〈금관죽지삼첩증권야초재효〉를 남겼다.

구지봉 남쪽의 기출변이라	龜旨峰南旗出邊
봄바람에 제사 지내는 곳 풀만 무성하구나.	春風■禊草芊芊
붉은 끈 금합은 아득한 먼 옛일이라	紅繩金盒蒼茫事

---

369) 李荇, 尹殷輔, 申公濟, 洪彦弼, 李思鈞 등, 『新增東國輿地勝覽』 卷三十二, 〈慶尙道·金海都護府〉.
370) 鄭夢周, 〈懷金海舊遊〉, "燕子樓前燕子廻, 郞君一去不重來. 當時手種梅花樹, 爲問東風幾度開."(『東文選』 卷之二十二.)
371) 이 작품의 원문은 각주 241번의 인용문과 같다. 번역은 실시학사 고전문학연구회, 위의 책(2009), 91쪽의 번역을 참고하되 문맥을 고려하여 일부 수정하였다.

『동사』에는 건무 연간의 일이라 전하네.　　　　　東史相傳建武年.[372)]

위에 인용한 시는 제1수다. 전반적으로 가락국 터의 현황과 수로왕 탄생설화를 읊었다. '구지봉'과 '금합'은 가락국 首露王의 탄생을 말한다.[373)] '기출변'은 바로 앞의 유득공 작품에서 언급한 가락국 許王后가 출현하였던 바닷가다.[374)] 결구의 건무년은 임금이 동한 건무 18년에 탄생하였고, 허왕후가 건무 24년에 출현하였음을 말한다. 여기에서는 금관의 구지봉을 보고 가락국의 기원을 떠올린 것이다.

제2수 "호계의 시냇물 실처럼 가늘고, 텅 빈 연자루에 해 떨어질 무렵. 천고의 흥망이 어디냐고 물어보니, 후인들 여전히 〈죽지사〉를 부르고 있구나."[375)]는 작가가 정몽주와 유득공이 금관을 읊은 작품을 염두에 두고 지은 것으로 보인다. 기구와 승구에서 나온 '虎溪'와

---

372) 趙冕鎬, 『玉垂集』 卷之十七, 〈金官竹枝三疊贈權野樵在孝〉, 其一.
373) 『三國遺事·紀異』, 〈駕洛國記〉, "東漢 建武 18년(42)에 가락의 九干이 龜旨峯에서 모여 요귀를 쫓는 禊祭祀를 지내는데, 마침 구지봉에 이상한 기운이 감돌고 또 공중에서 무슨 말이 들리고 나서 곧 금합을 얻게 되었다. 그 금합을 열어 보니 6개의 金卵이 있었는데 하루도 못 되어 모두 남자 아이로 변하였다. 처음 탄생한 아이를 '首露'라고 하고 임금으로 세워 국호를 大駕洛이라 하였으며, 나머지 다섯 사람은 각각 五伽倻의 임금이 되었다."(〈한국고전종합DB〉의 각주정보 참조.)
374) 李荇 외, 『新增東國輿地勝覽』 卷三十二, 〈慶尙道·金海都護府〉, "望山島. 東漢建武二十四年七月, 許王后自阿踰陀國渡海而至. 首露王命留天干望於望山島, 神鬼干望於乘岾, 見緋帆, 茜旗自海西南隅而指北, 神鬼馳奏之. 王於宮西, 設幔殿候之. 王后維舟登陸, 憩於高崎, 解所着綾袴, 贄于山靈. 及至, 王迎入幔殿, 越二日, 同輦還闕, 立以爲后. 至靈帝中平六年己巳三月, 后崩, 壽一百五十七. 國人號初來維舟處曰主浦村, 解綾袴處曰綾峴, 茜旗入海處曰旗出邊, 在主浦之左. 至今猶存其名."
375) 이 작품의 원문은 각주 244번의 인용문과 같다.

'燕子樓'는 앞서 언급한 정몽주와 유득공의 작품에도 쓰였다. 또한 전구에서 나온 "千古興亡"은 앞의 정몽주의 시구에서 다뤘던 흥망을 떠올리게 한다. 결구에서 후인이 여전히 〈죽지사〉를 부르고 있다는 것은 정몽주와 유득공에 이어서 현재 동일한 곳에서 〈금관죽지삼첩증권야초재효〉를 읊고 있는 작가 자신을 연관 지어 표현한 것으로 보인다. 즉 눈앞의 금관을 보면서 그곳을 읊었던 이전 시기의 작가를 회상한 것이다.

이와 달리 이학규는 한층 현실적인 시각을 기저로 금관 지역에 현존한 각종 문물, 특산을 노래한 〈금관죽지사〉를 남겼다.

금관 발은 대나무 실가닥으로 만드는데	金官簾子竹絲縷
묻노니 경화에도 이런 것이 있던가?	借問京華有此不
사방에 얽은 난간을 잘 설치하여	四面鉤欄恰施設
내동헌 위에 맑기가 가을날 같네.	內東軒上淡如秋[376]

위의 제4수는 금관의 물산인 발을 읊었다. 특히 기구와 승구에서 대나무 실가닥으로 만든 귀한 발이 경화에 있냐는 물음은 극찬의 말이다. 또한 전구와 결구는 내동헌이란 관아에 금관 발로 만들어진 안채가 있는 운치를 묘사하였다. 금관의 발에 관한 바는 그의 〈금관기속시〉에서도 자세히 언급되었다.[377]

---

376) 李學逵, 『洛下生集』 冊四, 〈金官竹枝詞〉, 三十首, 其四.
377) 李學逵, 『洛下生集』 冊十三, 〈金官紀俗詩〉, 七十八首, 其十九, "滿檐風日舊泥乾, 三夏猶愁曲突寒. 是竹牕淸晝好, 一張簾子要人看." 註釋: "土人極怕寒燠, 室

〈금관기속시〉의 제20수 "물들인 담뱃대는 울금빛이 번쩍이고, 오동으로 만든 작은 쌈지 통에 태극무늬 담배 함. 밉상이구나 주막집 네댓 여인네들, 한발 되는 긴 담뱃대 물고 있음이〔染成煙竹鬱金光, 小帒烏銅太極匣. 媿爾當壚三五女, 也須啣著丈來長〕."[378]로 현지의 담뱃대의 생김새를 묘사하였다. 특히 작품 뒤에 "부내의 울금빛으로 물들인 반죽은 영외에서 유명한데 다른 군들 이를 많이 따라해 보았지만 보았는데 모두 그에 미치지 못하였다〔府內染鬱金花斑竹, 名於嶺外. 他郡多效之, 皆不能及〕."라고 주석을 달아 담뱃대를 만드는 현지인의 솜씨가 훌륭다고 극찬하였다.

박규수는 경상남도 陝川郡의 옛 이름인 강양을 죽지사의 대상으로 삼았다. 그리하여 〈江陽竹枝詞十三首拜別千秀齋李公之任〉를 지었다. 주로 강양 지역의 각종 유적과 관련 역사적 고사, 문물 및 인물 등을 두루 담아냈다.

천 그루 긴 대나무에 촌마을도 담박하니	千竿脩竹淡村容
이끼는 새긴 시를 덮고 시냇물만 넘실대네.	苔沒題詩逝水溶
신선이 될 기약이 있는 듯하여 부질없이 슬피 바라보는데	若有佳期空悵望
진인은 떠난 후에 월류봉만 남았구나.	眞人去後月留峯[379]

如燂窯, 恬㹠安之. 府人織竹絲簾, 織如羅縠, 他郡所無."
378) 李學逵, 『洛下生集』 冊十三, 〈金官紀俗詩〉, 七十八首, 其二十, 번역은 백원철, 「「金官紀俗詩」 연구」, 『한국한문학연구』 13권, 한국한문학회, 1990, 334쪽의 번역을 참고하되 문맥을 고려하여 일부 수정하였다.

위는 그 가운데 제3수다. 여기에서는 강양의 해인사, 월류봉과 관련된 고사를 다루었다. 기구에서 나온 '村容'은 柳思訥의 〈江陽詩〉에 "땅이 외져 마을 모습도 예스럽네〔地僻邨容古〕."에서 따온 시어다. 승구의 '題詩'는 문창후가 가야산 속에 있는 海印寺의 골짜기인 紅流洞의 바위에 시를 쓴 일을 말한다. 결구의 '月留峯'은 가야산 서쪽으로 뻗은 월류봉을 이른다. 李重煥의 『擇里志』에 의하면 돌기세가 가파른 까닭에 사람이 이를 수 없다. 늘구름 기운이 덮고 있다. 나무꾼이 때로 그 위에서 흘러나오는 음악소리를 듣게 되며 절의 중들은 안개 속 산 위에서 수레와 말의 소리가 들린다고 기록한 바 있다. 이처럼 이전 시기 문인들이 강양을 읊은 시문뿐만 아니라 지리지의 내용까지 인용하였다. 그리하여 강양의 산수, 유적과 고사를 담아내었다. 나머지 작품도 동일한 맥락에서 이루어졌다. 예를 들어 '讀書堂', '元戎閣', '武陵橋', '涵碧堂', '玉山', '般若寺', '月光寺' 등 다양한 유적을 두루 다루면서 주석으로 세밀하게 보충 설명한 것도 그러한 예다.[380]

---

379) 朴珪壽, 『瓛齋集』 卷之一, 〈江陽竹枝詞十三首拜別千秀齋李公之任〉, 其三, "千竿脩竹淡邨容, 柳思訥江陽詩, 地僻邨容古. 苔沒題詩逝水溶. 海印寺在伽倻山中, 洞天名紅流, 有文昌侯題詩石, 其詩 "狂噴疊石吼重巒, 人語難分咫尺間. 常恐是非聲到耳, 故教流水盡籠山." 後人名其石爲致遠臺, 又稱學士臺. 若有佳期空悵望, 眞人去後月留峯. 伽倻山西迤爲月留峯, 李氏重煥『擇里志』云: "石勢成削, 人不得到. 恒有雲氣冪罩, 樵夫時聞樂聲出其上, 寺僧或傳霧中山上時有車馬聲.", 번역은 〈한국고전종합DB〉의 번역을 참고하되 문맥을 고려하여 일부 수정하였다.

380) 朴珪壽, 『瓛齋集』 卷之一, 〈江陽竹枝詞十三首拜別千秀齋李公之任〉, 其四, "渲染伽倻一半霜, 山深雲擁貝多香. 莓苔靑鶴行無跡, 紅葉繽紛讀書堂. 世傳文昌侯一朝遺冠履林中, 不知所之, 海印僧以其日薦冥禧, 寫眞留其讀書之堂."; 其七, "元戎袍笠留高閣, 風雨龍歸雲有痕. 一夜松風僧夢淺, 却疑鐵馬上山門. 海印

또한 금릉 지역도 죽지사에서 흔히 다룬 지역이다. 금릉은 경상북도 중서부를 점유하고 충북·전북·경남 3도와 접경하는 금릉군을 가리킨다. 김해 일대와 멀지 않은 곳에 위치한다. 윤정기는 금릉 출신의 문인으로서 〈금릉죽지사〉 25수에서 고향 사람들의 생계노동, 유유자적한 모습, 또는 민간인의 질고 등 다양한 측면을 표현하였다. 박치복은 김해에 있는 숭선전의 사관으로 부임하는 벗인 허식을 전별하여 〈戲作金陵竹枝詞十二章送許士咸烒赴崇善殿祠官之任〉 12수를 지었다. 이 작품에서도 금릉 일대의 옛 가락국의 유적과 고사를 위주로 다루었다.

구지봉 앞 禊飯村 있고	龜旨峰前禊飯村
구간 금합과 옛 乘岾 유적 보존되었다네.	九干金榼舊乘存
고도의 명승고적은 이야깃거리로 충분하니	名都勝迹足談欄
이 일의 참과 거짓 어찌 다시 논하랴?	此事妄眞那復論[381]

寺有元戎閣, 藏李提督如松笠袍及所爲詩一篇, 蓋明神宗萬曆壬辰, 公征倭東來, 進兵嶺外, 故衣笠遺在於此."; 其八, "積雪初消暗水涓, 武陵橋外柳嬋娟. 武陵橋在紅流洞口, 佔畢齋有句云"虹橋如畫蘸驚波". 寒烟細草淸明近, 太守觀風渡倻川."; 其九, "暇日逍遙涵碧堂, 涵碧堂在南江石崖上, 安震記檐楹飛舞, 丹艧輝映, 若鳳翥於半空. 使君胸次映滄浪, 吟風泚筆渾如此. 坐見雲生萬竇凉."; 其十, "玉山低合舊宮墟, 芳艸萋萋暗水渠. 惆悵大良君去後, 剩多螢火散秋除. 玉山在客舘西隅小山也. 高麗顯宗所居, 至今呼爲宮址."; 其十一, "尋碑般若寺中來, 般若寺在伽倻山下今廢, 有元景和尙碑, 高麗樞密知奏事金富佾所撰. 得釼池頭舞釼迴. 海印寺北五里有內院寺, 僧玉明構寺, 因鑿池得古劒, 遂名池焉. 吹笛黃溪瀑裏坐, 黃溪瀑在郡西三十里, 下有深潭. 月光鍾響洞雲開. 月光寺, 大伽倻太子月光所剏, 有李崇仁詩."

381) 朴致馥, 『晚醒集』 卷之二, 〈戲作金陵竹枝詞十二章送許士咸烒赴崇善殿祠官之任〉, 十二首, 其八.

위는 작품의 제8수이다. 기구와 승구는 현재 가락국의 옛터에 수로왕과 허왕후의 고사가 사실임을 입증하는 유적을 언급하였다. 이어서 전구와 결구에서는 명승고적은 이미 사람들의 노니는 곳이 되었기에 더 이상 참과 거짓을 구분할 필요가 없다고 하였다. 이는 작가가 합리적인 시각에 입각하여 옛 고사와 사적지를 인식한 것이다.

정재성은 본인의 고향 경상남도 居昌郡의 다른 이름인 娥林을 대상으로 〈의부아림죽지사육십팔장〉을 지었는데 각 수 뒤에 '沿革', '位置', '地理', '民俗', '吏業', '官舍', '客館', '枕流亭', '春風樓', '養賢齋', '蓮桂齋', '養武場', '敎坊', '市場', '巢父川', '栗藪', '五愼壇', '節婦里', '長發里', '茂村驛', '邢氏孝旌', '演水寺', '里仁亭', '甘隱臺', '國農所', '熊谷績麻', '大雅田園', '琴川', '漁適亭故址', '霽月齋', '心蘇亭', '金貴峯', '葛旨業莞', '文山齋', '登科樓故址', '五子巖', '靑蓮故居', '茅谿遺址', '望月堂', '長仙洞', '舍人古垈', '畢命巖', '勝戰坪', '三峯山', '雙淸堂', '褒忠祠', '新倉', '金光山', '龍溪寺古址', '申昉所', '香子巖', '龍山', '落帽臺', '寶文遺庄', '龍泉精舍', '加召古縣', '原泉亭', '屛山', '任令古址', '晩鶴亭', '朴儒山', '見巖寺', '水瀑臺', '永慕齋', '醉睡亭', '龍溝', '芝山舊庄', '古旨坪' 총 68개의 소제목이 달려 있다.

이 작품의 첫머리에 "저 아득한 변한 아림 경계에 있었는데, 옛일은 상전벽해 겪어 찾을 길이 없구나〔弁韓遙界古娥林, 故事滄桑杳莫尋〕."[382]로 운을 떼며 그 지역의 역사적 변천을 설명하였다. 이어

---

382) 鄭載星, 『荀齋先生文集』 卷一, 〈擬賦娥林竹枝詞六十八章〉, 其一.

서 지리, 위치와 민속을 등장시킨 다음에 현지의 각종 유적과 다양한 문물을 일일이 소개하는 형식으로 전형적인 지리지의 구성을 갖추었다.

지금까지 살펴본 바를 통해 보면 한국 지역 죽지사의 묘사 대상 가운데 가장 큰 비중을 차지한 지역은 관서 지방이고, 이 지역 못지않게 흔히 시적 대상으로 쓰인 곳은 영남 지방이다. 관서 지방은 한반도에서 가장 일찍 개발된 민족 문화의 발원지로 역사적인 고도 평양과 변경지역인 용만을 읊은 죽지사가 가장 많이 남아 있다. 영남 지방은 한국 죽지사의 발원지이면서 삼국시대 가락국의 소재지로 죽지사 작가층의 많은 관심을 받았다. 이들 지역을 대상으로 한 죽지사에서 조선의 수려한 강산과 자랑스러운 역사, 유적, 풍부한 문물 등이 많이 등장함에서 조선 문인으로서의 민족적 주체 의식이 확인된다.

3) 使行 체험의 반영과 異國에 대한 관심

한국의 외국죽지사 창작은 조선 중기 이민성의 〈登州竹枝歌三絶次石樓臺韻〉을 기점으로 창작되기 시작하였다. 후기에 들면서 사행을 가던 지식인들이 죽지사의 형식으로 해외에서 견문한 바를 기록하는 것은 하나의 관습으로 정착되었다.

다만 조선은 기본적으로 '事大交隣'의 대외정책을 실행하였다. 그래서 직접 사절단을 파견하여 외교관계를 맺은 나라는 중국과 일본뿐이다. 중국과의 경우에는 사대외교로 정기적으로 연행사절단을 보냈고, 일본과는 교린외교로 여러 차례에 걸쳐 통신사행 사절단을 보냈다. 이로 인해 중국을 대상으로 읊은 외국죽지사가 가장 큰 비중을 차지하고, 그 다음이 일본이다.

후기에 조선 지식인들의 외부에 대한 관심이 증대하면서 실질적으로 가보지 않은 여러 외국도 죽지사의 묘사 대상으로 활용되기에 이르렀다. 본절에서는 조선 시대의 외국죽지사를 두루 살피면서 조선 문인들의 중국, 일본을 비롯한 기타 해외국가들에 대한 인식양상을 파악하고자 한다.

① 중국에 대한 인식의 變貌

조선은 청 건국 초기로부터 청과 朝貢 관계를 유지하면서 정기적으로 연행사절단을 보냈다. 연행사절단은 正使, 副使 및 書狀官을 포함하는 三使와 從事官, 譯官, 書記, 子弟軍官 등 여러 명의 구성원으로 이루어졌다. 이들은 조선과 청을 왕래하면서 체험한 바나 견문한 여러 사항을 죽지사로 기술하였다. 해당 작품들을 정리하면 아래의 표와 같다.

⟨표12⟩ 연행죽지사 목록[383]

순번	작가	연행시간	신분	작품(수)	출처
1	黃㦿(1604~1656)	1652	사은사행 부사	燕京上元詞 (12)	『漫浪集』卷之一
2	李瑞雨(1633~1709)	1676	진하사은 겸 진주 서장관	燕京雜詠 (6)	『燕行錄叢刊』

---

[383] 필자, 위의 논문(2021), 345쪽의 자료를 참조하면서 작성하였다. 여기에서 명나라 사행에 다녀온 앞 시기 이민성의 ⟨登州竹枝歌三絶次石樓臺韻⟩ 외의 모두 작품은 청나라 연행에 다녀온 연행사들에 의해 창작되었음으로 '연행죽지사 목록'으로 ⟨표12⟩의 제목을 정하여 이민성의 작품을 여기에서 포함시키지 않음을 밝혀둔다.

3	李器之 (1690~1722)	1720	고부사행 정사 군관	燕京雜詩 (10)	『一菴集』卷之一
				燕行絕句 (11)	
4	柳得恭 (1748~1807)	1778	사은사행 사은사의 수행원	熱河紀行詩 (49)	『泠齋集』卷之四
		1790	진하사은 부사의 수행원	遼野車中雜詠 (33)	『泠齋集』卷之五
5	趙秀三 (1762~1849)	1789	진하사은 겸 삼절년공사행 정사 서기	海甸竹枝詞 (5)	『經畹總集』
		1818	심양문안사 서장관의 종사	瀋陽雜詠 (10)	『秋齋詩稿』上
				瀋陽雜詠 (3)	『秋齋詩稿』上
				瀋河雜詠 (3)	『秋齋詩稿』上
6	朴齊家 (1750~1805)	1790~1791	진하 겸 사은 및 동지 겸 사은 수행원	瀋陽襍絕 (7)	『貞蕤閣』三集
				遼西襍絕 (3)	『貞蕤閣』三集
7	洪錫謨 (1781~1857)	1826	동지 겸 사은사행 정사군관	西山雜詠 (7)	『遊燕稿』
				皇城雜詠 (100)	
8	金進洙 (1797~1865)	1832	동지 겸 사은사행 부사군관	燕京雜詠 (80)	『碧蘆前集』
				燕京雜詠 (80)	『碧蘆後集』
				燕京雜詠 (80)	『碧蘆續集』
				燕京雜詠 (74)	『碧蘆別集』
9	李止淵 (1777~1841)	1833	진위 겸 진향 정사	燕京雜詠 (18)	『燕行錄叢刊』
10	朴永輔 (1808~1872)	1862~1863	진하부사	燕行雜言 (100)	『燕槎小草』384)

정리된 죽지사 작품은 청나라 현지민의 각종 일상과 풍속 또는 연행의 과정을 기록한 것을 위주로 구성된다. 즉 이들 작품은 紀俗

---

384) 『燕槎小草』는 박영보가 1862~1863년 진하부사로 연행하는 동안 창작한 시를 모은 연행시집으로 총 183제 357수의 작품이 실려 있다. (임영길, 「금령 朴永輔 『燕槎小草』 연구」, 『제5회 성균관대-남경대 연행록 국제학술대회』 발표자료집, 2022.)

類와 紀行類로 분류될 수 있다.

기속류 연행죽지사의 묘사 대상은 청나라 황궁·귀족층과 서민층으로 나뉜다. 예를 들어 황호의 〈연경상원사〉, 이요의 〈자유 〈연경상원사〉에 답하다〉 등 작품에서는 주로 상류층의 대보름 광경을 형상화하였다. 조수삼의 〈해전죽지사〉와 김진수의 〈연경잡영〉 등 장편 연작에는 상류층뿐만 아니라 일반 서민층의 생활 일상과 풍속 활동을 폭넓게 담아냈다.

이러한 차이가 발생한 원인은 작가가 처한 신분적 처지가 달랐기 때문이다. 앞에서 언급한 바와 같이 중서층은 본래 국내에서도 신분의 제한으로 현실에서 제대로 포부를 펼치지 못하였다. 그래서 민중과 가깝게 지내면서 자연히 그들의 생활과 풍습에 관심을 가지게 되었다. 하지만 일부는 사행단을 따라 역관이나 기타 기술직을 맡으면서 연경 현지민들과 접촉할 기회가 많았다. 이러한 정황은 그들이 중국 백성의 삶과 풍속을 자세히 살필 뿐만 아니라 관심을 가지게 되는 계기가 되었다.

기행류 죽지사는 늘 장편 연작형으로 지어졌다. 예를 들어 유득공의 〈열하기행시〉 49수와 〈요야거중잡영〉 33수는 제목에서 나온 '기행'과 '거중'이라는 말이 반영하듯이 기행의 특징이 두드러진다. 홍석모의 〈황성잡영〉 100수는 청나라의 황성인 자금성에 주목하였다. 첫머리에 자금성의 전체적인 모습을 묘사한 것에서 시작하여 자금성의 내부와 외부로 시선을 이동하면서 자연스럽게 연경의 모습을 그려냈다. 이렇게 연행 往還 중에 들렀던 여러 장소를 공간적 묘사와 시선이동을 통해 기술하였다. 그런 면에서는 전형적인 연행록의 특징을 보이기도 한다.

이처럼 조선의 연행죽지사는 종합적인 성격을 지닌 작품군으로 볼 수 있다. 다만 각 시기의 작품에서 드러난 청에 대한 인식에 차이를 보임은 주목할 만하다.

이서우는 1676년 진하사은 겸 진주 서장관으로 연경에 다녀왔고 〈연경잡영〉 6수를 지었다. 그중의 제1수는 다음과 같다.

오랑캐가 燕薊 지역에 들어온 뒤로	胡人一自入燕薊
그 성을 수축하지도 파괴하지도 않아	不修其城亦不隳
청전을 옛 주인에게 돌려주려듯하니	擬把靑氈還舊主
주인은 무슨 일로 의심할 것 있으랴.	主人何事苦相疑[385]

여기서 오랑캐가 연계에 들어온다는 것은 청의 입관을 말한다. 옛 주인은 명나라를 가리킨다. 청전은 선대로 전해진 귀한 유물을 이른 말로[386] 여기에서는 명나라의 것을 표현한 시어로 쓰인다. 그리하여 청을 오랑캐라고 부르고 명을 본주인으로 삼은 尊明排淸 사상을 뚜렷하게 드러냈다. 제2수의 "정조 동지사행 사절단이 회동하는 날이라, 오봉문 앞의 외국 사신 반열에 참여하네. 회회와 몽고만 있는데 삼한이 그 사이에 서 있음이 부끄럽네〔正朝冬至會同日, 五鳳門前外國班. 只有回回與蒙古, 三韓慙愧在其間〕."[387]라는 구절은 청

---

385) 李瑞雨, 〈燕京雜詠〉, 六首, 其一.(임기중,『燕行錄叢刊』, 2016년 6차 개정증보판.)
386) "偸兒, 靑氈我家舊物, 可特置之."(『晉書』卷八十, 〈王羲之列傳·王獻之〉)
387) 李瑞雨, 〈燕京雜詠〉, 六首, 其二.(임기중,『燕行錄叢刊』, 2016년 6차 개정증보판.)

건국 초기에 청에 조공하는 나라가 별로 없었는데 조선이 청나라로 사행단을 파견하게 되었다. 그 계기는 병자호란에서 패배한 조선이 맺은 굴욕적인 조약 때문이다. 작가는 청나라로 사신을 가는 것을 치부로 여겼다. 원치도 않은 일을 맡은 와중에 외국의 사신단과 마주하게 되니 더욱 수치스러움을 느끼게 되었다. 이서우 외에도 이요, 황호, 이기지 등 18세기 전반까지 문인들의 작품에서 이러한 崇明義理가 드러났다.[388]

그러나 이전까지의 완고한 華夷觀과 對淸意識이 18세기 전반에 와서 조금씩 균열되고 있었다.[389] 후기에 갈수록 조선의 문인들은 청의 문명을 인정하게 되면서 청나라의 다양한 문물과 풍속을 수용하는 태도가 나오기도 하였다.

경풍도 밖에 화렴 드리우고	慶豐圖外火簾垂
종이 나비 분분히 옥계단에 부딪치는데,	紙蝶紛紛打玉墀
〈만수태평〉 한 곡을 부르니	萬壽太平歌一曲

---

[388] 黃屎, 『漫浪集』 卷之一, 〈燕京上元詞〉 十二首, 其十二, "自古燕京歌舞地, 祇今鐵馬塵沙起. 可憐絲管漫紛紛, 半雜胡笳亂客耳."; 李器之, 『一菴集』 卷之一, 〈燕京雜詩〉 十首, 其五, "漢人淸人烏金超, 西㺚西洋與蒙古. 雜處華夷俗漸淯, 百年滓穢中原土."; 其七, "寶燈光射明珠彗, 金鼎香凝碧殿昏. 神像儼臨狀若帝, 羣胡膜拜頭如䭔."; 其九, "東出朝陽日向闌, 北風塵起暗天端. 當街爲問金臺路, 無數胡兒擁馬看."; 李器之, 『一菴集』 卷之一, 〈燕行絶句〉 十一首, 其一, "北平城南射虎石, 遙看疑虎近還非. 殘碑落日山坡下, 兩兩胡兒打獵歸."; 其五, "盧龍塞上雪紛紛, 白草邊聲處處聞. 蕭瑟黃楡千萬樹, 未防胡騎入燕雲."; 其十, "錦州城市自繁華, 誰記他時百戰多. 漢女樓頭彈瑟坐, 胡兒馬上臂鷹過."

[389] 윤재환, 「18세기 전반 燕行錄에 나타난 뒤얽힌 인식과 下民의 묘사」, 『韓民族語文學』 제85집, 한민족어문학회, 2019, 156쪽.

걸려 있는 등 사이로 글씨 선명히 나타나네.　　　分明書出掛燈枝[390]

위에 인용한 시는 조수삼의 〈해전죽지사〉 5수 중 제4수다. 정월에 연경 해전 지역의 화려한 모습을 담아냈다. 전구에서 〈만수태평〉을 부른 것은 청나라의 태평성세를 읊조린 것으로 보인다.

홍석모는 청나라의 자금성을 표현한 〈황성잡영〉를 남겼다. 작품의 제1수에서 "황궁에 우뚝 솟은 자금성, 해자가 둘러 있고 다리는 비껴 놓였네. 무지개다리 건너 구중궁궐 바다처럼 깊은데, 백 길의 층층 누각엔 푸른 기와가 나는 듯〔大內峭嶤紫禁城, 壕池周匝御橋橫. 駕虹九闈深如海, 百丈層樓聳翠甍〕.[391]이라고 묘사하였다. 자금성이 웅장하고 화려한 모습을 형상화하였다.

김진수의 〈연경잡영〉은 첫머리로부터 "아홉 궁문의 자물쇠 채운 웅장한 황성〔九門魚鑰壯皇城〕"[392]이라고 청나라 자금성의 웅장함을 노래하였다. 또한 "번화하고 장려함이 비록 참된 실경이나, 내가 사람들에게 말한들 어찌 쉽게 알랴?〔繁華壯麗雖眞景, 說與人聽豈易知〕."[393]에서 연경의 번화, 장려함을 표현하면서 조선 사람들에게

---

390) 趙秀三, 『經畹總集』(동국대학교 소장 필사본), 〈海甸竹枝詞〉 五首, 其四, 번역은 김영죽, 위의 논문(2008a), 85쪽의 번역을 참고하되 문맥을 고려하여 일부 수정하였다.
391) 洪錫謨, 『遊燕稿』, 〈皇城雜詠〉 百首, 其一, 번역은 홍석모(저)/이관성(역) 『달빛아래 연경에서 노닐며』, 도서출판 문진, 2010, 359쪽의 번역을 참고하되 문맥을 고려하여 일부 수정하였다.
392) 金進洙, 『碧蘆前集』 其二, "九門魚鑰壯皇城, 上可將軍小隊行. 畫屋街街春似海, 一竿紅日賣花聲."
393) 金進洙, 『碧蘆別集』 其四十四, "北學陳良憶聖時, 西征潘岳有清詞. 繁華壯麗

전하려는 마음도 드러냈다. 그는 청나라의 표면적인 모습 외에 풍부하고 훌륭한 문화 및 제도에 대해서도 많은 관심을 가지고 있었다. 예를 들어 그는 청의 '四庫', '國學', '辟雍' 등 문물제도를 자세히 소개하였다. 그 외에도 청의 교육 방식과 과거제도 등에 대한 관심이 학당과 문사들에 대한 호기심으로 확대되어 〈學堂〉 5수와 〈貢士〉 8수를 남겼다.[394]

강희제의 밝은 지혜로 여러 인재 움직여	康熙睿哲馭羣英
성덕 담긴 도서들을 모두 집성하였네.	溫洛圖書揔集成
위급한 형세 되돌려 튼튼한 기반 이루려고	凜綴旒回磐泰勢
먼저 문교 베풀어 기풍을 세웠다네.	先將文敎樹風聲[395]

위는 김진수의 〈연경잡영〉 중 〈四庫〉 5수 가운데 제1수이다. 기구와 승구에서 청 강희제가 『圖書集成』의 편찬을 명함을 높이 평가하였다. 이 작품에서는 건륭제의 명령에 따라 편찬된 『四庫全書』뿐만 아니라 그 이전 강희제 시기의 『도서집성』도 함께 소개하였다. 전구와 결구에서 나라의 위급한 형세를 극복하기 위해 먼저 문교로 새로운 기풍을 세운 강희제의 치적을 극찬하였다. 청나라가 도서집

雖眞景, 說與人聽豈易知."
394) 이는 필자, 위의 논문(2021), 330쪽에서 〈연경잡영〉의 소재상의 특징 부분에서 논술한 바 있다.
395) 金進洙, 『碧蘆前集』 其二十五, 번역은 〈한국고전종합DB〉의 번역을 참고하되 문맥을 고려하여 일부 수정하였다.

성을 통해 문교를 성공적으로 실행한 점을 통해 작가는 깨달은 바가 있었다. 조선도 청의 장점을 잘 소화해내서 나라의 문제점을 해결해 기를 기원하였다. 이러한 생각은 북학파가 청의 우수한 문명을 받아들여 잘 배우고자 하였던 주장과 일맥상통한 것이다.

상술한 바와 같이 조선의 연행죽지사는 소재의 분류에 따라 기속 및 기행의 성격을 지니는 종합적인 죽지사로 볼 수 있다. 이들 작품에서 드러난 작가 의식과 청에 대한 인식은 17세기 중후반부터 18세기 전반과 이후 시기로 구분하여 시대별 특징을 도출할 수 있다. 앞 시기의 연행죽지사에서는 당시 조선에서 유행하던 숭명의리 정신으로 반청의 정서가 짙게 드러났다. 후기의 작품에서는 청에 대한 인정과 함께 청의 우수한 문명을 배우려는 의식이 점차 대두되었음이 확인된다.

② 일본에 대한 태도의 固守

외국죽지사의 묘사 대상 중에 중국에 버금가는 국가는 일본이다. 이 종류는 사행을 통해 직접 일본에 다녀온 문인들이 지은 것과 일본에 가지 않고 각종 문헌자료를 기반으로 창작한 것으로 나눌 수 있다. 전자의 경우에는 일본 사행을 통해 현지에서 견문한 바들을 표현한 것으로 앞서 언급한 연행죽지사처럼 기속 및 기행의 성격을 지녔다. 이를 통해 조선 죽지사 작가들의 일본 인식양상이 어떠한지를 파악할 수 있다. 해당 작품은 다음과 같다.

<표13> 일본죽지사 목록

구분	순번	작가	연행시간	신분	작품(수)	출처
사행	1	申維翰 (1681~1752)	1719	제술관	日東竹枝詞 (34)	『青泉集』卷之二
	2	金奭準 (1831~1915)	?	역관	和國竹枝詞 (22)	『紅藥樓詩集』
자료	3	趙秀三 (1762~1849)			日本 (3)	『珍珠船襟存』 〈外夷竹枝詞〉
	4	李尙迪 (1804~1865)			日本竹枝 (20)	『恩誦堂集續集』 詩卷一
	5	李裕元 (1814~1888)			日本國 (1)	『嘉梧藁略』冊一

　　조선을 건국한 태조 이성계는 8세기말 이래로 600여 년간에 걸친 일본과의 국교 단절 상태를 청산하고자 하였다. 그래서 당시 일본의 아시카가 幕府와 통교를 재개하였다. 조선은 1401년에 일본의 아시카가 막부는 1403년에 명을 중심으로 하는 동아시아의 冊封體制에 각각 편입하였다. 양국 모두 국교 재개에 적극적 태도를 보였다. 이에 1404년 아시카가 足利義滿의 國書를 지참한 日本國王使를 조선에 파견하였다. 조선 왕조는 이를 접수하여 양국 간에 정식으로 국교가 체결되었다. 그 후 양국은 중앙 정부간에 사절을 교환하였는데 일본의 막부에서 조선으로 보낸 사절을 '日本國王使'라고 불렀고 조선에서 일본 막부에 보낸 사절을 '通信使'라고 하였다. 일본으로 파견되던 통신사 일행의 구성을 보면 文官 堂上官 가운데 선발되는 되는 正使, 副使, 從事官으로 구성되는 三使와 譯官, 製述官, 子弟軍官 등 기타 수행원 일행으로 편성되었다.[396]

서얼 출신의 문인 신유한은 詩文唱酬의 임무를 맡은 제술관의 자격으로 1719년에 일본을 다녀왔다. 그가 일본에 다녀온 지 28년 뒤에 남태구가 통신 부사로 일본에 가게 되었다. 업무를 수행하기 전에 그는 신유한에게 일본 기행시를 써줄 것을 청하였다. 그러자 신유한은 그에게 〈일동죽지사〉 34수를 지어줬다. 이 작품은 칠언 사구 연작의 형식으로 제술관의 시각에서 일본에서 견문한 바들을 형상화하였다.

작품의 순서는 일본으로의 경로, 일본 현지의 각종 풍물, 인적 교류와 귀환의 순서로 구성된다. 사행 과정을 기록한 작품은 수로로 출발한 시점부터 후쿠오카, 오사카에 걸쳐 도읍인 에도에 도착할 때까지의 往還을 자세히 기록하기도 하였다.[397] 그리고 사행 도중 각 지역에서 접한 현지민의 각종 풍속과 일상을 다루기도 하였다.[398] 일본의 문인들과 시문창수를 한 것도 기술하였다.[399] 이처럼 신유한

---

396) 하우봉, 「조선 후기 통신사행원의 일본 고학 이해」, 『日本思想』 제8호, 한국일본사상사학회, 2005, 172~176쪽.

397) 예를 들면 그 중의 제1수 "錦帆南過水宗高, 蠻浦燈竿簇百艘."에서 수로로 출발한 장면, 제5수 "福岡十里博多津"에서 일본의 후쿠오카에 도착한 장면, 제2수 "黑羽高旗紅漆傘, 大艑迎揖是宗倭."에서 일본에 도착한 장면, 제8수 "黃金船舶紫綾帷, 大坂繁華第一奇."에서 오사카에 온 장면, 제13수 "岡碕賓舘好樓臺, 慰使朝從江戶來. 言是國君勞遠客, 命官千里計程回."에서 사행의 종착지인 일본의 도읍 에도에 도착하였음을 일일이 사행 도중을 기록하였다.

398) 예를 들어 제18수 "仙區寶泰千年寺, 金竹如椶世所稀. 一枝靑橘斜穿壁, 每憶淸香襯客衣."; 제20수 "金龍館舍列華燈, 帳御庖廚百物能. 說到眼中殊怪處, 冬無煖突夏無氷."; 제28수 "桑梅練酒上諸白, 靑玉琉璃瑪瑠甁. 鯨膾珍肴稱第一, 別論糟粕漬魚腥."; 제29수 "處處丘岡樂事繁, 一年佳節是中元. 男喧女聒燈千點, 白折饅頭酒滿尊."

399) 예를 들어 제3수 "蕭條跛角西山寺, 冷壁愁靑壓夢燈. 杉煮一盆諸白酒, 小詩孤

의 작품은 기행 및 기속류 소재를 한편 속에 다룬 종합적인 성격을 띤다.

김석준은 역관 金繼運의 아들이다. 역관 이상적으로부터 시를 배웠으며 같은 역관이었던 吳慶錫 등과 긴밀히 교류하였다. 그는 역관의 자격으로 직접 일본을 다녀왔고 사행 중에 견문한 바와 각종 잡기에서 나온 내용을 기반으로 하여 일본의 역사, 지리, 풍속 등을 〈화국죽지사〉 22수로 기술하였다.[400]

이상적은 직접 일본에 가지 않지만, 일본의 옛이야기와 일화 등을 채집한 여러 자료를 참조하여 〈일본죽지〉[401]를 지었다. 참조 자료와 관련돼서 제18수에서 "이덕무가 그 옛날 『蜻蛉國志』 지으면서, 초목은 어찌 그리 많고 민풍을 채집함엔 소루하였나?〔青莊當日蜻蛉志, 草木何多漏采風〕."[402]라고 말한 바 있다. 이는 그가 죽지사를 지

和以酊僧."에서 그는 일본 對馬島에 도착하여 以酊菴의 승려와 같이 시를 창화하였음을 기록하였고, 제32수 "白石芳洲今在否, 翩翩詩札定超羣."에서 일본의 대표적인 문인 우삼동과 교유하였음을 기록하였다. 또한 그는 "日本人與余對坐酬唱者, 率多粗疎遁塞, 語無倫序. 或見其囊中私藁, 時有一句一聯之最佳者, 視席上所賦, 全是天壤." 申維翰, 『青泉集』 續集 卷之八, 〈海游聞見雜錄〔下〕〉, 〈外俗〉, "又問於東曰: '琉球官人之識字者, 或有傳詩文否?' 答曰: '聞有程寵乂者至中國西湖 有詩云: 〈西子湖頭唱竹枝, 不堪往事繫人思. 波濤白晝錢王弩, 風雨蒼山陸相祠. 衣濕雲香三筑路, 囊餘柳色六橋詩. 難將東海勞臣意, 說與栽梅處士知.' 有 『雪堂燕遊草』 一卷行于世云."(『青泉集』 續集 卷之八, 〈海游聞見雜錄〔下〕〉, 〈文學〉) 에서 확인한 듯이 신유한은 사행 내내 시문에 대해 많은 관심을 가지면서 일본의 문인에게 다른 외국 문인의 시문을 알아보기도 하였다.

400) 林榮澤, 『李朝後期閭巷文學叢書5』, 『紅藥樓詩集』 金奭準, 〈序文〉, "同治癸亥春二月, 覲家大人於萊館, 暇日與和人游. 錄所聞所見且掇雜出記載者, 作五律卄二首, 以備竹枝一體."

401) 李尙迪, 『恩誦堂集續集』 詩卷一, 〈日本竹枝〉의 원제목은 〈日本畫生南畊倩人索書扇聯因掇拾伊國舊事佚聞之雜出於記載者戲作七絶卄首以備竹枝一體〉이다.

을 적에 유득공처럼 조선 문인들의 일본자료를 위주로 참고하였음을 짐작할 수 있다.

반면에 조수삼과 이유원은 중국의 문헌자료를 참조하여 일본 죽지사를 완성하였다. 조수삼은 중국의 『方輿勝略』에 나온 일본과 관련된 내용을 참조하여 〈일본〉 3수를 지었다. 그 작품의 제3수는 "文身과 漆齒로 여인은 용모를 꾸미고 신을 벗고 머리 조아려 공경을 표하네. 고운 흙에 감저 심어 금을 뿌려 담아낸다, 平·原·藤·橘가 존귀한 네 성씨라〔文身漆齒女爲容, 脫屨叩頭恭應命. 嫩土甘藷灑金飯, 平原藤橘四尊姓〕."[403]이다. 이 부분은 지리지 못지 않게 풍속적인 내용을 자세히 담아냈지만 작가가 현지에 가지 않아서 현장감이 부족하다. 이유원이 청나라의 『職貢圖』를 참조하여 지은 〈이역죽지사〉 30수 가운데는 일본을 읊은 〈日本國〉 1수도 포함된다. 이 죽지사도 일본의 역사와 주요 풍습을 간략히 소개하였다.[404]

조선의 일본죽지사에서는 조선 지식인들의 일본에 대한 인식 태도가 분명하게 드러난다. 먼저 신유한의 작품 〈일동죽지사〉 제32수에서는 "오랑캐 말소리에 벌레 모양의 글씨를 어찌 글이라 하리오, 봉래산 바다 위의 구름을 제멋대로 칠한 격이라."[405]라고 읊었다. 이

---

402) 李尙迪, 『恩誦堂集續集』 詩卷一, 〈日本竹枝〉, 二十首, 其十八.
403) 趙秀三, 『珍珠船襏存』, 〈外夷竹枝詞·日本〉, 번역은 김영죽 위의 논문(2008a) 156~157쪽의 번역을 참고하되 문맥을 고려하여 일부 수정하였다.
404) 李裕元, 『嘉梧藁略』 冊一, 〈異域竹枝詞〉, 〈日本國〉, "古昔倭奴唐日本, 信巫崇釋性佻狼. 此生如寄輕鴻毛, 一釖隨身無邇遠." 註釋: "古倭奴, 唐改日本, 性狡狼輕生, 信巫崇釋, 出入佩刀釖."
405) 이 작품의 원문은 각주 251번의 인용문과 같다.

는 "오랑캐 말소리에 벌레 모양의 글씨를 어찌 글이라 하리오?"라며 일본의 언어와 문학을 비난한 것이다.[406] 이러한 태도는 그의 기타 작품에서도 보인다.[407] 신유한은 일본의 〈문학〉을 논하였는데 일본에는 원래 문자가 없었고 백제왕이 문사를 보내 가르쳤다고 언급하였다. 그리고 일본의 시문에 대해 혹평을 가하였다. 이 외에 한 것이 일본의 불교 사상과 武治정치를 어떻게 이해하였는지도 확인된다.

삼종 사집을 신앙한 여러 배신들	三宗四執衆陪臣
맨발과 백륜 차림으로 조정을 향하였네.	跣足趨朝曳白綸
천황이 전적으로 정권을 수여한 이래	一自天皇專授政
대장군이 국왕의 실무를 대리한다네.	大將軍攝國王眞[408]

---

[406] 申維翰, 『青泉集』 卷之二, 〈日東竹枝詞〉 三十四首, 其二十六, "蠻音聽慣渾如舊, 面面街童祝好歸."에서 일본 백성들이 쓰는 일본어를 '오랑캐 말'이라고 칭하였다.

[407] 申維翰, 『青泉集』 續集 卷之八, 〈海游聞見雜錄[下]〉, 〈文學〉, "倭國舊無文字, 百濟王遣文士王仁, 阿直歧等, 始敎文字. 經年講習, 粗有所傳. … 余初至馬島, 雨森東謂余曰: '日本人學爲文者, 與貴國懸殊, 用力甚勤, 成就極難. 公今自此至江都, 沿路所接引許多詩文, 必皆拙朴可笑之言, 而彼其千辛萬苦, 艱得而僅有之詞也.' … 日本爲文者. 皆以 『八大家文抄』 讀習專尙, 故見其長書寫情, 則或有理瞻而辭暢者, 詩則人人自謂欲學唐音, 而無一句盡虎於古人. 夫以海外兜離之鄕, 聲律全乖, 韻語之難, 百倍於叙述之文故也. 間有人以書來問皇明王李諸家與歐蘇執賢云云. 而渠輩之學習明人者, 亦未之見也. 日本詩文中, 直賦其地山水者, 曰秦山楚水洛陽長安吳越燕蜀等語, 讀之而不知爲日本也. 彼其地名人號皆殊怪, 難以爲文, 故假用中華. 以文其陋, 又如國不產鸎鵲, 而寫景曰鸎啼鵲噪, 樂不用琴瑟, 而叙事曰 '彈琴皷瑟', 無冠而曰 '岸幘欹巾', 無帶而曰 "錦帶玉珮", 皆用虛名而不能作稱情之詞. 此則我國人亦往往犯矣. 日本人與余對坐酬唱者, 率多粗踈遁塞, 語無倫序. 或見其囊中私藁, 時有一句一聯之最佳者, 視席上所賦, 全是天壤. 余意南京海賈, 每以書籍來販於長崎島, 故順治以後, 江南才子之詩集. 多在日本, 而爲我人所未見者, 則彼或暗倫狐白而取媚於秦姬者歟."

[408] 申維翰, 『青泉集』 卷之二, 〈日東竹枝詞〉 三十四首, 其二十二.

위에 인용한 부분은 〈일동죽지사〉의 제22수다. 여기서 나온 '삼종'과 '사집'은 불교 용어로 일본 관료들의 불교 신앙을 가리킨다. 이어서 무관이 국왕의 실권을 대리한다는 일본의 무치의 정황을 언급하였다. 제10수에서도 일본의 천황이 과도하게 불교에 빠져 있음을 지목하여 비판하였다.[409] 이와 관련하여 그는 〈理學〉에서 일본의 儒學을 부정적으로 언급하였다. "일본의 性理學은 하나도 들을 만한 것이 없었다. 대개 그 政敎와 民風이 군사가 아니면 佛이므로 국내에 文廟와 鄕校도 공자를 제사 지내는 곳도 없고 또 임금과 부모의 喪服도 없으니, 그 인민이 착한 본성을 하늘에서 타고났지만, 어디로부터 도덕을 들어서 알겠는가."[410]라며 자국의 유가적 기준과 많이 다른 일본의 현실을 비판하였다. 성리학을 지향하는 조선의 문인 시각으로 일본의 정치, 사상과 풍속을 비판하고 소중화 의식을 감추지 못하였다.

일본에 대한 부정적인 인식은 이상적과 김석준의 작품에서도 보인다. 예를 들어 이상적의 〈일본죽지〉의 제5수 "과연 『상서』 백편 있느냐? 구양 칠자 사람의 의심을 사네. 잘못 고증한 제가설이라, 죽타와 잠구 또한 안다고 하네〔果有尙書百編否, 歐陽七字惹人疑. 證訛我證諸家說, 竹垞潛邱又曰知〕."[411]에서 일본 경학의 한계를 지적

---

409) 申維翰, 『靑泉集』 卷之二, 〈日東竹枝詞〉 三十四首, 其十, "金銀宮闕繡方輿, 衆道天皇似佛居. 不識朝堂何所有, 使臣吹角過門閭."
410) 申維翰, 『靑泉集』續集 卷之八, 〈海游聞見雜錄〔下〕〉, 〈理學〉, "日本性理之學, 無一可問. 盖其政敎與民風, 非兵則佛. 郡國無庠序俎豆, 又無君親喪禮, 其民雖天稟良知, 何從而得聞道也.", 번역은 〈한국고전종합DB〉의 번역을 참고하되 문맥을 고려하여 일부 수정하였다.

하였다. 제6수 "일 벌이기 좋아하는 왕인 배 한 척 띄워, 경적을 싣고 가 새로운 세상을 열었지〔多事王仁泛一航, 載將經籍破天荒〕."⁴¹²⁾에서 나온 '왕인'은 고대 일본에서 활동한 백제 학자다. 이러한 사실에 의거하여 일본의 경전은 조선이 전수하였음을 상기하였다.

김석준의 〈화국죽지사〉 제1수 "蠻州六十六"⁴¹³⁾이라는 구절에서는 일본을 오랑캐 땅이라 칭하였다. 제11수의 주석 "사십팔 자로 문장을 번안하여, 잡다하게 활용함에 또한 방도가 많다네. … 측평으로 글자를 구분하기가 어렵고, 음과 뜻은 거꾸로 하여 문장을 이루는구나〔飜文四十八, 雜用亦多方. … 仄平難辨字, 音義倒成章〕."⁴¹⁴⁾에서 일본의 문자가 가진 문제점과 한계들을 지적하는 부정적 인식을 보인다.

또한 제9수의 주석에서는 "일신을 도모함에 곧 의를 앙모하여, 죽음에 과감하고 삶을 가벼이 여긴다네. 적에게 내달림에 마치 치닫는 멧돼지와 같고, 군대를 행하면 반드시 성을 빼앗는구나. 칼과 창은 모두 예리한 병기이고, 수륙에 모두 정예병이라. 밭에서 거두는 세금이 한 해의 녹살이라, 횡포한 표범과 승냥이처럼 백성을 학대한다네〔謀身仍慕義, 敢死豈輕生. 赴敵如奔豕, 行軍必拔城. 刀槍皆利器, 水陸總精兵. 田賦爲年廩, 虐民豺豹橫〕."⁴¹⁵⁾라고 하여 일본 무

---

411) 李尙迪, 『恩誦堂集續集』 詩卷一, 〈日本竹枝〉, 二十首, 其五.
412) 李尙迪, 『恩誦堂集續集』 詩卷一, 〈日本竹枝〉, 二十首, 其六.
413) 金奭準, 『紅藥樓詩集』, 〈和國竹枝詞〉, 二十二首, 其一.
414) 金奭準, 『紅藥樓詩集』, 〈和國竹枝詞〉, 二十二首, 其十一.
415) 金奭準, 『紅藥樓詩集』, 〈和國竹枝詞〉, 二十二首, 其九.

치 정치가 민간인에게 미친 폐해를 폭로하기도 하였다.

지금까지 살핀 바들을 정리하자면 조선의 사행원은 당시에 조선이 소중화를 지향하는 선진국으로 자처하였다. 그러면서 일본을 오랑캐로 보는 태도를 견지하였다. 조선의 죽지사 작가들은 이러한 인식을 바탕으로 일본의 땅, 말, 문자, 문학 등을 오랑캐의 것이라고 하였다. 왕인의 행적을 근거로 일본의 문자와 경적을 조선이 전수하였다는 점도 언급되었다. 또한 조선 문인들은 조선이 유가적인 덕치를 잘 지향하는데 일본은 불교에 지나치게 빠져 있고 무사의 법치를 실행하여 유가적 기준과는 다르다면서 비판하였다. 이처럼 그들의 죽지사에는 조선의 기준으로 일본과 비교를 하면서 일본을 비판하는 태도뿐만 아니라 소중화 의식도 기저를 이루고 있음이 확인된다.

③ 기타: 미지 공간에 대한 관심

조선은 중국과 사대외교와 일본과 교린외교를 유지하였지만, 기타 국가들과는 교섭하지 않았다. 특히 19세기 전후기에 영국을 비롯한 구미 나라들은 조선에게 통상교역을 계속 요구하였음에도 불구하고 조선은 '藩臣無外交'와 '交隣'의 핑계로 海禁 정책을 강화하였다.[416] 이러한 분위기 가운데 조선 지식인들은 중국과 일본 외에 다른 나라에 직접 갈 기회가 없었다. 그러나 이전에 제대로 알지 못한 해외국가에 대한 관심이 점차 증가되었다. 그들은 문헌자료에서 소개

---

[416] 김원모, 「19세기 韓英 航海文化交流와 朝鮮의 海禁政策」, 『文化史學』 제21호, 한국문화사학회, 2004.

된 여러 해외국가를 접하며 죽지사의 소재로 삼기에 이르게 되었다. 대표작으로는 조수삼의 〈외이죽지사〉 133수와 이유원의 〈이역죽지사〉 30수가 있다.[417]

조수삼은 밖의 세상에 대해 강렬한 관심을 갖고 있었다.[418] 그는 중국의 『方輿勝略』의 내용을 토대로 중국과 한국을 제외한 83개국의 풍물, 지리, 역사 등을 〈외이죽지사〉 133수로 담아냈다. 구체적으로 '韃靼', '兀良哈', '女眞', '日本', '琉球', '哈蜜', '高昌', '土魯番', '魯陳', '撒馬兒罕', '天竺', '婆羅門', '亦力把刀', '佛菻', '蘇門答剌', '于闐', '默德那', '天方', '祖法兒', '覽邦', '嗒烈', '古里', '溜山', '阿丹', '南巫里', '白松虎兒', '阿速', '乞力麻力', '黑葛達', '黑婁', '哈失哈力', '呵哇', '麻林', '加異勒', '敏眞誠', '八答黑商', '火剌札', '納失者罕', '瑣里', '吐蕃', '安南', '占城', '眞臘', '瓜哇', '三佛齊', '暹羅', '柯枝', '討來思', '沙哈魯', '百花', '答兒蜜', '淡巴', '錫蘭山', '滿剌加', '忽魯謨斯', '賓童龍', '渤泥', '蘇祿', '古麻剌', '緬甸', '木邦', '播州', '建昌', '羅羅', '犵狫', '玁', '仲家', '宋家·蔡家', '五溪', '黎人', '獠', '猺人', '獞人', '曷剌比亞', '應多江',

---

417) 朴永輔, 『雅經堂詩中集』 卷三에 편성된 『一點靑燈集』의 〈小序〉에 "余嘗有〈瀛寰竹枝詞〉一千首."에서 전 세계를 대상으로 삼아 천수의 죽지사를 지었다고 밝혔는데 구체적인 작품은 확보되지 못하였다.(임영길, 위의 논문.)
418) 趙秀三, 『眞珠船複存』, 「秋齋燕行詩序」, "男子生而志四方, 況生乎褊隅者局而不得伸, 窄而不得闢, 終遂淪沒如壞蟲井蛙同歸則吁哀哉! 余生而後時, 旣不叅邦貢之中朝, 又未買大舶追五湖, 惟撫書籍時時點歎矣. 歲己酉冬蘆上李相國, 膺專對之命, 掄載筆之任, 謬以余謂有文字之責, 而卑其事. 余雖愧無華國之手, 而夙有觀周之志, 於是乎, 出而不辭.", 김영죽, 위의 논문(2008c) 83쪽에서 이를 자세히 소개한 바 있다.

'鬼國', '北室韋', '拂郞察', '勿耨茶', '突浪', '夜叉', '紅毛國' 총 83개국을 읊었다.[419)]

83개국 중 동아시아가 3개국, 동남아시아 16개국, 북아시아 3개국, 인도양지역 21개국, 중앙아시아 18개국, 화남지역 14개국, 유럽 3개국, 미상 5개국으로 미상을 제외하면 97%가 아시아와 인도양 지역에 있는 국가다. 여기에서 '外夷'는 아시아 대륙과 인도양 지역으로 구성되어 전통적 이역의 범주와 일치하였다. 다만 그는 가능한 한 『방여승략』의 중국적인 시각으로 담아낸 조공과 관련된 사항은 삭제하였고 풍속, 정사 외국열전에 기록된 이칭, 소수민족일 경우 그 기원 등 객관적인 소개를 실었다.[420)] 이들 작품은 객관적인 소재를 위주로 이루어져 현장감이 결여되었다는 한계가 있다.

이유원은 청나라의 『職貢圖』를 참조하면서 '琉球國', '安南國', '暹羅國', '蘇祿國', '南掌國', '緬甸國', '大西洋', '合勒未祭亞省', '翁加里亞國', '波羅泥亞國', '洋黑鬼奴', '洋僧尼', '小西洋國', '英吉利國', '法蘭西國', '嚧國', '日本國', '馬辰國', '汶萊國', '柔佛國', '荷蘭國', '俄羅斯國', '宋腒朥國', '東埔寨國', '呂宋國', '咖喇吧國', '嘛六甲國', '藤喇國', '亞利晚國', '西藏諸番' 총 30개국을 읊은 〈이역죽지사〉를 완성하였다.[421)] 주로 각국의 인물·복식·기계·풍속을 다루었는데 뒷부분에 자세한 주석을 달아 부연 설명하기도

---

419) 趙秀三, 『珍珠船襵存』, 〈外夷竹枝詞〉.
420) 박혜민, 「조선 후기 유럽에 대한 지리적 상상력 -〈외이죽지사〉와 〈이역죽지사〉를 중심으로」, 『洌上古典硏究』 제49집, 열상고전연구회, 2016, 367~371쪽.
421) 李裕元, 『嘉梧藁略』 冊一, 〈異域竹枝詞〉.

하였다. 전체적으로 객관적인 소개를 중심으로 하여 작가의 개인적인 평가나 태도가 개입하지 않은 것으로 보인다.

또한 조선의 사신들이 연경의 外國館에서 직접 다른 외국의 사신들과 접할 때 이들 나라에 대해 많은 정보를 얻어 창작한 작품도 있다. 예를 들어 김진수의 〈연경잡영〉에 있는 〈외번잡영〉 7수와 홍석모의 〈황성잡영〉에서 외관들과의 교류와 그들의 문화나 풍습을 형상화하였다. 이처럼 조선이 해외국가들을 읊은 외국죽지사를 창작할 수 있었던 주요 경위는 당시 중국에 있던 해외문물들과 외국사신들이었다. 이들은 조선의 지식인에게 세계를 파악하는 통로이자 정보의 장이 되었다고 볼 수 있다.[422]

19세기에 중국은 서양 세력의 침략을 받았다. 이에 따라 중국 사회는 서양 세력의 영향하에 많은 변화가 일어났다. 조선 문인들에게 서양은 실제로 가보지 못한 곳이지만 당시 국제정세의 흐름은 그 미지의 공간을 알아봐야 되고 대응해야 하는 위기의식을 가져다주었다. 조선은 그러한 불안에 처하게 되면서 중국을 왕래하면서 얻은 서구 국가에 대한 정보를 죽지사의 소재로 활용하기에 이른다. 또한 앞에서 언급한 바와 같이 중국의 외국죽지사는 우동이 지은 작품을 제외하면 거의 대부분이 실제로 접하였던 외국의 풍경을 읊은 작품

---

[422] 신익철, 「18~19세기 연행사절의 북경 천주당 방문 양상과 의미」(『敎會史硏究』, 06, 한국교회사연구소, 2014)에서 조선은 정기적으로 보내는 연행사절을 통해 서양 문물과 접촉할 수 있었는데 그 중의 대표적인 한 가지인 연경의 천주당을 예로 들어 살펴보았다. 연경 죽지사는 연행문학의 한 가지로 천주당 외에 더 넓은 측면의 외국적 정보를 담아냈음으로써 즉 필자는 중국은 조선 지식인들이 세계를 인식하는 주된 통로로 볼 수 있으리라 여긴다.

들이다. 따라서 가보지 못한 미지의 공간을 시적 대상으로 삼은 외국죽지사의 창작은 한국 죽지사의 특징적인 면모로 볼 수 있다.

지금까지 한국 죽지사의 핵심 내용과 관련된 주제화 양상을 두루 살펴보았다. 이를 백성의 삶과 풍속, 조선의 강역과 풍부한 문물, 외국사행 체험을 통해 얻은 이국적인 소재로 나뉘어 분석하였다.

민중의 영역과 관련된 소재류는 죽지사의 기본적인 성격인 민간친화적 특징을 견지한다. 그래서 그 특성이 주류를 이루는데, 이는 세 가지로 분석할 수 있다. 첫째, 민간인의 삶에 포함된 남녀 연정은 조선 시대 전반에 걸쳐 죽지사의 주요 주제로 활용되었다. 조선 전기와 중기의 작품에는 남녀 연정을 읊는 데 낭만적인 정취가 농후하게 드러났다. 반면에 조선 후기는 현실적 인식이 한층 부각되었다. 둘째, 백성의 일상생활에 있어서 생계노동과 유유자적한 여가생활의 모습을 객관적으로 보여주거나 그들이 직면한 현실적인 문제들을 폭로하고 비판하였다. 셋째, 민간풍속과 관련되어 지역적 소재의 일부로 풍속을 읊어 풍속지를 연상케하는 특징을 지닌 작품들이 연달아 나왔다. 다만 작가의 신분적 처지에 따라 세부적인 소재의 선정과 묘사의 시각 또는 표출된 인식에 차이가 있다. 이로 인해 작가들의 작품은 조선의 뭇사람들의 다채로운 모습을 형상화하였다.

조선의 수려한 강산과 역사 문물의 묘사에 있어서 주요 대상 지역은 문화의 발상지인 대동강 유역의 관서 지방과 낙동강 유역의 죽지사 발원지이자 삼국시대 가락국의 소재지인 영남 지방이다. 또한 관서 지방의 역사적 고도인 평양 및 변경지역인 용만, 영남 지방의 주요 사적지인 금관 및 근처의 금릉 네 지역은 죽지사 작가들로부터 꾸준한 관심과 주목을 받아왔다. 이들은 회고적인 정서와 더불어 자국 강역 및 문물에 대한 자부심을 투영한 죽지사를 남겼다.

외국죽지사 중에 중국과 일본을 묘사 대상으로 한 죽지사가 적잖다. 그 외에는 문헌자료의 기록을 참조하여 미지 공간인 여러 외국을 형상화한 죽지사가 있다. 그중의 연행죽지사는 기속 및 기행의 성격을 아우르는 종합적 죽지사이다. 이 종류의 죽지사에서 주목할 만한 한 점은 이전 시기의 연행죽지사에서 당시 조선에서 유행하던 존명반청의 의식이 두드러졌던 것에 비하여 보다 개방적으로 나아갔다는 것이다. 이는 18세기 후반에 들어 점차 청에 대한 개방적 태도가 형성되어 간 시대적 동인에 의한 것이다. 그리하여 청의 우수한 문명을 배우려는 의식이 대두되는 계기로도 작용하였다. 반대로 일본죽지사에서는 조선을 소중화를 따르는 선진국으로 자처하였다. 게다가 일본의 문화를 오랑캐라는 선입견으로 파악하는 성향이 강하였다. 그래서 일본의 땅, 말, 문자, 문학에 오랑캐의 것이라는 폄훼성 어린 말로 비하하였다. 조선의 유가적 기준과 정치와 다르게 돌아가는 일본의 전반적 특성을 부정적으로 인식하였다. 특히 일본이 오랑캐 나라라서 불교에 침잠하였고 무사 집단이 주권을 잡는 법치가 제도화된 현실을 거듭 비판하였다. 또한 중국과 일본 외에 가보지 못한 기타 여러 외국을 읊은 외국죽지사의 창작은 한국 죽지사의 특징적인 면모를 보여준다.

이처럼 조선 각 시기 각 계층 문인들의 눈에 보이는 다양한 민중의 삶과 풍속, 조선의 강산과 역사, 문물, 사행을 통한 이국적 문화의 체험과 관심 등이 죽지사 작품에서 형상화되어 한국 죽지사만의 특질을 확보하였다고 볼 수 있다.

3. 형식 및 표현 방식

한국에서는 오랜 시기에 걸쳐 죽지사가 꾸준히 창작되었고 형식적 측면에도 다양한 변화가 있었다. 그리고 작가들이 구사한 시어에도 점차 주체적인 언어 의식이 투영되어나갔다. 이러한 변화는 죽지사 형식의 다양성과 새로운 가능성을 보여주는 것이기에 주목할 만한 부분이라고 생각한다. 본절에서는 한국 죽지사의 형식과 표현상의 다양한 변모 양상을 구체적으로 살펴보겠다.

1) 형식의 다양화와 重層的 성격

앞의 개념 정의 부분에서 언급한 바와 같이 죽지사의 기본적인 형식은 칠언 사구 연작형이다. 그러면서도 시구 외에 주석, 서문 같은 기타 요소가 자주 등장한다. 한국 죽지사는 초창기부터 형식상의 변모가 이루어지기 시작하였고, 과도기와 전성기에는 이전 시기보다 다양한 면모를 가지게 되었다. 특히 한 작품의 시구의 장편화나 연작형 작품의 연작 규모의 확장으로 인해 죽지사는 紀俗이나 抒情 외에 紀事, 敍述, 抒懷 등 중층적인 성격을 갖추기도 하였다. 본절에서는 시구 형식, 서문 및 주석의 변모와 이에 따른 죽지사의 성격상 변화를 살펴보고자 한다.

① 詩句 형식의 변모

먼저 시의 句式 및 篇數의 변모부터 보겠다. 김종직이 〈응천 죽지곡 구장을 써서 양씨 여인에게 주다〉에서 칠언 사구와 9편의 연작 형식을 취한 것은 죽지사의 효시로 여겨졌던 당나라 유우석의 칠언 사구 9편의 연작 〈죽지사〉를 본떴음이 틀림없다. 김맹성도 이를 본 받아 칠언 사구의 〈가천죽지곡〉 9수를 지었다. 김시습의 〈죽지사〉 3수, 성현의 〈죽지사〉 10수, 유호인의 〈함양람뢰죽지곡십절〉 10수 등의 작품들 역시 모두 칠언 사구의 연작시이다. 이런 점을 미루어 보면 한국 죽지사의 형식상의 기본적인 특징은 칠언 사구와 연작형으로 볼 수 있겠다.

그러나 실질적으로는 조선 전기로부터 죽지사의 형식에 변모가 드러나기 시작하였다. 일반적인 시구 형식과 달리한 작품은 다음과 같다.

〈표14〉 죽지사의 句式 변모 양상

순번	句式	작품	작가	창작 시기
1	七言六句	〈竹枝詞〉	趙時琢	조선 후기
2	七言八句	〈三疊和栢堂效竹枝體〉	金時敏	조선 후기
		〈戱吟竹枝〉	黃後榦	조선 후기
		〈竹枝詞〉	鄭東植	조선 후기
		〈竹枝詞〉	趙時琢	조선 후기
3	七言長篇	〈代李太白魂誦傳竹枝詞〉	李縡	조선 후기
		〈夢傳竹枝詞〉	李匡德	조선 후기
		〈竹枝詞一闋和贈宋致車晉翼〉	張錫英	조선 후기
4	五言四句	〈偶製西原竹枝三絶以資新腔〉	俞好仁	조선 전기
		〈竹枝詞〉	鄭栻	조선 후기
5	五言律詩	〈和國竹枝詞〉	金奭準	조선 후기
6	雜言	〈竹枝歌〉	黃汝獻	조선 전기

제4장 창작 의식과 표현 방식의 특징 **233**

위의 표에서 나온 바와 같이 한국 죽지사의 형식상 최초의 변화는 유호인으로부터 비롯하였다.

絃矢 / 十年別, 歸期 / 苦相侍.
君看 / 精衛鳥, 含木 / 塡東海.[423]

여기에서 '새로운 곡조(新腔)'라는 말은 새로운 리듬과 형식을 뜻한다. 오언 사구의 짧은 형식으로 각 구절의 리듬은 글자수에 따라 '2·3'로 나누어졌다. 총 20개의 글자에 리듬이 네 번 바뀌는 定型이다. 이러한 짧은 형식의 사용은 정식의 〈죽지사〉 "二妃 / 當年怨, 千秋 / 寄竹枝. 三更 / 風雨夜, 蕭瑟 / 訴餘悲."들 수 있다. 이처럼 오언 사구의 작품은 일반적인 칠언 사구 형식 '4·3'의 리듬[424]보다 짧은 형식으로 빨리 바뀌는 리듬으로 이루어져있다.

또한 조선 후기에 오언 율시의 죽지사가 등장하는데 김석준의 〈화국죽지사〉 22수가 그 예다. 그중의 한 수를 보자.

---

423) 兪好仁, 『㵢谿集』 卷之一, 〈偶製西原竹枝三絶以資新腔〉, 其二.
424) 金宗直, 〈凝川竹枝曲九章書與梁娃〉, 其一, "絲管高樓 / 鳴珮環, 頓香半落 / 蓼花灣. 鴛鴦屬玉 / 雙雙舞, 惹得愁攢 / 八字山."; 金孟性, 〈伽川竹枝曲〉九首, 其一, "侍宴江樓 / 留玉環, 霞裙一抹 / 照淸灣. 幽蘭曲罷 / 天將暮, 愁倚雕欄 / 看碧山."; 金時習, 〈竹枝詞〉, 三首, 其一, "一片紙帳 / 白於雲, 夜撒東窓 / 直到昕. 擬夢情人 / 眠不得, 數條香線 / 減三分."; 成俔, 〈竹枝詞〉 十首, 其一, "淸江潮退 / 欲斜暉, 吳兒刺船 / 緩緩歸. 今夜不知 / 何處泊, 菰蒲深處 / 鯽魚肥." 이들 작품처럼 일반적인 칠언 사구의 작품은 각 구절의 리듬은 글자수에 따라 '4·3'로 되어 있어 총 스물여덟 개의 글자에 리듬이 네 번 바꾸는 형식이다.

茸不 / 合尊者, 來都 / 日向州.
喫齋 / 非祝髮, 尸位 / 但居樓.
傀儡 / 裝人面, 金銀 / 飾碼頭.
奉行 / 專國命, 天帝 / 摠無憂.[425]

위 작품의 운자는 '州', '樓', '頭', '憂'로 平聲韻의 '尤聲' 운을 사용한 것이다. 함련 "喫齋非祝髮, 尸位但居樓."와 경련 "傀儡裝人面, 金銀飾碼頭."가 대구가 되어 오언 율시의 형식을 갖추었다. 이 작품의 형식에 대하여 金尙鉉은 "외국죽지사는 모두 칠언 절구를 사용함을 대략 언급한 바 있는데 이 작품은 오언 율시로 한 지방의 풍속을 두루 읊어 이미 새로운 예를 이루었다. 정교하고 세련된 가운데 청신하고 경구가 많으니, 우동의 칠절과 비교해 보더라도 나으면 나았지 모자람이 없다〔外國竹枝詞皆用七言絶句畧約說過. 此詩之以五律纖該一域風土已是剏例. 精緻礲錬間多淸警之語. 較尤展成之七截有過而無不及耳〕."[426]라고 하였다. 이는 김석준의 〈화국죽지사〉를 청나라 우동의 칠언 절구 형식의 〈외국죽지사〉와 비교하여 높이 평한 것이다.

이 외에 전통적인 악부시의 형식을 사용한 작품도 보인다. 예를 들어 조선 전기 황여헌의 〈죽지가〉 4수 중 제1수는 다음과 같다.

---

425) 金奭準, 『紅藥樓詩集』, 〈和國竹枝詞〉, 二十二首, 其一.
426) 金尙鉉, 〈後題〉.(『紅藥樓詩集』, 〈和國竹枝詞〉.)

竹枝歌 / 竹枝歌, 歌罷千年 / 遺恨多.
西風一夜 / 湘水冷, 洞庭木落 / 生層波.[427]

위 작품의 첫 구절에서 〈죽지가〉가 반복적으로 나온다. 이는 민요체를 활용함으로 인한 것이라고 생각된다. 시인이 민요의 곡조를 염두하여 전통적인 악부시의 형식을 차용하여 이 작품을 지은 것으로 짐작된다.

조선 후기에는 상대적으로 자유로운 칠언 육구의 악부시 형식을 취한 죽지사도 지어졌다.

秋風 / 摵摵 / 贗隨陽, 落葉 / 蕭蕭 / 月映床.
湘江 / 翠竹 / 千年碧, 洞庭 / 金橘 / 幾回黃.
游子 / 遠戍 / 何處是, 高樓 / 蘭燭 / 因恨長.[428]

위 시에서 사용된 칠언 육구도 전통적인 악부시에서 흔히 사용된 형식이다. 아울러 이 시에서는 악부 민가에서 흔히 쓰이는 첩어('摵摵', '蕭蕭')도 사용하여 악부시에 가까워 보인다.

또한 일반적인 칠언 사구보다 긴 형식인 칠언 팔구의 작품도 연달아 나왔다.

---

427) 黃汝獻, 〈竹枝歌〉四首, 其一.
428) 趙時琢, 〈竹枝詞〉.(『閭巷文學叢書10』・『風謠續選』卷五.)

髻垂 / 當日 / 騎常走, 頭白 / 如今 / 仗以行.
每涉 / 欹橋 / 頗得力, 遽登 / 危棧 / 亦扶傾.
老翁 / 已結 / 平生契, 衰脚 / 猶思 / 遠近程.
別是 / 撫摩 / 相約意, 百年 / 賴爾 / 步還輕.[429]

이 작품은 칠언 팔구의 형식이다. 각 구절은 '2·2·3'의 리듬으로 되어 있다. 작품의 운자는 '行', '傾', '程', '輕'으로 평성운 가운데 '庚' 운을 사용하였다. 이러한 칠언 팔구의 형식을 취한 작품으로는 鄭東植의 〈죽지사〉가 있다.[430]

千古 / 悲歌 / 繞郢門, 箇中 / 哀怨 / 最員原.
青山 / 六里 / 忠臣恨, 白馬 / 寒潮 / 壯士魂.
老檜 / 風凄 / 春不到, 幽篁 / 晝晦 / 雨多喧.
當時 / 巧譖 / 嗟何說, 宇宙 / 垂名 / 直筆存.[431]

위의 작품은 칠언 팔구로 각 구절은 '2·2·3'의 리듬으로 짜여졌다. 작품의 운자는 '原', '魂', '喧', '存' 네 개로 평성운 가운데 '元' 운에 해당한다. 시어의 구성과 평측을 따져보면 함련 '青山-白馬, 六里-寒潮, 忠臣恨-壯士魂', 함련 '老檜-幽篁, 風凄-晝晦, 春不到

---

429) 黃後榦, 『夷峯集』 卷之一, 〈戲吟竹枝〉.
430) 鄭東植, 『慕隱先生文集』, 〈竹枝詞〉, "湖南自古遠京城, 但以耕農世世生. 土品不齊占地利, 穡功在早起天明. 燈懸遠棹星數點, 牛下孤山笛一聲. 最是好書多少者, 年年教子繼先情." 이 작품은 平聲韻 가운데 "庚" 韻을 사용하였다.
431) 金時敏, 『東圃集』 卷之三, 〈三疊和栢堂效竹枝體〉.

-雨多喧'의 구성과 함련의 '平平仄仄平平仄, 仄仄平平仄仄平' 및 경련의 '仄仄平平平仄仄, 平平仄仄仄平平.'의 구조로 對偶를 이룬 칠언 율시다. 이 작품의 앞에 〈疊和栢堂屬良臣〉, 〈再疊漫吟〉[432]이 있다. 작가가 차운시를 짓는 데 죽지사를 본뜬 것으로 전통적 문인시의 성격을 지닌 것이다.

마지막으로 특징적인 칠언 장편의 형식을 쓴 작품들을 살펴보겠다. 여러 작품 가운데 이재의 〈代李太白魂誦傳竹枝詞〉와 이광덕의 〈夢傳竹枝詞〉가 주목할 만하다. 이 두 작품은 송나라 황정견의 〈夢李白誦竹枝詞三疊〉의 영향을 받아 이백을 시적 화자로 등장시켰다. 그러면서도 황정견 작품의 칠언 사구와 달리 칠언 장편의 형식을 취한 특이성이 있다.

〈표15〉 〈代李太白魂誦傳竹枝詞〉 및 〈夢傳竹枝詞〉의 구조

단	〈代李太白魂誦傳竹枝詞〉		〈夢傳竹枝詞〉	
	순번	시구	순번	시구
제1단	1	西南峽口巫山碧	1	楚魂乘雲降北渚
	2	大江鰯瀾神曳烟	2	九疑峯高橫綠烟
	3	騎鯨仙子朗吟過	3	江南騷客怨秋風
	4	魍魎秋色迷長天	4	水驛淸宵幽夢牽
	5	乾坤不老月長在	5	荷冠錦袍彷彿遇
	6	寂寞江山今百年	6	一篇淸詞留枕邊

---

[432] 金時敏, 『東圃集』 卷之三, 〈疊和栢堂屬良臣〉, "憐君何日入脩門, 憔悴湘潭似屈原. 萬里親闈勞遠夢, 二年王獄悸餘魂. 邊荒月色侵床冷, 溟海濤聲撼枕喧. 處困能安君子事, 尤翁往躅想應存."; 金時敏, 『東圃集』 卷之三, 〈再疊漫吟〉, "黃昏微月照柴門, 數點村烟水北原. 薄醉禦寒能有力, 漫吟牽興不勞魂. 松篁養得庭中老, 車馬從他巷外喧. 飢石無儲寧足恨, 百年棲息舊堂存."

제2단	7	詩壇鼓角有新聲	7	眇余從事風騷壇
	8	水驛淸宵誰繫船	8	早從天地看遺編
	9	風流太史遠謫去	9	神交不曾間幽明
	10	竹枝悲歌成一篇	10	曠世悲懷相感偏
	11	蠻娘吟弄滿寒空	11	南來行色巧相倣
	12	旅館蕭條人不眠	12	去後江山今幾年
제3단	13	詩人氣習尙如舊	13	江蘺流盡杜若衰
	14	不辭懇懇情蜷連	14	擾亂羈愁載一船
	15	寒燈欲減夜色闌	15	淸吟聊相棹夫歌
	16	落月多意空樑懸	16	竹枝歌聲和采蓮
	17	莊園蝴蝶太恍惚	17	淸猿谷鳥一時啼
	18	桂旗來時風肅然	18	月掛瓊潭人倚舷
제4단	19	君知竹溪逸士否	19	幽篁白雲悅惚間
	20	前代淸名詩酒仙	20	楚鬼尋夢風颶然
	21	文章窮厄古今同	21	雲車桂旗入不言
	22	玉玦行色眞堪憐	22	醉眼猶似長安眠
	23	殊方客愁我先知	23	曾聞舟楫已失墜
	24	憶曾春林聞杜鵑	24	無乃騎鯨因上天
제5단	25	淸詞三疊旅窓曉	25	生平詩癖死不休
	26	楚竹蕭蕭聲暗牽	26	誦出三湘哀怨篇
	27	江湖舟楫已失墜	27	高吟曾起七澤雲
	28	滄海明珠嗟久捐	28	借問人間傳不傳
	29	今看左思續招隱	29	還慚拙句犯古人
	30	復恐崔生先着鞭	30	昨夜悲吟虛聳肩
제6단	31	襟期自許異代感	31	文人意思固一般
	32	此曲願向人寰傳	32	不謂詩仙同着鞭
	33	空山靜夜爲君吟	33	尻輪神馬倐而逝
	34	遙和湘靈瑤瑟絃	34	楚岸蒼茫殘月懸
	35	巴山物色宛如昨	35	悄然起坐若有失
	36	眼前人事同桑田	36	悅聞春林啼杜鵑

결련	37	看君塵骨未蟬蛻	37	湛湛江水上有楓
	38	何日重逢香案前	38	續招詩魂芳椒煎
	39	江村鷄唱人語絕		
	40	蕙帶荷蓋歸翩翩		

위에 정리된 이재의 작품은 과거 시험에서 지어졌다. 앞에서 언급한 바와 같이 조선 시대 科詩의 일반적인 형식은 다음과 같다. 우선 제목의 한 글자가 속하는 韻을 활용한 40句와 20韻이 定格이다. 형식상 3句를 묶어 한 개의 段으로 구분한다. 이재의 이 작품은 6개의 구절로 이루어진 6개의 단과 結聯 4개의 구로 이루어진 마지막 단으로 구성된 칠언 사십구의 형식을 취하고 있다.[433]

당시 과시의 제목을 알 수 없지만, 이 작품의 운자는 '烟', '天', '年', '船', '篇', '眠', '連', '懸', '然', '仙', '憐', '鵑', '牽', '捐', '鞭', '傳', '絃', '田', '前', '翩' 20개로 平聲韻 가운데 '先' 韻으로 一韻到底하였다. 이재는 죽지사의 일반적인 형식과 판이한 조선 시대 과시의 형식을 죽지사와 조화시킨 특징을 보인 것이다.

이광덕의 〈몽전죽지사〉는 칠언 삼십팔구의 장편 형식을 취한 작품이다. 이재처럼 과시형식이 아니지만 '烟', '牽', '邊', '編', '偏', '年', '船', '蓮', '舷', '然', '眠', '天', '篇', '傳', '肩', '鞭', '懸', '鵑', '煎' 총 19개의 平聲韻 가운데 '先' 운으로 일운도저시켰다.[434]

---

433) 권진옥, 위의 논문, 137~138쪽.
434) 이재의 위 작품은 매우 훌륭한 應試詩이므로 임금 純祖의 주목을 받은 바 있다. (『承政院日記』, 〈1809(순조 9년) 3월 20일 경진〉, "上曰: '作竹枝詞之李縡乎?' 魯敬曰: '然矣.' 上曰: '李縡何如人也?' 魯敬曰: '初則以科目進身, 中年以後, 用

이러한 예외적인 형식의 출현은 한국 죽지사의 독자적인 특징으로 볼 수 있다. 다른 예로 조선 후기의 張錫英이 벗에게 지어준 40구에 달한 장편죽지사 〈竹枝詞一関和贈宋致車晉翼〉[435]이 있다. 칠언 사십구 형식은 짧은 사구의 형식보다 한층 풍부한 내용을 담을 수 있고 성격도 보다 다양해진다. 이 작품의 1~8구는 抒情的 분위기를 자아내는 부분이고, 9~16구는 紀事, 17~24구는 描寫, 25~32구는 敍述, 마지막 33~40구는 抒懷의 성격을 지닌내용으로 각각 구성되었다. 장편의 시구이기에 벗에게 다양한 내용과 분위기를 담아 전할 수 있었던 것이다.

이러한 내용과 성격의 다양화라는 특성은 죽지사 연작 규모의 확장에서도 보인다. 앞에서 언급하였듯이 칠언 사구 연작형은 죽지사

力於實地, 學問高明, 門路純正, 出處又甚好, 爲英廟朝禮遇之臣矣.'"(『承政院日記』〈1809(순조 9년) 3월 20일 경진〉)) 뿐만 아니라 시간이 지나면서 그 작품이 중국 문인들에게 알려지기도 하였다.(李裕元, 『嘉梧藁略』 冊十四, "灣商金欽之奴, 能傳李陶庵竹枝詞全本. 江南擧人姓康者, 讚歎詞理之工, 傷奴之不遇. 遂出秘藏董文敏山水以償之. 竹枝詞之誦傳天下可知也.") 이러한 점을 미루어 생각해 보면 이재의 죽지사는 당시 조선에서 상당한 명성을 떨쳤던 것이 분명하다. 또한 두 작품의 내용과 용사의 부분이 상당히 유사해 보인다. 그래서 이광덕이 당시 이재의 작품을 접하였을 뿐만 아니라 모방하여 창작하였을 가능성이 있다고 생각한다.

435) 張錫英, 『晦堂集』 卷一, 〈竹枝詞一関和贈宋致車晉翼〉, "有客有客歌竹枝, 竹枝之歌從古悲. 黃陵廟下沅湘水, 哀怨千秋斑竹枝. 空零月夜孤臣恨, 蜀江春水怨女思. 別有幽愁人不識, 爲君一唱竹枝詞. / 記昔名區種此竹, 淸陰滿地栽培厚. 淇園絲簹有斐人, 渭川千畝公侯富. 世事如花不可期, 榮輝幾時簫索久. 饕風朔雪吹不盡, 飄颻亂蓬東西走. / 請君試看枝上鳳, 寧飢不欲下啄栗. 練實凋零秋已晚, 可憐祥翎謀口腹. 鴟鴞不肯分餘瀝, 敢將腐鼠時一嚇. 西周世遠零壇邈, 何處乾坤覓德下. / 旅燈明滅獨無寐, 苦竹聲聲有所懷. 淸歌切切若可玩, 新期晼晚流光頽. 落葉歸根狐首邱, 時致車旅食布川. 黼黻皇猷已無望, 箕衾世德寧不顧. / 悠悠此懷向誰吟, 嘔啞衆鳥聲難諧. 牆東亦有棲棲客, 平生不試凌雲才. 堅車躓險憂道遠, 窮廬枯落悲時艱. 貞心苦節保不渝, 與子同期此歲寒."

의 기본적인 형식이다. 하지만 조선 전기와 중기 연작의 규모는 길어봐야 9~10수에 그쳤다. 그러나 조선 후기에 들어서면서 죽지사 연작의 규모가 한층 확장되는 경향이 생기면서 몇백 수에 달하는 연작형 작품까지 나왔다.[436]

예컨대, 앞서 언급한 신유한의 〈일동죽지사〉 34수와 김진수의 〈연경잡영〉 314수, 박영보의 〈연행잡언〉 100수, 김석준의 〈화국죽지사〉 22수 등 수많은 사행을 기반으로 창작된 외국죽지사의 대부분은 사행의 왕환 중에 견문한 다양한 바들을 기록하였다. 뿐만 아니라 현지의 풍속 혹은 문인들과의 교유 장면도 일일이 짜임새 있게 기술하였기에 기속 및 기행의 성격을 갖추게 되었다.

또한 崔東泰가 벗 盧竹農에게 써준 〈效竹枝詞體贈盧竹農載鳳〉 20수도 대표적인 예로 들 수 있다. 제1수에서 통해 창작 의도를 밝혔으며, 제2수 부터는 벗 노죽농에 대한 소개로 운을 뗐다. 제5수부터는 祝融山, 南藩都督城, 李公祠, 矗石樓 각 지역을 유람한 행력을 언급하였다. 마지막 제17~19수에서는 문인으로서 개인의 감회를 표현하였다.[437] 이처럼 20수의 연작은 전반적으로 짜임새 있는 스토

---

436) 조선 후기 연작형 죽지사의 작품 규모는 부록 〈조선 후기 죽지사 목록〉에서 표시된 작품수를 통해 확인할 수 있다.

437) 崔東泰, 『日溪先生文集』, 〈效竹枝詞體贈盧竹農〉 二十首.
其一 歲暮寒風掠面吹, 人生贏得幾懺悲. 曼聲俚語都抛了, 爲我停盃聽竹枝.
其二 有箇詞人盧竹農, 槎枒眉骨抗塵容. 若把荔瑤諭氣味, 江西不獨擅詩宗.
其三 前身知是孟郊寒, 三杏花殘淚一般. 悒悵江南千里路, 遂行堪惜世無韓.
其四 黃花紅葉映寒衣, 九月星山落拓歸. 莫道籠中長蟄翅, 因風他日刺天飛.
其五 天與文章不解愁, 放敎隨意得閒遊. 巨海佳山看欲盡, 南來先問有名州.
其六 過我祝融山下屋, 三宵珍重話多時. 行橐無他長物在, 但藏朱子遠遊詩.
其七 水郵山驛送君行, 又向南藩都督城. 聞道龜船閒擊纜, 大力歌裡樂昇平.

리텔링의 방식으로 이루어졌다. 즉 기사, 서술, 묘사 또는 서회의 종합적인 성격을 겸비한 것으로 볼 수 있다.

② 詩註·詩序의 첨가와 長篇化 경향

시구 외에도 죽지사에서는 주석 및 서문 등 다양한 형태의 부가 요소들이 많이 사용되었다. 본절에서는 한국 죽지사에서 자주 보이는 시주와 시서의 첨가와 장편화 경향을 살펴보고자 한다. 이러한 특성이 드러난 대표적인 작품들을 정리하면 아래와 같다.

〈표16〉 죽지사의 형식적 요소

구분	작품	작가	창작 시기
詩註	〈楊花渡竹枝歌八章〉	李洪男	조선 중기
	〈凝川教坊竹枝詞八章〉	申國賓	조선 후기
	〈外夷竹枝詞〉	趙秀三	조선 후기
	〈金官竹枝詞〉	李學逵	조선 후기
	〈柳京竹枝詞〉	洪顯周	조선 후기

其八 李公祠下浪花淘, 駕海虹橋鼇項高. 黃天故事須聽取, 兀兀乘渠夜遁逃.
其九 天吳颶母護龍宮, 千尺挽河積水中. 地負海涵詩家眼, 也應看作一塲空.
其十 歷路來叅縣考場, 繁華先數古汾陽. 車塵千里紅帘下, 厭酒家家喚客嘗.
其十一 譙樓粉堞醮晴湖, 全是王翁水墨圖. 隱隱池荷江竹裡, 太平簫鼓繞稜觚.
其十二 近日幾登矗石樓, 烟霞極目送塵愁. 漠然三百年前事, 猶有長江滾滾流.
其十三 爭姸粉黛惜韶華, 撒作青樓百朶花. 堪憐中有洋琴妓, 來乞新詩玉手叉.
其十四 納剌兵衙與主管, 盡將先契冷談看. 菩騰日醉紅裙裡, 肯念蕭蕭一布寒.
其十五 吟霜城角不堪聽, 半盞孤燈壓夢靑. 箇中最是寬懷處, 夜夜論文有晚醒.
其十六 囊緣久客廣盤纏, 店保時時索酒錢. 到此無言只自笑, 裌衣迎臘未裝錦.
其十七 數朔捿遑鬢欲秋, 西風獨立悵搔頭. 諸君休道瞿塘險, 若比人心是坦流.
其十八 詩到窮工語不虛, 等閒咳唾盡瓊琚. 袖中錦軸南行錄, 他日還鄉備卷舒.
其十九 黃岡之地玉川家, 編竹長鬚護短笆. 雙袖披披從此遠, 錦雲嶠月各天涯.
其二十 黃溪太守沈鐘山, 昔在長安獲賜顏. 若問小邑工就未, 爲言尙抱舊痴頑.

	詩註	〈鎭嘉竹枝〉	趙冕鎬	조선 후기
		〈弘濟竹枝〉		
		〈金官竹枝三疊贈權野樵在孝〉		
		〈龍灣竹枝〉		
		〈追補龍灣竹枝〉		
		〈續竹枝〉		
		〈伊珍竹枝〉	申錫愚	조선 후기
		『平壤竹枝詞』	張之琬	조선 후기
		〈帶方竹枝〉	姜溍	조선 후기
		〈江陽竹枝詞十三首拜別千秀齋李公之任〉	朴珪壽	조선 후기
		〈金陵竹枝詞〉	尹廷琦	조선 후기
		〈異域竹枝詞〉	李裕元	조선 후기
		〈戲作金陵竹枝詞十二章送許士咸炋赴崇善殿祠官之任〉	朴致馥	조선 후기
		〈竹枝詞一関和贈宋致車晉翼〉	張錫英	조선 후기
		〈南海竹枝詞〉	李壄	조선 후기
		〈大坪竹枝詞〉	權宅容	조선 후기
	詩序	〈漁父詞〉	李喜之	조선 후기
		〈日東竹枝詞〉	申維翰	조선 후기
		〈凝川敎坊竹枝詞八章〉	申國賓	조선 후기
		〈咏土俗之倣燕者用替竹枝〉	成海應	조선 후기
		〈外夷竹枝詞〉	趙秀三	조선 후기
		〈江陽竹枝詞十三首拜別千秀齋李公之任〉	朴珪壽	조선 후기
		〈異域竹枝詞〉	李裕元	조선 후기
		〈岐城竹枝詞 〉		조선 후기
기타	小題目	〈上元竹枝詞〉	趙秀三	조선 후기
		〈外夷竹枝詞〉	趙秀三	조선 후기
		〈異域竹枝詞〉	李裕元	조선 후기
		〈擬賦娥林竹枝詞六十八章〉	鄭載星	조선 후기
	詩評	〈燕京雜詠〉	金進洙	조선 후기
	題辭, 跋文 등	〈和國竹枝詞〉	金奭準	조선 후기
		『海東竹枝』	崔永年	조선 후기

먼저 주석 출현과 변모 양상을 살펴보겠다. 주석은 조선 중기 이홍남의 〈양화도죽지사팔장〉의 제5수에서 처음으로 시도되었다. 이 작품 뒤에 "菲가 상성이다〔菲上聲〕."라는 주석이 달려있다. 『漢語字典』에 따르면, '菲' 자는 뜻에 따라 평성, 상성, 거성 등으로 성조가 나뉜다. 평성의 '菲'는 풀이 무성한 모습을, 상성과 거성의 '菲'는 요리해서 먹을 수 있는 식물의 이름을 뜻한다. 작품의 운자인 '肥'와 '依'가 평성의 '菲'와 같이 '微' 운에 속한다. 그래서 작가는 독자들이 혹시나 '菲'를 평성으로 이해하고 풀이 무성한다는 뜻으로 오해할까 봐 주석을 달아 설명한 것으로 추측된다. 매우 짧은 분량이지만 처음으로 나타난 평측 주석으로 한국 죽지사 형식에 있어서 중요한 의의를 지닌다고 본다.

이후 조선 후기에 접어들어 많은 죽지사에서 주석이 등장하였다. 주석의 보급과 활성화에 힘입어 주석의 분량도 길어지는 장편화 경향도 보였다. 예를 들어 신국빈의 〈응천교방죽지사팔장〉 제3수 뒤에 "운심의 劍舞와 옥랑의 琴歌는 모두 이 시대에 명성이 으뜸이다.〔雲心劍舞玉娘琴歌, 俱擅名一代.〕"[438]라는 주석이 달려있다. 이는 시구에 나온 검무와 거문고 악부에 대해 소개한 내용이다.

박규수의 〈강양죽지사〉 13수를 지어 천수재 이공의 부임길에 드리다〉의 경우를 보면 주석 장편화의 양상을 한층 쉽게 알 수 있다.

---

[438] 申國賓, 『太乙菴集』卷之二, 〈凝川教坊竹枝詞八章〉, 其三, "湖商苧布白如雪, 松客雲羅直幾金. 醉與纏頭也不惜, 雲心劍舞玉娘琴. 雲心劍舞玉娘琴歌, 俱擅名一代."

맑고 시원한 열두 줄 가야금　　　　　　　　　　　泠泠一十二絃琴

　金富軾의 『三國史記』에 가야국 嘉悉王이 12줄의 琴을 만들어서 열두 달의 율을 상징하였다. 이에 악사에게 명하여 열두 곡을 만들게 하고, 가야금이라 명명하였다. 〈河臨〉과 〈嫩竹〉 두 곡조가 있어 모두 185곡이다. 지금 그 악기와 악부가 남쪽 땅에서 더욱 성대하게 전해져 官妓들 중에 곡조를 이해하고 연주하는 자가 많다.〔金富軾三國史, 伽倻國嘉悉王製十二絃琴, 以象十二月之律, 乃命樂師製十二曲. 命名伽倻琴, 有河臨嫩竹二調, 共一百八十五曲. 今其器具樂府, 南土尤盛傳, 官妓多解調彈弄者.〕

나는 금관가야의 옛 속음을 이해하네.　　　　　　我解金官古俚音

　가야국은 일명 駕洛으로 金官이라고도 한다.〔伽倻國一名駕洛, 又號金官.〕

에워싼 계곡과 산은 태고시절 그대로인데　　　　表裏溪山眞太古

　浩亭 河崙의 〈澄心樓記〉에 "안팎의 산천 경치가 높이 올라 굽어볼 만한 아름다움을 구비하였다."라고 하였는데, 누각은 군의 남쪽에 있다.〔河浩亭崙澄心樓記, 表裏溪山, 具登臨之美, 樓在郡南.〕

가실 이사금을 매우 그리워하네.　　　　　　　　長懷嘉悉尼師今

　신라 儒理王이 즉위하려 할 때에 大輔 解脫이 덕망이 높아 그에게 양위하고자 하였다. 이에 해탈이 말하기를 "내가 듣기에 성스럽고 지혜로운 자는 치아가 많다고 하니, 떡을 깨물어 시험해야 합니다."라고 하였다. 이에 유리왕의 치아 자국이 더 많아 드디어 받들어 즉위시켰다. 나라 풍속에 이를 계기로 임금의 칭호를 尼師今이라 하였는데, 방언으로 치아를 '尼', 자국을 '今'이라 한다.〔儒理王將立, 以大輔解脫有德望推讓之. 解脫曰: "吾聞聖智人多齒, 試以餠噬之." 儒理齒痕多, 遂奉立. 國俗因號君王爲'尼師今', 方言齒曰'尼'. 痕曰'今'.〕[439]

위 작품의 경우 거의 모든 구절 뒤에 상세한 주석이 달려 있다. 각 구절의 내용과 관련된 배경이나 전고들을 일일이 해석하였다. 이것은 함축적인 운문 시구 뒤에 긴 분량의 산문 주석의 서술을 동원한 것이다.

조선 후기에 서문 및 주석의 長篇化는 죽지사 형식의 특징적인 부분이다. 이는 淸의 考證學風의 영향과 함께 북학파를 중심으로 한 博學 풍조의 유행, 성리학의 관념성이 약화되고 실제의 현실을 중시하는 실학적 학풍이 대두되는 등의 복합적인 동인으로 인해 이루어진 것이다.[440] 박규수는 북학파 실학자인 박지원의 손자로 조부의 학문적 영향을 받은 바 있다. 그래서인지 그는 죽지사의 작품마다 상세한 주석을 다는 성향을 추구한 것으로 이해된다.

이 시기의 많은 죽지사에서 이러한 특징을 드러냈다. 이러한 장편화의 경향과 고증학적 의식은 주석뿐만 아니라 서문에서도 잘 드러난다.

---

439) 朴珪壽, 『瓛齋集』 卷之一, 〈江陽竹枝詞十三首拜別千秀齋李公之任〉, 其一, 번역은 〈한국고전종합DB〉의 번역을 참고하되 문맥을 고려하여 일부 수정하였다.
440) 신익철, 위의 논문(2020), 698~699쪽.

예를 들어 조수삼의 〈외이죽지사〉는 장편의 서문과 소제목, 詩序를 함께 갖춘 총 133수의 연작형 죽지사다. 각 소제목 뒤에 긴 분량의 시서를 달아 해당 나라를 소개하면서 뒤에 칠언 사구의 시문을 배치시킨 구성으로 이루어졌다.[441] 서문 중 "책이 완성된 것이 지금으로부터 200여 년 전으로 당시 멀리 있는 이들이 다 도달하지 못하였고 그 설명도 잘못된 것이 많다. 결국 그 설명을 택하여 채록하면서 본디 들은 바를 덧붙였다. 번다한 것을 줄이고 소략한 것을 상세히 다루며 잘못된 것을 바로잡은 것을 합쳐 죽지사 122장을 이루었다."라는 언급을 통해 작가가 참고자료의 오류를 바로잡으려는 고

---

[441] 趙秀三, 『珍珠船襍存』, 〈外夷竹枝詞并序〉, 〈序文〉, "星家言星之大, 百十倍地, 而今仰觀, 特哲哲一點已. 使人在星處俯視之, 亦應一棋子彈丸而止耳. 然稽于經傳, 參以圖藉, 則伏羲之萬國, 禹貢之九州, 蒼蒼然皆在方萬里之內. 況乎窮髮卉服之鄉, 遐荒溟渤之外, 水天渺茫, 滋嶼錯綜, 國於地食其土者, 又不可一一數也. 則所謂棋子彈丸者, 其大固不可以勞觿形容也. 余近得新安程百二氏所撰『方輿勝略』, 枚列函夏, 包括寰區, 歷歷如在目前. 就其外異列傳, 冥蒐遠求, 核擧無遺. 則喜自語曰: '安得身具羽翼, 徧翔其地, 審與此書同也否?' 旣又自思曰: '吾國中爲幾里, 而未能盡吾觀焉. 豈可寄想廣漠, 徒爲唐喪之歸哉. 毋寧著之篇章, 以作慰遣資.' 而書成距今二百餘年, 當時遠人未畢至, 爲說頗多舛錯. 遂採其說, 附以素所記聞, 衍者節之, 略者詳之, 違者正. 合以爲竹枝詞百二十二章, 識國凡八十三. 若其地近而俗同. 有記而無據者, 則又幷闕焉? 噫, 余誠如未登屋後山, 先論泰華也. 聊且藏之巾衍, 以識余平生遠遊志也. 乙卯孟秋, 經畹山人叙."
其一, 〈驫麤〉, "驫麤北胡, 商之獯粥, 周之玁狁, 漢之匈奴是也. 始自桀裔, 盛于冒頓, 衰於呼韓邪邪支. 自失天山, 每痛哭過界, 其先國西海上, 爲隣國所滅. 無噍類, 惟一兒未殺, 刖足斷臂棄澤中, 有牝狼養之, 長居穴中, 乃與交而生十男. 在晉爲劉淵石勒, 在唐爲突厥可汗, 在宋爲元鐵木眞, 明興散歸沙漠, 今蒙古四十八部, 而邪支以後爲漢降將李陵之孫云爾. 其地木皮三寸, 氷厚六尺. 其俗食肉飮酪, 隨畜遷居, 輕生好殺. 其語天爲騰吉里, 地爲蛤札兒, 日爲納藍, 月爲撒剌. 山川則陰山浚稽山金微山, 瀚海金微河無定河. 物産則角端銀鼠黃鼠白翎雀靑橐, 五花羊角貉䴋貂東墻沙雞渾脫旱金花東墻實."
"三寸木皮六寸氷, 陰山哭罷納藍升. 靑橐花下開渾脫, 名祖家家祭李陵."
"銀鼠皮輕黃鼠皮, 五花羊角染油衣. 旱金纔落東墻熟, 澤畔哺兒狼母歸."

증학적 의식을 지니고 있음을 알 수 있다. 소제목 뒤에 있는 시서 부분은 『방여승략』에 나온 각 나라들에 대한 소개내용과 작가가 직접 고증한 바를 종합하여 정리한 것으로 볼 수 있다.

이와 비슷한 맥락에서 중국의 문헌자료를 참조하여 성해응은 〈咏土俗之倣燕者用替竹枝〉 8수를 남겼다.[442] 각 작품 앞에 중국 문집에서 나온 내용을 시서로 활용하였다. 나머지 작품은 『燕北雜記』, 『浮山集』, 『儼山集』, 『帝京景物畧』, 『宛署雜記』, 『野獲編』 등 중국 지리지의 내용을 인용하였다. 그 부분에서는 중국의 것과 비슷한 토속을 읊었다. 중국의 문집에서 나온 자료를 앞에 배치하여 신빙성을 확보하고자 한 것으로 보인다. 이런 점을 미루어보면 실학자인 작가의 고증학적 경향을 드러낸 것이다.

각 수 앞에 시서를 출현시키는 방식은 최영년의 작품에서도 보인다. 그의 『해동죽지』의 각 수는 소제목과 시서, 시문이 한 문장에 모여있다.[443]

이 외에 한국 죽지사에 소제목이 등장하는 경향이 나타났다. 최초의 소제목이 나온 작품은 조수삼의 〈상원죽지사〉다. 조수삼은 각 수 앞에 '迎猫', '禾竿', '紙鳶', '藥飯', '納土', '移井', '羅睺', '聽鍾', '踏橋', '石戰', '九食', '賣喝', '嚼腫', '固齒', '治聾' 등 총 15가지

---

[442] 成海應, 『研經齋全集』 卷之三, 〈咏土俗之倣燕者用替竹枝〉 八首,
其一, "周麟之『海陵集』曰: "燕俗重茶食, 阿姑打開國之初, 尤尙此品. 若中州餠餌之類, 多至數十種, 用大盤累釘高數尺. 所至供客, 賜宴亦用. 一種名金剛鐲最大, 今食品以茶食爲佳."
"松花栗子倣吳糕, 花瓣釘成累累高. 堪笑桓桓阿骨打. 嗜他佔物豈稱豪."

[443] 崔永年, 『海東竹枝』, 其一, 〈降檀木〉, "『東史』云: '東方初無君長, 有神人降于太白山檀木下.' 或云太白是白頭山. 或云是妙香山. 未知孰是."
"靈檀樹老攝提香, 根固枝長雨露新. 五色香雲六龍駕, 天閽一闢降眞人."

의 현지 대보름의 풍속 명칭을 소제목으로 삼았다.

〈외이죽지사〉에서는 '韃靼', '兀良哈', '女眞', '日本', '琉球', '哈蜜', '高昌', '土魯番', '魯陳', '撒馬兒罕', '天竺', '婆羅門', '亦力把刀', '佛菻', '蘇門答剌', '于闐', '默德那', '天方', '祖法兒', '覽邦', '嗒烈', '古里', '溜山', '阿丹', '南巫里', '白松虎兒', '阿速', '乞力麻力', '黑葛達', '黑婁', '哈失哈力', '呵哇', '麻林', '加異勒', '敏眞誠', '八答黑商', '火剌札', '納失者罕', '瑣里', '吐蕃', '安南', '占城', '眞臘', '瓜哇', '三佛齊', '暹羅', '柯枝', '討來思', '沙哈魯', '百花', '答兒蜜', '淡巴', '錫蘭山', '滿剌加', '忽魯謨斯', '賓童龍', '渤泥', '蘇祿', '古麻剌', '緬甸', '木邦', '播州', '建昌', '羅羅', '犵狫', '獷', '仲家', '宋家·蔡家', '五溪', '黎人', '獠', '猺人', '獞人', '曷剌比亞', '應多江', '鬼國', '北室韋', '拂郎察', '勿耨茶', '突浪', '夜叉', '紅毛國' 총 83개 나라의 이름을 소제목으로 썼다.

이와 달리 정재성이 고향을 읊은 〈의부아림죽지사육십팔장〉에는 68개의 소제목이 달렸다. 모두 각 작품의 뒤에 배치하였다. 또한 각각의 소제목은 몇 가지로 분류할 수 있다. 구체적인 소제목의 분류는 다음 〈표17〉과 같다.

표에서 나온 바와 같이 68개의 소제목은 총괄, 행정구성, 정대누각, 제단사묘, 산천하류 및 유지전고로 분류할 수 있다. 총괄 부분은 일반적인 풍속·지리지의 핵심사항을 표현한 내용이다. 나머지 부분은 아림 지역의 명소나 경관 등을 두루 망라한 것이다. 작가는 소제목과 내용을 짜임새 있게 둠으로써 역사·지리지의 체계성을 농후하게 드러낸 죽지사를 남긴 것이다.

〈표17〉〈擬顒賦娥林竹枝詞六十八章〉의 소제목 분류

분류	소제목
총괄	'沿革', '位置', '地理', '民俗'
행정구성	'吏業', '官舍', '客館', '養武場', '教坊', '市場', '栗藪', '節婦里', '長發里', '茂村驛', '邢氏孝旌', '國農所', '熊谷績麻', '大雅田園', '葛古業莞', '勝戰坪', '新倉', '申昉所',
정대누각	'枕流亭', '春風樓', '養賢齋', '蓮桂齋', '里仁亭', '甘隱臺', '霽月齋', '心蘇亭', '文山齋', '落帽臺', '原泉亭', '晚鶴亭', '水瀑臺', '永慕齋', '醉睡亭', '龍泉精舍'
제단사묘	'五愼壇', '演水寺', '望月堂', '雙清堂', '褒忠祠', '見巖寺',
산천하류	'巢父川', '琴川', '金貴峯', '五子巖', '長仙洞', '畢命巖', '三峯山', '金光山', '香子巖', '龍山', '屛山', '龍溝'
유지전고	'漁適亭故址', '登科樓故址', '青蓮故居', '茅谿遺址', '舍人古垈', '龍溪寺古址', '寶文遺庄', '加召古縣', '任令古址', '朴儒山', '芝山舊庄', '古占坪'

한 작품의 여러 소제목을 짜임새 있게 배치할 뿐만 아니라 죽지사를 체계적으로 모아 단행본으로 편찬한 경향도 나타났다. 예를 들어 김진수의 〈연경잡영〉 314수를 예로 들 수 있다. 이는 김진수의 단행본 하나로 편찬되었다. 문집 앞에는 벗 黃鍾顯이 작성한 서문이, 맨 뒤에는 柳晚恭이 쓴 발문이 있다. 작품 각 수의 뒷부분에 황종현의 시평[444]이 적혀있다. 김석준의 〈화국죽지사〉도 시집 『紅藥樓詩集』에 수록되었는데, 전체 내용이 〈화국죽지사〉 22수로 이루어졌다. 권두에 董文煥의 〈朝鮮金小棠紅藥樓藁叙〉와 김석준의 自序가 있다. 권말에는 趙斗淳과 尹定鉉, 南秉吉, 金尙鉉, 安應德, 작가 본인의 後識 및 後題가 있다. 또한 최영년의 죽지사는 단행본 『海東竹枝』

---

444) 문집 제목 뒤에 달린 "蓮坡金進洙著, 怡觀黃鍾顯評."라는 주석을 통해 시평은 벗 황종현이 작성하였음을 알 수 있다.

로 편찬되었다. 권두에 尹喜求의 〈海東竹枝序〉, 鄭萬朝의 〈海東竹枝題辭〉와 宋淳夔의 〈海東竹枝紀言〉이 있고, 권말에는 趙冕衡의 〈海東竹枝跋〉이 있다. 죽지사 전문은 편으로 나뉘어 『上編』(歷代奇聞爲上編), 『中編』(俗樂遊戱名節風俗飮食名産爲中編), 『下編』(樓臺亭閣殿廟祠墓壇所祀享爲下編)으로 나뉜다.

이들 문인 개인의 죽지사 작품집의 권두와 권말에는 동시대 문인들이 써준 서문이나 발문에 해당 작품의 훌륭함을 강조하거나 미화하는 내용이 흔히 등장하였다.[445] 이를 통해 작품집의 편찬은 작가의 자존심과 명예와도 관련 있다고 볼 수 있고, 제삼자가 단행본으로 편찬하는 경우 작가의 작품을 후세에 전해질 수 있도록 단행본으로 묶어야 한다는 사명감이 저절로 내포되기도 한다. 이러한 구성을 통해 추론해보면 조선 후기에 연작형 죽지사가 문인 개인의 작품집으

---

[445] 董文煥, 〈朝鮮金小棠紅藥樓藁敍〉, "詩凡卄二首皆詠倭事. 上至君長官職, 下及閭巷瑣屑性情嗜好風俗土宜. 以至一草一木鉅細畢載, 而又援引詳明諮詢精確, 以懷古之體代竹枝之遺. 視前說爲更備不出戶知天下. … 小棠此編尤足補前賢所闕畧, 必傳之作." 여기에서 〈화국죽지사〉 22수의 폭넓은 내용과 세밀한 묘사, 상세한 인용 등에 대해 높이 평하였다. 또한 예전의 현인들의 작품의 부족하거나 생략한 부분을 보충할 수 있을 뿐만 아니라 후세에 반드시 전해야할 작품이라고 극찬하였다; 尹喜求, 〈海東竹枝序〉, "梅下山人據皐比於大東之壇, 皷二絃之琴, 操貧猶樂之曲. 湖海少年載酒而至, 問聲病之業者, 戶外履常滿也. 暇乃俛仰古今, 游觀四表, 邈然有山河之感, 率爾命筆作海東竹枝之詞, 凡五百餘篇. … 用典也博寄托也遠洵, 可謂宵雅之餘響, 三長之別裁矣. 先輩作者盖甞有嚆矢焉. 然休翁樂府直行傳紀而隱括之耳. 泠齋懷古至於二十一都而已. 尤展成況非吾邦人自應耳食也. 然則山人之作殆未曾有歟." 여기에서 최영년이 해동을 대상으로 삼아 지은 죽지사는 여러 전고를 인용하면서도 뜻깊은 기탁을 하였다. 그래서 『시경』〈소아〉의 여음과 史書의 별체라고 할 수 있다고 높이 평하였다. 또한 심관세의 〈해동악부〉와 유득공의 〈이십일도회고시〉, 청나라 우동의 〈조선죽지사〉와 비교하면서 최영년의 이 작품은 전례 없는 새로운 작품으로 극찬하였다.

로 편찬되는 동향의 발생은 죽지사가 조선에서 그 위상을 인정받았기에 일어난 현상이라고 해석할 수 있다.

중국의 죽지사도 발전하면서 다양한 형식을 확보하였지만[446], 문학적 위상은 한국의 경우와 다른 양상을 지녔다. 중국에서 죽지사가

---

446) 중국 죽지사의 句式 변모 양상은 다음과 같다.

순번	句式	작품	작가	창작 시기
1	七言二句	〈竹枝〉	皇甫松	唐
		〈夜郎竹枝詞〉	陸次	淸
2	五言四句	〈竹枝歌〉	項安世	宋
		〈竹枝詞〉	張鳳翼	明
		〈竹枝詞〉	賀寬	淸
		〈竹枝詞〉	戚珅	淸
		〈小竹枝〉	史夔	淸
		〈西湖小竹枝詞〉	袁枚	淸
		〈春風竹枝詞〉	遊紹安	淸
		〈長壽竹枝詞〉	陳宏典	淸
		〈瞿塘竹枝〉	錢林	淸
		〈迭克雜詠邊俗竹枝詞〉	石德芬	淸
		〈采茶竹枝詞〉	朱樟	淸
		〈連三坡竹枝詞〉	吳中蕃	淸
		〈短竹枝詞〉	傅燮鼎	淸
3	五言五句	〈竹枝歌-上姚毅夫〉	周行己	宋
4	五言八句	〈陸路卽事竹枝詞〉	官文	淸
5	六言四句	〈竹枝詞〉	朱誠泳	明
		〈六言竹枝詞〉	朱俊瀛	淸
6	雜言	〈陽村竹枝詞〉	黃爵滋	淸
		〈賈歌姬竹枝詞〉	邊響禧	淸
		〈東皐竹枝詞〉	敦誠	淸
		〈田家竹枝詞〉	鄭知同	淸
		〈西藏竹枝詞〉	孫士毅	淸

단행본으로 편찬된 것은 원나라 양유정을 영수로 삼은 죽지사 창화 그룹에서 시작되었다. 그 문학동인이 지은 여러 편의 죽지사인 〈서호죽지사〉가 『西湖竹枝集』으로 엮어졌다. 그러나 이러한 동향은 쭉 이어지지 못하였다. 그러다가 청나라 후기에 들어와서 비슷한 동향이 포착된다. 예를 들어 陳祁의 『淸風涇竹枝詞』는 嘉慶九年(1804)의 刻本, 黃霆의 『松江竹枝詞』는 同治十二年(1873)의 重刻本, 孫燕昌의 『魏塘竹枝詞』는 同治七年(1868)의 刻本, 吟香閣主人의 『羊城竹枝詞』는 光緖三年(1877)의 刻本, 王葆心의 『漢口竹枝詞』는 民國 22年(1933) 合刊本, 路工의 『淸代北京竹枝詞(十三種)』는 1982年版 등이 보인다.

여기서 진기와 황정, 손연창은 죽지사의 작가이고 나머지 음향각 주인과 왕보심, 노공은 여러 수의 지역 죽지사를 책으로 묶은 편자들이다. 전자는 작가 개인의 죽지사를 모아 편찬한 작품집이고, 후자는 지역별로 편찬된 죽지사 모음집이다. 이 책들은 여러 작가의 작품들을 엮으면서도 지역성을 강조하는 특정 지역의 문학지 성격을 농후하게 드러냈다.

아울러 청나라 후기에 죽지사선집과 풍속·지리지가 서로 接木하였다. 그러나 이러한 동향은 죽지사의 문학적 위상이 떨어지게 만드는 원인이 되었다. 특히 여러 서문에서 확인할 수 있듯이 죽지사가 卑俗한 작품 또는 특정 지역의 문학지로 폄훼된 사례가 많이 보인다.[447] 또 죽지사의 이러한 평가저하와 함께 당시 작가의 이름이 밝

---

447) 佚名, 〈姑蘇四季竹枝詞〉, 〈序〉, "餘偶然寄興戲綴成詩, 得竹枝詞四十餘首, 自

혀지지 않은 죽지사가 많이 나왔음이 확인된다.[448] 이를 통해서도 죽지사는 작가의 문학적 명예를 걸만한 문학 장르가 아니었음을 엿볼 수 있다.

2) 토속적 시어 활용과 민족적 정취

조선의 문인들은 중국에서 기원한 죽지사를 수용하면서 민간 채시 정신과 민족적 자각 의식을 고조시켰다. 이에 따라 그들은 자국의 특색을 지닌 죽지사를 많이 짓게 되었다. 그래서 자국의 특색을 띤 시어들을 활용하는 경향이 두드러졌다. 그 특성을 보여주는 것이 시어의 토착화라고 할 수 있는데, 이는 내용상 및 표기상의 토착화로 나눌 수 있다. 내용상의 토착화는 작품에서 한국 특유의 전고, 지명 및 기타 고유 명사의 활용으로 이루어진 바이고, 표기상의 토착화는 訓借, 音借 표기법을 활용한 단어, 한국식 方言體 또는 한글 사용의 산물이자 특성이다.[449]

春徂冬, 有所掛漏不計焉, 本無足觀, 以博識者一笑而已."(『中華竹枝詞全編·三』, 446쪽.); 童謙孟, 〈龍江竹枝詞〉, 〈序〉, "偶作此詞, 以志今昔之感, 方言俚語, 近於風謠, 俾村童野老亦能領略其意, 讀者勿以鄙俗見嗤可也."(『中華竹枝詞全編·四』, 21쪽.); 三山樵叟, 〈閩省近事竹枝詞〉, 〈序〉, "昨入城市見友人案頭〈竹枝詞〉三十章, 文不盡雅馴, 意亦不盡公正, 而其事則皆實."(『中華竹枝詞全編·五』, 203쪽.); 王初桐, 〈濟南竹枝詞〉, 〈序〉, "朱太史竹垞『鴛鴦湖棹歌一百首』, 敍述小長蘆風景, 典雅淸新, 當時修府志者置不采錄, 考據者憾焉."(『中華竹枝詞全編·五』, 401쪽.); 定晉岩樵叟, 〈成都竹枝詞〉, 〈序〉, "至於詞句鄙俚, 充堪噴飯, 閱者謂之'打油歌'可也. 卽謂之'龍安歌'亦無不可."(『中華竹枝詞全編·六』, 624쪽.)

448) 丘良壬 외, 위의 책에서 확인할 수 있듯이 '佚名'으로 된 죽지사가 많이 나왔고, 여기에서 일일이 열거하지 않겠다.

449) 김명순, 「朝鮮後期 紀俗詩 연구 : 聯作型 紀俗詩를 중심으로」, 경북대학교 박사학위논문, 1996, 119~138쪽에서 조선 후기 기속시의 표현을 다루는 데 한국의 고유

먼저 한국 특유의 전고와 관련된 시어의 사용을 살펴보겠다.

유호인의 〈함양람뢰죽지곡십절〉 중 제3수 "계림의 나뭇잎 노랗게 물들고 천년 지난 뒤〔鷄林黃葉千年後〕."와 제5수 "당시의 張使君을 한하는 듯하구나〔似恨當時張使君〕."에서 한국의 고사와 관련된 '鷄林黃葉'이란 四字語와 '張使君'이라는 인명을 시어로 썼다. '계림의 누른 잎'은 최치원의 말로 『東國通鑑』에 수록되어 있다. 고려 태조가 潛邸에 있을 적에 최치원이 보낸 글 중에 "계림에는 누런 잎이 들고, 곡령에는 소나무가 푸르다〔雞林黃葉, 鵠嶺靑松〕."라는 구절이 있었다. 누런 잎은 시들어 가는 신라를, 푸른 소나무는 새로이 흥기하는 고려를 가리킨 말로 여기에서는 한국의 오랜 역사를 의미하는 시어로 쓰였다. '장사군'은 함양 沙斤山城 동쪽에 있는 沙斤驛의 감무를 맡았던 張群哲을 가리킨다. 경신년(1380)에 감무 장군철이 성을 지키지 못하고 왜적에게 함락되자 버려둔 채 수축하지 않다가 성종조에 수축하였다는 고사가 있다.[450]

| 봉래성 안 송공의 제단 | 蓬萊城裡宋公壇 |
| 해마다 사월이면 차가운 비바람 분다네. | 風雨年年四月寒[451] |

여기에서 나온 '宋公壇'은 임진왜란 때 東萊府使로서 순절한 忠烈公 宋象賢(1551~1592)을 가리킨 것이다. 그가 순절한 곳에 송공단

지명, 고유어, 속담과 전고의 사용을 언급한 바 있다.
450) 〈한국고전종합DB〉의 각주정보 참조.
451) 洪愼猷, 『白華子集抄』, 〈效尤桐外國竹枝詞〉 十四首, 其一.

과 동래 忠烈祠 등을 설립하여 제향하였다.[452]

붉게 찐 약밥 놀처럼 잘 익었는데	藥飯烝紅爛似霞
부드러운 꿀과 잘 어우러져 꽃보다 하얗네.	輕調嫩蜜白於花
동경의 옛 풍속이 오래도록 전해져	東京遺俗傳來久
지금도 제사에 올리지만 까마귀엔 지내지 않네.	祭廟如今不祭鴉

　　신라 소지왕 때에 임금이 天泉寺에 거둥하였다가 까마귀가 물어오는 글을 얻어서 열어보았더니, "거문고 갑을 쏘라"는 글이 적혀 있었다. 왕이 궁에 돌아와서 갑을 쏘았더니 갑 안에 과연 사람이 있었는데, 내전의 焚修僧으로 궁을 어지럽힌 자였다. 이로부터 나라의 풍속에 매번 이날에 찰밥을 지어 까마귀에 제사 지냈는데, 약밥을 지어 먹는 것이 여기에서 비롯되었다. 지금은 제사와 손님 접대의 음식으로 사용된다〔新羅炤智王, 上元幸天泉寺, 得烏銜書, 開視之. 書曰: "射琴匣, 王入宮射之. 匣中果有人, 乃內殿焚修僧亂宮者也." 自是, 國俗每於是日, 以糯飯祭烏. 藥飯之設始此, 今則用以爲祭祀賓客之羞〕.[453]

　　위는 강박의 〈상원기속〉 15수 가운데 제1수다. 이 작품에서는 상원절에 약밥으로 제사지내는 한국 특유의 풍속을 읊었다. 특히 전구

---

452) 〈한국고전종합DB〉의 각주정보 참조.
453) 姜樸, 『菊圃集』卷之五, 〈上元紀俗〉其一. 번역은 맹영일, 「기속시를 통해 본 18C 민간생활상 - 菊圃 姜樸과 慕軒 姜必愼의 기속시를 중심으로」, 『漢文學論集』 제31집, 근역한문학회, 2010, 228~229쪽의 번역을 참고하되 문맥을 고려하여 일부 수정하였다.

와 결구에는 이 풍속이 오래도록 전해진다고 하면서도 지금은 예전처럼 까마귀에 제사를 지내지 않는다고 하여 그 풍속의 변모 양상을 기술하였다. 또한 작품 뒤의 주석에서 약밥과 관련된 신라 소지왕 전고와 그 변화를 자세히 설명하였다.

구지봉 남쪽의 기출변이라	龜旨峰南旗出邊
봄바람에 제사 지내는 곳 풀만 무성하구나.	春風■禊草芊芊
붉은 끈 금합은 아득한 먼 옛일이라	紅繩金盒蒼茫事
『동사』에는 건무 연간의 일이라 전하네.	東史相傳建武年[454]

위의 작품은 조면호의 〈금관죽지삼첩증권야초재효〉 중의 제1수이다. 여기에서 나온 '龜旨峰', '旗出邊', '紅繩金盒'은 모두 가락국 首露王과 관련 있는 곳들이다. 『三國遺事·紀異』〈駕洛國記〉에 따르면 東漢 建武 18년(42)에 가락의 九干이 龜旨峯에서 모여 요귀를 쫓는 禊祭祀를 지냈다. 마침내 구지봉에 이상한 기운이 감돌고 또 공중에서 알 수 없는 말이 들리고 난 뒤에 금합을 얻게 되었다. 그 금합을 열어 보니 6개의 金卵이 있었는데 하루도 지나지 않아 모두 남자 아이로 변하였다. 처음 탄생한 아이를 '首露'라고 하였다. 후에 임금으로 세워 국호를 大駕洛이라 하였으며 나머지 다섯 사람은 각각 五伽倻의 임금이 되었다. 또한 『新增東國輿地勝覽』卷三十二, 〈慶尙道·金海都護府〉에 따르면 "기출변"은 가락국 許王后의 출현

---

454) 趙冕鎬, 『玉垂集』卷之十七,〈金官竹枝三疊贈權野樵在孝〉, 其一.

과 관련된 고사이자 장소이다.[455] 이들 한국 고유의 전고를 시어로 활용함으로써 민족 고유의 정서를 효과적으로 환기시켰다.

다음으로는 한국 특유의 지명을 시어로 활용한 작품을 살펴보겠다. 특히 지역 죽지사 창작이 흥기함에 따라 조선의 각 지역 지명들이 죽지사에서 자주 쓰였다.[456] 주로 지역명, 해당 지역에 있는 遺蹟, 山水, 亭臺, 樓閣 등 한국 특유의 지역성을 내세우는 각종 명칭들이 시어로 활용되었다. 이는 앞에서 언급한 과도기에 당나라 작품을 의작하면서 그 문장에 흔히 언급된 파촉 지역명을 사용하는 것과는 다른 양상을 보인다. 이러한 시어의 사용 양상은 주로 초창기 영남 사림파에 의해 고향을 대상으로 지은 작품과 조선 후기에 자국의 각 지역을 주목한 작품들에서 집중적으로 드러난다.

이어서 기타 고유 명사를 시어로 활용한 경우를 살펴보겠다. 이들 시어 가운데 한자의 뜻을 차용하는 훈차, 한자의 음을 차용하는 음차법으로 표기된 경우가 많다.

〈산유화〉 곡조 영외에서 전해져　　　　　山有花傳嶺外歌
지금 향리의 노래 중 〈산유화〉 곡조가 있다〔今鄕里歌曲, 有〈山有花〉調〕.[457]

---

455) 이에 대한 내용은 각주 373번과 374번의 인용문과 같다.
456) 필자는 이들 작품을 〈특정 지명을 시어로 쓴 한국 죽지사〉로 정리하여 부록으로 제시하였다.
457) 李學逵, 『洛下生集』 冊四, 〈金官竹枝詞〉, 三十首, 其二.

화랑의 소요곡으로 합주하고 　　　　　　　合奏花郞小腰鼓

세속에서 무당의 남편은 '화랑'이라고 부른다〔俗呼"巫之壻"爲"花
郞"〕.

〈영산곡〉 한 박자에 시름이 가슴속 파고들네.　靈山一拍愁思人

지금 세속의 주법에 〈영산곡〉 곡조가 있다〔今俗撈彈, 有〈靈山〉調〕.[458]

여기에서는 금관 지역의 민요 〈산유화〉, 〈영산〉, 또 무당의 남편 '화랑'을 시어로 활용하였다. 그러면서 독자의 이해를 돕기 위해 구절 뒤에 해석을 붙였다. 여기에서 나온 산유화는 한국말로 메나리인데 음차법을 사용한 것이다. 화랑도 한자의 음을 차용한 시어다. 영산은 '靈山會上'이라는 곡조의 명칭을 가리킨 고유 명사이고 장지완의 『평양죽지사』에서도 활용된 바 있다.[459] 이 외에 『평양죽지사』의 제29수 "黃河一片城 곡조 부르는 법을 익혀, 삼년동안 연습하여 家聲을 이었다네〔學唱黃河一片城, 三年伊乬繼家聲〕."에서 "黃河一片城"이라는 특유의 곡조 명칭이 등장하기도 하였다.

달 밝은 가을, 꽃피는 봄을 막론하고 　　　　　不論秋月與春花

흥이 나면 먼저 찾는 곳은 소주집이라. 　　　　高興先尋火酒家

민간에서 소주를 가장 좋아하여 간혹 한 집 술값이 수만 전이 되어도

---

458) 李學逵, 『洛下生集』 冊四, 〈金官竹枝詞〉, 三十首, 其三.
459) 張之琬, 『平壤竹枝詞』(한국학중앙연구원 장서각 소장본.) 제24수 "剛道一身生死關, 垂髫弄釵學靈山."라는 구절에도 있고, "宴會無本事者, 背亭學舞者, 按節靈山會上."이라는 주석을 통해 영산회상이라는 명칭을 직접 언급하기도 하였다.

신경 쓰지 않았다.〔俗最嗜燒酒, 或一家之債, 至數萬錢, 恬不爲意〕.[460]

여기에서 등장한 '火酒'는 한국말로 소주를 가리키는 말로 한자의 뜻을 차용한 훈차 표기어다. 시구 뒤의 주석에서 그 말을 '소주'라고 부른다는 설명이 덧붙여있다.

새벽녘에 〈지국총총〉 북소리 동동 울리고   芝菊叢叢曉鼓鼕
〈지국총총〉은 호남 지방에서 배 띄울 때 부르는 노래이다〔芝菊叢叢湖南發船歌曲〕.[461]

윤정기는 금릉 지역에서 강가 어부들이 발선을 할 때 부르는 〈지국총총〉 노래를 시에 등장시켰다. 뒤의 주석에서 '지국총총'은 호남의 발선 노래라고 설명하였다. 여기에서 '지국총총'은 한자의 뜻과 상관없이 한자의 음을 차용한 말이다.

이승에서 무관 아내일랑 되지 말지니   此生莫作武官娘
우리 집 쇠고랑과 어찌 그리 같은지.   肯似儂家鐵固郎
사나이 중 방달을 잘 지키는 자를 방언으로 쇠고랑이라고 부른다
〔男漢之固守房闥者, 方言謂之鐵固郎〕.[462]

---

460) 李學逵,『洛下生集』冊十三,〈金官紀俗詩〉, 七十八首, 其二十七, 번역은 김명순, 위의 논문 77쪽의 번역을 참고하되 문맥을 고려하여 일부 수정하였다.
461) 尹廷琦,『舫山遺藁』,〈金陵竹枝詞〉二十五首, 其三.
462) 尹廷琦,『舫山遺藁』,〈金陵竹枝詞〉二十五首, 其二十五.

여기에서 나온 고유 명사 '鐵固郎'은 방달을 잘 지키는 사나이라는 뜻으로 한자의 음을 차용한 표기어다. 또한 주석에서 나온 '男漢'은 한국말로 사나이를 뜻하며 마찬가지로 한자의 뜻을 차용하였다.

| 많고 많은 팔만대장경을 | 袞然八萬大藏經 |
| 긴 행랑에 두고 쇠 자물쇠 잠갔네. | 閣置長廊鎖鐵扃[463] |

박규수는 강양 지역의 여러 문물을 다루기 위해 현지의 각종 명소를 시어로 활용하였다.[464] 여기에서는 조선만의 문물인 '팔만대장경'을 시적 대상으로 등장시켰다.

| 높고 높은 교실은 푸른 숲에 드러나 보이는데 | 校室嵬嵬出碧林 |
| 아동들이 거기서 훈민정음을 배운다네. | 小兒習聽訓民音[465] |

---

463) 朴珪壽, 『瓛齋集』卷之一,〈江陽竹枝詞十三首拜別千秀齋李公之任〉, 其六.
464) 朴珪壽, 『瓛齋集』卷之一,〈江陽竹枝詞十三首拜別千秀齋李公之任〉, 其四, "渲染伽倻一半霜, 山深雲擁貝多香. 莓苔靑鶴行無跡, 紅葉繽紛讀書堂. 世傳文昌侯一朝遺冠腰林中, 不知所之, 海印僧以其日薦冥禧, 寫眞留其讀書之堂."; 其七, "元戎袍笠留高閣, 風雨龍歸雲有痕. 一夜松風僧夢淺, 却疑鐵馬上山門. 海印寺有元戎閣, 藏李提督如松笠袍及所爲詩一篇, 蓋明神宗萬曆壬辰, 公征倭東來, 進兵嶺外, 故衣笠遺在於此."; 其八, "積雪初消暗水涓, 武陵橋外柳嬋娟. 武陵橋在紅流洞口, 佔畢齋有句云"虹橋如畵蘸驚波". 寒烟細草淸明近, 太守觀風渡倻川."; 其九, "暇日逍遙涵碧堂, 涵碧堂在南江石崖上, 安震記檐楹飛舞, 丹艧輝映, 若鳳翥於半空. 使君胸次映滄浪, 吟風泚筆渾如此. 坐見雲生萬寶凉."; 其十, "玉山低合舊宮墟, 芳艸萋萋暗水渠. 惆悵大良君去後, 剩多螢火散秋除. 玉山在客舘西隅小山也. 高麗顯宗所居, 至今呼爲宮址."; 其十一, "尋碑般若寺中來, 般若寺在伽倻山下今廢, 有元景和尙碑, 高麗樞密知奏事金富佾所撰. 得釼池頭舞釼迴. 海印寺北五里有內院寺, 僧玉明構寺, 因鑿池得古劍, 遂名池焉. 吹笛黃溪瀑裏坐, 黃溪瀑在郡西三十里, 下有深潭. 月光鍾響洞雲開. 月光寺, 大伽倻太子月光所刱, 有李崇仁詩."

여기에서는 한국의 '訓民正音'이 나왔다. 조선 후기에 아동들이 교실에서 훈민정음을 배우는 광경을 묘사하였다. 아이들이 훈민정음을 학교에서 배우는 한국적 교육현장의 한 단면을 포착한 것이다.

보릿고개 험한 고개 태산같이 험한 고개　　　麥嶺崎嶇似太行
단오명절 지나야만 비로소 보리타작 시작하지.　天中過後始登場
사월이면 민간에 식량이 궁핍해지는데 민간에서 이때를 일러 보릿고개라고 한다〔四月民間艱食, 俗謂之'麥嶺'〕.
풋보리죽 한 사발을 그 누가 들고 가서　　　　誰將一椀熬靑麨
주사의 대감도 좀 맛보라고 나눠줄까?　　　　分與籌司大監嘗
방언으로 宰相을 대감이라고 한다〔方言宰相曰: '大監'〕.[466]

못노래는 애절하고 논에 물은 넘실대는데　　　秧歌哀婉水如油
아가가 유별나게 수줍다고 야단이야　　　　　嗔怪兒哥別樣羞
방언에, 새 며느리를 아가라고 부른다〔方言新婦曰: '兒哥'〕.[467]

일찍 자는 첨지를 발로 차 일으키며　　　　　蹴起僉知休早臥
풍로에 불 지피고 물레도 고치라네.　　　　　風爐吹火改繅車
방언에, 자기 집 영감을 첨지라고 부르는데, 아무 직첩이 없는 데도 그냥 그렇게 부른다〔方言家翁曰: '僉知', 雖無職牒, 亦得濫稱〕.[468]

---

465) 權宅容, 『愓窩先生文集1』, 〈大坪竹枝詞〉 十二首, 其九.
466) 丁若鏞, 『與猶堂全書』卷四, 〈長鬐農歌〉 十章, 其一. 번역은 〈한국고전종합DB〉의 번역을 참고하되 문맥을 고려하여 일부 수정하였다. 이하는 이와 같다.
467) 丁若鏞, 『與猶堂全書』卷四, 〈長鬐農歌〉 十章, 其二.

위에 인용한 시구는 장기지역의 농사 광경을 읊은 것이다. 시어 중에 '麥嶺'-'보릿고개'와 '靑麰'-'풋보리'는 훈차한 것이고 '大監'-'대감', '兒哥'-'아가', '僉知'-'첨지'는 음차한 것이다. 해당 방언의 뒷부분에는 그 뜻을 풀이하는 주석이 달려있다. 이러한 시어와 해석의 처리는 독자들이 한시를 읊는 동시에 한글의 어감과 생각을 떠올리게 하는 효과를 노린 것으로 보인다. 그 의도에는 정약용이 선언하였던 '조선시'가 되도록 고심한 흔적이 역력하다.[469)]

또한 조면호의 〈鎭嘉竹枝〉에서 "한 달 봉급을 모두 어린 계집하고 술 마셔버렸네〔丫鬟朔料都消酒〕.[470)]라는 구절이 있다. 여기에서 '朔料'는 '매월 삭 + 급여 료'로 한 달분의 급료를 가리킨 말이다. 이는 중국의 한문에서 거의 안 보이는 단어로 한국에서 만들어 쓴 한국적인 한자어다.

보릿가루 떡 향기 좋은 고미탄	麥粉餻香古味呑
벌 삼백 통을 기른 백림원이라.	蜂筒三百柏林園[471)]

여기에서는 '麥粉', '古味呑'이라는 특징적인 시어가 보인다. '麥粉'은 보릿가루를 뜻하는 시어로 훈차한 것이고 '古味呑'은 '熊耳灘'의 와전된 말로 음차한 시어다.

---

468) 丁若鏞, 『與猶堂全書』卷四, 〈長鬐農歌〉 十章, 其六.
469) 김지용, 「丁茶山 文學의 詩語에 대한 一考察」, 『어문연구』 제71회, 한국어문교육연구회, 1989, 277쪽에서 정약용의 이러한 시어의 사용을 소개한 바 있다.
470) 趙冕鎬, 『玉垂集』 卷之十, 〈鎭嘉竹枝〉 十首, 其八.
471) 申錫愚, 『海藏集』 卷之四, 〈伊珍竹枝〉 二十首, 其四.

| 이 지방 사람들이 양반이라 높여 참칭하는데 | 土旅尊稱冒兩班 |
| 흥은 새로 面官을 지냄에 있다네 | 興在新經本面官 |

이 지방은 본디 동반이나 서반 관직을 지낸 이가 없기에 고을 사람들이 최고로 여기는 것은 존귀한 벼슬자리는 꿈도 꾸지 않고 좌나 풍헌을 영광으로 여긴다. 풍헌을 높여서 '面官'이라고 부른다〔本州素無東西班官職人, 而鄕人爲宬. 尊貴仕官則夢想不到, 以座首風憲爲榮. 風憲, 尊之曰: '面官'〕.[472]

여기에서는 조선 특유의 신분 용어이자 관직명인 '兩班'과 '面官'을 사용하였다. '양반'은 동반과 서반을 가리킨 말로 조선의 최상류 계급이자 그 계급에 속한 사람을 가리킨 말이다. '풍헌'은 관료들을 규찰하면서 기율과 풍속을 바로잡는 일을 맡은 관직이다. '면관'은 그 풍헌을 높여 부른 명칭이다. 둘 다 음차한 시어이자 한국적인 명사어이다.

| 백로 전에 하늬바람 높이 부니 | 寒意風高白露前 |
| 인간세상 칠월 참으로 이만하면 되었다네. | 人間七月信於焉[473] |

위에서 나온 '寒意風'은 '하늬바람'을 말한다. '하늬'는 뱃사람이 쓰는 말로 서쪽을 뜻하고 하늬바람은 서풍을 말하므로 한자의 음을

---

472) 申錫愚, 『海藏集』卷之四, 〈伊珍竹枝〉 二十首, 其五.
473) 柳晚恭 『歲時風謠』 二百首, 其百一.(유만공(저)/임기중(역), 『우리세시풍속의 노래』, 집문당, 1993.)

차용한 시어다.

또한 1925년에 출판된 최영년의 『해동죽지』에서는 한글로 표기된 단어가 많이 보인다. 구체적으로 다음과 같다.

〈표18〉『海東竹枝』 詩題의 한글 표기

〈俗樂遊戱〉					
순번	작품명	한글 표기	순번	작품명	한글 표기
1	古碓樂	방아타령	26	禳鬼粥	얼음심
2	船遊樂	배싸라기	27	招魂賽	넉두리
3	抛球樂	룡의알	28	引索戱	줄다리기
4	山有花	매너리	29	角觝戱	씨름
5	月明謠	달아달아	30	托肩戱	탁건
6	哦囉哩	아라리타령	31	手癖打	수벽치기
7	儺山棚	산되도감	32	勝景圖	주사위, 승경도
8	無童牌	무동패	33	蹴雉毬	제기차기
9	踏橋軸	답교축	34	八木會	수투전
10	沙媼牌	사당노리	35	江牌戱	대격추리
11	風角牌	풍각쟁이	36	闠閈戱	엿방망이
12	紅同知	쑥쑥각시	37	打錢戱	돈치기
13	舞竿場	소새쟁이죽방을	38	鬪風箏	연
14	告祀盤	굿중패	39	旋風花	도로람이
15	便戰戱	편쌈	40	不倒翁	옷독이
16	先接軍	접쌈	41	春扇子	봄부채
17	依幕帖	의막체	42	木雕籠	조롱
18	回婚禮	회혼례잔채	43	彩布穀	쑥쑥기
19	回榜禮	회방잔채	44	五卵戱	공ㅣ긔
20	唱新來	신래불린다	45	氷毬子	핑구, 팽이

순번	작품명	한글 표기	순번	작품명	한글 표기
21	盃盤宴	배반노리걸노름	46	跳索戲	줄넘기
22	東床禮	족장싸다린다	47	巡邏戲	순라잡기
23	童便射	아동편사	48	掩目戲	싸막잡기
24	喚馬夫	배송낸다	49	隱身戲	숨방꿈질
25	逐邪經	푸닥거리			

〈名節風俗〉

순번	작품명	한글 표기	순번	작품명	한글 표기
1	祀餠湯	떡국차례	33	送鞦韆	근의뛴다
2	新歲衣	설빔	34	贈節扇	단오절삽
3	歲拜錢	세배갑	35	消病符	단오부작
4	白醍醐	수전과	36	藥水浴	물맞는다
5	跳板戲	널쒸기	37	食拘膗	복노리
6	佩兔絲	토씰	38	濯足會	탁족노리
7	聽曉鳥	새소리듯기	39	洗鋤宴	호미씨시
8	消樻果	부름	40	罷接禮	파접례
9	祭藥飯	약밥	41	七夕飮	칠석노리
10	固齒炙	이굿치산적	42	盂蘭盆	백종제
11	聰耳酒	귀발기술	43	新松餠	추석송편
12	食陳蔬	무근나물	44	黃花飮	국화주
13	爭賣暑	더위팔기	45	九日製	절일제
14	打祭俑	제용치기	46	菜陳藏	진장
15	擲柶戲	장자눗	47	都堂賽	도당굿
16	汲龍卵	룡의알쓴다	48	迓成造	상쌀, 성조바지
17	撒魚食	어부심	49	戊午餠	무오마날
18	望圓月	달미지	50	撒豆粥	동지팟죽
19	踏橋行	답교	51	冬至曆	동지책력
20	夜光神	앙광이	52	頒煎藥	전약
21	鬼鷄日	귀신닭날	53	門神符	문비

22	掃舍宇	좀의알썬다	54	食臘肉	납육
23	祭陳同	부루짠지, 제석주머니, 진동항아리	55	頒宮囊	궁낭
24	驗春星	좀생이본다	56	頒臘藥	랍약
25	上墳墓	산소에간다	57	賣燈盞	제석등잔
26	煮花會	화전노리	58	賣繭飥	강정장사
27	立彩棚	등째	59	春帖子	립춘부친다
28	流火雩	줄불	60	贈歲饌	세찬
29	水匏樂	팔일빔, 물장구	61	打餠聲	흰떡친다
30	麥水團	보리수단	62	燒頭髮	머리털사른다
31	薦櫻桃	앵도천신	63	福篠理	복조리
32	浴菖蒲	단오빔			

〈飮食名産〉					
순번	작품명	한글 표기	순번	작품명	한글 표기
1	曉鐘羹	백채숙대	6	柏子餠	잣박산
2	勝佳妓	도미국수	7	虛祭飯	헛계사밥
3	海州交飯	비빔밥	8	眞梨	봉산참배
4	龍仁苽菹	김치	9	膽蛤	쓰래홍합
5	梅棗	매초	10	蓮房蛤	잣송이, 우구령승

위의 표에서 보여주듯이 『해동죽지』의 中編 〈俗樂遊戲〉와 〈名節風俗〉, 〈飮食名産〉에 수록된 대부분의 작품에는 한글식 표현이 많이 보인다. 이들 작품에서 한글 표현은 풍속이나 명절 등을 한글 표기 호칭으로 소개하는 데 사용되었다. 몇 수의 작품을 본다.

〈고대악〉〈古碓樂〉

신라의 농민들은 풍년이 들면 서로 즐거워하면서 부귀를 염두에 두지 않고 노래를 지어 서로 화답하였다. 조선에서도 지금까지 전해 지며 '방아타령'이라고 부른다〔新羅田民, 年豐相樂不念富貴, 作歌 互答. 朝鮮至今傳之爲 '방아타령'〕.

우리네 풍년 듬 즐거워하며 우리네 배 두드리며	樂我豐年鼓我腹
우리 처자식 데리고 우리 집에서 산다네.	携我妻子栖我屋
동쪽 마을의 부자집 부러워하지 말지니	莫羨東隣富貴家
관현의 풍악 속에 이별곡 전해오네.	管絃聲裡離別曲[474]

위는 최영년『해동죽지』上編〈新羅〉에 수록된〈古碓樂〉이다. '碓'는 '방아 대'로 훈차한 시어다. 특히 詩序에 '방아타령'이라는 한글 단어가 적힌 것은 주목할 만하다. 이 부분은 한국 죽지사에 한글이 최초로 등장한 사례로 보인다. 또한 나머지 시어 '我豐年', '我腹', '我妻子', '我屋' 같은 '우리 아' 자가 반복적으로 나온 것은 한국적인 구어체의 흔적이 농후하게 남아있는 것이다. 또한『해동죽지』中編〈俗樂遊戲〉에 수록되어 있는〈哦囉哩〉를 예로 들 수 있다.[475] '哦囉哩'는 주석에서 나온 '아라리'로 음차한 시어다.〈아라리〉는 바로 현재 한국의〈아리랑〉이다. 여기에서 일일이 열거하지 않겠지만『해동죽지』에서는 전반적으로 훈차, 음차한 시어, 한국식의 구어체 및 한글 표현이 많이 등장하는 것이 그 작품의 특징이자

---

474) 崔永年,『海東竹枝』中編,〈俗樂遊戲〉,〈古碓樂〉.
475) 崔永年,『海東竹枝』中編,〈俗樂遊戲〉,〈哦囉哩〉, "距今三十餘年前, 所謂此曲 未知從何而來, 遍于全土無人不唱. 其音哀怨其意淫哇, 其操噍殺短促, 蓋季世之 音至今有之. 名之曰 : '아라리타령'."
"喉舌無端自發生, 不知哀怨觸人情. 可憐朝暮新羅世, 已有切切怛怛聲."

한국적 특질인 것이다.

한글의 사용과 관련되어 구한말 이후 한문학 갈래의 쇠퇴기를 맞이하여 國漢文體의 사용이 확산되기 시작하였다. 예를 들어 漢文의 경우 1895년 兪吉濬의 皇城新聞 등이 國文 또는 國漢文으로 간행됨으로써 그동안 지켜왔던 표기법상의 일방적 우위를 상실하였고, 특히 국한문체 사용의 확산은 함축성을 생명으로 하는 한문의 표현 기법을 더 이상 유지할 수 없게 하였다.[476] 1925년에 출판된 최영년의 『해동죽지』의 시서에서 위와 같은 한문과 한글의 혼용은 구한말 이후 국한문체 확산의 영향을 받았음을 짐작하게 한다.

지금까지 살펴본 바를 정리하겠다. 한국 죽지사는 중국에서 전입된 칠언 사구와 연작형의 죽지사로 시작하였다. 이후로 여러 시기를 걸치면서 다양한 형식을 갖추게 되었다. 먼저 시구의 형식에 있어서는 오언 사구와 오언 율시, 전통적인 악부시의 형식, 칠언 팔구와 칠언 장편 등 다양한 변격이 나왔다. 또한 작품의 분량이 연작의 규모로 확장되는 경향도 보인다. 작품의 장편화와 연작형 규모의 확장으로 인해 작품의 내용이 보다 풍부해질 뿐만 아니라 서정, 기사, 묘사, 서술, 술회 등 다양한 성격도 띠게 되었다.

또한 주석, 서문 및 소제목 등 기타 여러 요소를 적용하는 동향도 보였다. 특히 긴 분량의 주석이나 서문에서 시어나 작품의 배경에 대해 세밀하게 해석해주는 경향이 생겼다. 이는 당시에 유행하던 고

---

[476] 윤재환, 「日帝强占期 新聞 所載 漢詩의 性格-『朝鮮日報』와 『東亞日報』所載 懷古 漢詩를 中心으로」, 『일본학연구』 제38집, 단국대학교 일본연구소, 2013. 230쪽.

증학과 북학파의 박학 풍조의 영향을 받은 것이다.

　아울러 조선 후기에 연작형 죽지사를 작가 개인의 작품집으로 편찬한 경우도 있었다. 작가의 문학적 명예를 걸고 편찬된 문집에는 항상 권두와 권말에 동시대 문인들이 써준 서문이나 발문이 실렸다. 그래서 수록 작품의 훌륭함을 강조하거나 미화하는 내용이 게재된 것이다. 이를 통해 당시 조선 후기 작가들 사이에서 죽지사의 문학적 위상이 인정받았다는 사실을 파악할 수 있다. 다만 이러한 조선의 동향은 중국 죽지사의 정황과는 다르다. 문집에 수록된 중국 죽지사는 대부분 지역별로 이루어진 지역별 모음집의 성격이 농후하다. 특히 청나라 후기에 죽지사가 지역지를 참조하면서 서로 영향을 주고받았다. 그러나 이것은 오히려 죽지사의 문학적 위상을 추락시키는 역효과를 일으켰다.

　한국 죽지사는 시어의 토착화로 시적 표현에서도 독자적인 특징을 지니게 되었다. 그 특징은 시어 내용상 및 표기상의 토착화로 나뉠 수 있다. 내용상의 토착화는 작품에서 한국 특유의 전고, 지명 및 기타 고유 명사의 활용을 통해 이루어진 바이고 표기상의 토착화는 한자의 뜻을 차용하는 훈차, 한자의 음을 차용하는 음차 표기법을 활용한 시어와 한국식 방언체 또는 한글의 직접 사용으로 이루어낸 특징이다. 이러한 한국적인 시어들을 활용함으로써 민족적 정취가 가득한 한국 죽지사의 특질을 형성한 것이다.

제5장
결 언

　죽지사는 중국에서 기원한 한시 양식으로 중국과 여타의 한자문화권 나라들과의 문학 교류에 따라 광범위하게 전파되었다. 이 책은 한국 죽지사에 주목하여 개별적인 전개 양상과 특징에 대해 살펴보았다. 특히 죽지사가 중국에서 기원하였음을 염두에 두어 한국 죽지사의 개성을 고찰하면서 중국 죽지사와의 비교를 동시에 진행하였다.
　서언에 이어 2장에서는 이 책의 연구대상을 명확히 정하기 위해서 동아시아 한문학 비교 연구의 시각에서 개념사 방법론에 따른 죽지사의 개념 정의와 범주 설정을 시도하였다. 먼저 기존의 죽지사 개념 정의에 따른 기원 지역, 내용, 형식과 악부와의 관계로 인해 발생한 음악성 등의 측면에 대해 의문을 제기하여 새로운 견해를 도출하였다. 첫째, 죽지사의 기원지를 파, 초 가운데 한 곳으로 한정하기보다는 두 지역을 아울러서 '파초' 지역으로 보는 것이 보다 합리적이라고 여긴다. 둘째, 죽지사의 내용에 대하여 남녀 연정과 민간 풍속 외에 지역 회고와 민간 현실 폭로 등 지역적, 민간 친화적 내용도 죽지사의 일반적인 내용으로 본다. 셋째, 죽지사의 형식에 대하여 칠언 사구 연작형이 일반적이고, 이외에 주석, 서문 등 기타 요소도 죽지사에서 흔히 등장하는 요소로 본다. 마지막은 죽지사의 음악성 및 악부와의 관계에 대한 것으로, 시대가 지나갈수록 점차 음악성이 없어지는 악부시의 하위 장르로 볼 수 있다.

　이처럼 죽지사 개념을 새로 규명하고 죽지사의 범주도 다시 설정하였다. 특히 광의적 죽지사의 범주를 재설정하기 위해서 먼저, 중국 죽지사의 경우에는 '도가', '팔경시' 등을 죽지사와 구별하고, '궐지사', '류지사' 등 직접적으로 죽지사의 영향을 받으면서 탄생한 종류는 광의적 죽지사로 귀속시킨다. 또한 나머지 일련의 민간 풍속이나 명절의 명칭 뒤에 '사', '곡', 또는 '가'를 붙인 작품들은 소재 면에서 죽지사의 민간 친화적 성격에 부합함으로 광의적 죽지사에 포함해도 무방하다고 여겨진다. 다만 죽지사가 풍토시의 대표로 부상된 청나라 시기 이후에 나온 죽지사의 일반적인 형식을 취한 이들 작품만 이에 해당할 수 있다. 나머지 '잡영(잡절, 잡시, 잡흥 등)' 등은 창작 시기를 고려하여 죽지사인지 아닌지를 판단할 것이다. 명·청 시기에 창작된 이들 작품은 죽지사로 볼 수 있으나 이전 시기의 작품은 광의적 죽지사에 귀속시킬 수 없다.

　한국의 경우, 죽지사의 영향력이 중국만큼 크지 못하였지만, 조선 후기에 들어 각 지역에 주목한 일부 악부시나 풍토시는 광의적 죽지사로 귀속시킬 수 있다. 다만 그 전에 나온 작품은 죽지사와 구별해야 한다. 특히 민족적 주체 의식을 드러내는 한국 특유의 '해동악부시체'가 역시 죽지사와 구별되어야 한다.

　마지막으로 선인들의 '죽지체'와 현대 학계의 '죽지체' 개념의 차이점으로 인한 개념의 혼동을 피하기 위해, 이 책에서는 '죽지체'라는 용어를 사용하지 않고 '광의적 죽지사'로 칭한다.

3장에서는 시기별로 한국 죽지사의 전개 양상을 살펴보았다. 구체적으로 여말선초는 한국 죽지사 창작의 초창기로(고려 말기-수용기, 조선 전기-맹아기), 조선 중기를 과도기, 조선 후기를 전성기로 나누었다. 또한 근대 전환기까지 죽지사의 창작이 계속 이어졌기에 이 시기를 전성기로 분류하였다.

　　고려 말기에 이제현을 비롯한 사대부 문인들에 의해 죽지사가 한국으로 유입되었기에 이 시기를 죽지사의 수용기로 본다. 이 시기에 민간인 어부들이 부르는 노래 혹은 연회, 유람 도중이거나 술자리에서 기생들이 부르는 노래 등이 '죽지사(죽지가, 죽지)'로 불리게 되었다. 이로 인해 '죽지사'라는 명칭이 고려 문단에 널리 알려지게 되었다. 이 일을 계기로 죽지사 작품이 창작될 수 있는 배경이 한국에서 점차 형성되었다.

　　이러한 점을 중국의 죽지사 기원, 특성과 비교하며 살펴보았다. 중국의 정황을 살펴보면 죽지사는 파초 지역의 민가에서 기원하였다. 초기 문헌자료나 시에서 나온 죽지 노래는 제사 노래, 민간인이 일상생활 속에서 부르는 노래, 남녀의 사랑 노래와 문인들이 연회에서 부르는 노래 등 다양한 모습을 보인다. 이에 비해 한국 최초의 죽지 노래는 고려 말기 문인들이 중국의 민가 죽지를 본뜨면서 자신들이 일상 속에서 부르는 각종 노래에 '죽지사'라는 명칭을 차용한 것이다. 그래서 중국과는 달리 민간 친화적 성격이 결여된 특성을 보인다고 할 수 있다.

　　조선 전기에 들어서면 서거정은 고려 말기 문인들처럼 '죽지사'라는 명칭을 사용하였지만, 소략한 언급의 수준을 넘어서 그리움이나 이별로 인한 슬픈 정감을 자아내는 서정적 이미지로 활용하는 단계로 나아갔다. 이는 한국 죽지사의 본격적인 창작이 시작되는 새로운 기점이라고 생각된다. 그에 이어서 김종직을 비롯한 영남 사림파 문인들에 의해 한국 죽지사 창작에 활기를 불어넣는 계기가 형성되었다. 이 시기에 사림파의 죽지사 창작 그룹 외에 성현과 김시습, 황여헌 등도 죽지사를 남겼으므로 한국 죽지사의 맹아기로 볼 수 있다.

한국 죽지사 최초의 작가군은 영남 사림파를 중심으로 구성된다. 이는 파초 지역의 유배된 작가들을 위주로 한 중국 최초의 죽지사 작가군의 구성과 다르다. 전자는 중앙 관직에 진출하였지만, 고향에 대한 마음을 죽지사로 드러냈다. 후자는 파초 지역에 가서 유배 생활을 하면서 견문한 바들을 죽지사에 담아냈다. 중국은 청나라 시대에 들어서야 작가의 고향을 배경으로 한 작품이 등장하게 되었다. 영남 사림파의 죽지사에서 보이는 남다른 지역 의식은 작가의 애향심이 기저를 이룬다. 그러한 성향은 죽지사라는 한시 장르에 조선의 소재들을 활용하는 단계로 나아가게 되었다. 이러한 특징은 조선이 초창기부터 죽지사의 주체적 수용과 창작을 이루어나갔다는 증거로 볼 수 있다.

과도기에는 당나라 죽지사의 의작과 조선적 정조를 담은 죽지사의 창작이라는 두 가지의 양상이 나타났다. 당시를 본뜨는 성향은 허난설헌을 비롯한 많은 작가의 작품에서 드러난 바 있다. 그 특성으로는 당나라 죽지사에 흔히 등장하는 파초 지역의 지명, 특징적인 단어와 이미지의 차용, 혹은 당나라 죽지사의 구절, 심지어 전체적인 작품의 개작 등을 통해 당나라 죽지사의 시상이나 정조를 모의하는 경향이다. 이러한 창작 경향은 당시풍을 지향하는 조선의 의고파와 밀접하게 관련 있다. 당시를 본뜨는 일환으로 그 시기의 죽지사를 의작하는 성향은 명나라 의고파인 전후칠자의 작품에서도 보인다. 즉 조선 중기와 명나라의 의고파가 당나라 죽지사에 흔히 등장한 지명, 시어와 이미지 등을 사용하여 당의 죽지사와 비슷한 정조를 자아내려는 공통적인 성향을 추구함이 확인된다.

한편, 조선 중기에 조선 문인들은 죽지사에 대한 인식이 심화됨에 따라 의작의 경향에서 벗어나 조선적 정조를 담은 죽지사를 즐겨 지었다. 당시 조선적 죽지사를 지은 작가층은 이홍남과 신흠, 권필 등 중앙과 멀리 떨어져 있는 불우한 사대부 문인과 벼슬하지 않은 방외인 위주로 구성된다. 이러한 구성은 본인 고향을 읊은 조선 전기 영남 사림파와 다르며 중국 당·송 시기에 파초 지역으로 유배된 문인들의 작품과 비슷한 성향을 보인다. 이러한 작가군과 경향의 변화는 문인들이 조선의 넓은 강역을 대상으로 삼아 조선의 죽지사를 짓는 단계로 바꾸어가는 과도기의 특징으로 꼽힐 수 있다.

전성기의 죽지사는 세 가지의 경향으로 나눌 수 있다. 첫째로 당·송시기의 작품을 의작하는 경향은 아직 남아 있으나, 새로운 형식과 시도를 실행하였다. 둘째는 중인층 및 서얼 문인들에 의해 외국을 형상화한 죽지사가 활발하게 창작되었다. 셋째는 조선의 각 지역에 주목한 토속적인 죽지사 창작의 붐이 본격적으로 일어난 것이다. 당·송시기의 작품을 의작하는 경향은 이전 시기의 영향을 이은 것으로 보인다. 또한 내용을 살펴보면 당·송시기의 작품을 본떠 쓴 흔적이 남아 있지만, 형식 등 다른 측면에서 새로운 시도를 한 모습을 보인다.

중서층은 신분적 제한으로 국내에서 제약을 받고 진출 기회가 상대적으로 막혀 있는 상황에서 외국으로 가서 새로운 기회를 모색하였다. 이들은 지식인으로서의 자부심뿐만 아니라 훌륭한 글을 지으려는 창작 의지로 이국에서 견문한 바를 다양하게 형상화하는 외국죽지사를 창작하였다. 외국죽지사의 창작은 주로 사행을 직접 다녀온 중서층에 의해 중국과 일본을 시적 대상으로 삼는 경향을 보였다. 그 유행에 힘입어 직접 가보지 못한 외국의 모습을 상상하며 죽지사를 짓는 경향도 생기게 되었다.

한국 외국죽지사 작가층의 구성은 중국의 경우와 다른 면모를 지닌다. 중국 외국죽지사의 작가층은 사행의 사신들을 핵심으로 구성되었다. 조선의 중서층이 죽지사 창작에 활발하게 참여하여 외국죽지사가 지어지는 환경과 계기를 마련한 점은 조선만의 특징으로 주목할 만한 부분이다.

조선 후기에 접어들면 조선풍 경향이 대두하면서 조선의 수려한 강산인 조선팔도 각 지역을 대상으로 다룬 토속적인 죽지사가 우후죽순으로 나왔다. 대상 지역을 작가의 고향, 유배지 및 부임지, 기행 및 심상 속의 조선 강역으로 분류할 수 있다.

이는 세 경향으로 살펴볼 수 있는데, 첫째, 조선 후기에 고향을 제재로 한 죽지사의 창작 경향은 조선 전기 영남 사림파의 전통의 연장선상에 있는 것으로 볼 수 있다. 그러면서도 문학 창작의 시대적 분위기와 작가 개성에 따라 작품에서 다루어진 소재나 창작 의식에 있어서 변모가 발생한 것은 주목할 만한 사실이다. 둘째, 유배지 및 부임지를 대상으로 읊은 작품이 많이 출현하였다. 이 중에 자신이 유배된 곳을 읊은 작품이 큰 비중을 차지하는 사실은 당나라 파초 지역에 유배된 문인들에 의해 처음으로 유배 죽지사가 창작되기 시작한 것과 이어진다. 셋째, 문인들은 여행으로 직접 간 곳 혹은 가보지 못한 심상 속의 조선 강역을 죽지사로 즐겨 읊었다. 묘사 대상으로 삼은 지역은 역사적인 명소나 역사 사건의 현장을 비롯한 조선팔도의 여러 강역이다. 당시 지식인들의 독특한 지역 인식과 주체적인 민족의식이 드러나기도 한다.

4장에서는 창작 의식과 표현 방식 두 측면으로 한국 죽지사의 특징을 도출해보았다. 구체적으로 창작 동기와 주제화 양상, 형식 및 표현 방식으로 나누어 살펴보았다.

창작 동기는 채시 정신의 계승, 민족의식의 자각과 유배 및 은거 의식의 표출로 나뉜다. 첫째, 한국 죽지사 작가의 채시 정신은 고려 말기부터 사대부 문인들이 『시경』의 채시관풍과 민중에서 기원한 죽지사를 유기적으로 연결한 것에서 비롯되었다. 이러한 문학적 전통은 조선조에 들어서면서 그대로 이어졌다. 문인들이 개인적으로 창작하거나 조정의 요구에 따라 꾸준히 민중의 영역을 드나들면서 채록한 바를 죽지사에 담아냈다.

둘째, 한국 죽지사의 작가군은 민족적 자각 의식으로 조선의 유구한 역사, 찬란한 유산, 훌륭한 문화 또는 풍부한 물산 등에 주목하였다. 이러한 의식의 표출은 역사의 회고와 현황의 묘사로 고·금이란 시간적 경계를 넘나들 뿐만 아니라 조선과 중국을 왕래하는 내·외적

국가적 공간을 오가는 인상을 준다. 그리하여 내용과 분위기가 자국의 역사적 사건, 인물, 유적에 대한 회고와 칭송뿐만 아니라 당시 조선의 풍부한 물산과 문화에 대한 자부심을 드러낸다. 또한 사행으로 간 외국에서 느꼈던 소중화 의식도 동일한 맥락에서 나온 것이다.

셋째, 유배 및 은거 의식을 표출한 술회류 죽지사는 작가층의 불우한 상황과 신분적 처지를 반영한다. 이는 유배, 은거하는 불우한 문인, 방외인, 중인의 작품에 짙게 배인다. 그리고 시대적 정황과 제약으로 인해 소외감을 느꼈던 문인들의 죽지사에도 동일하게 투영되었음이 확인된다.

또한 주제화 양상은 백성의 삶과 민간풍속, 조선의 수려한 강산과 역사적 문물, 사행 체험과 이국에 대한 관심으로 나눠서 살펴보았다.

첫째, 민중의 영역과 관련된 내용은 죽지사의 기본적인 성격인 민간 친화적 특징을 지닌다. 백성의 삶과 관련되어 다시 남녀 연정과 일상생활로 나눌 수 있다. 먼저 남녀 연정은 조선 시대 전반에 걸쳐 죽지사의 주요 주제로 활용되었다. 조선 전기와 중기의 작품에는 남녀 연정을 읊는 데 낭만적인 정취가 농후하게 드러났다. 반면에 조선 후기는 현실적 인식이 한층 부각되었다. 백성의 일상생활에 대해서는 생계노동과 유유자적한 여가생활의 모습을 객관적으로 보여주거나 그들이 직면한 현실적인 문제들을 폭로하고 비판하였다. 민간 풍속은 해당 지역 현지인 생활의 일부를 읊거나 관련된 풍속을 집중적으로 다루는 것으로 나눌 수 있다. 다만 작가의 신분적 처지에 따라 세부적인 소재의 선정과 묘사의 시각 또는 표출된 인식 등에서 차이를 보인다. 이로 인해 작가들의 작품에는 조선의 뭇사람들이 선보인 다채로움을 형상화하였다.

둘째, 조선의 수려한 강산과 역사적인 문물을 핵심 주제로 삼은 작품도 연달아 나왔다. 이들 작품 중에는 문화의 발상지인 대동강 유역의 관서 지방과 낙동강 유역의 죽지사 발원지이자 삼국시대 가락국의 소재지인 영남 지방을 대상으로 삼은 작품이 가장 많다. 또한 관서 지방의 역사적 고도인 평양 및 변경지역인 용만, 영남 지방의 주요 사적지인 금관 및 근처의 금릉 등 네 개의 지역은 죽지사 작가들로부터 꾸준한 관심과 주목을 받아왔다. 이들은 회고적인 정서와 더불어 자국 강역 및 문물에 대한 자부심을 투영한 죽지사를 남겼다.

셋째, 사행 체험과 이국에 대한 관심에 관해서는 중국과 일본을 묘사 대상으로 한 죽지사가 적잖다. 그중에는 문헌자료의 기록을 참조하여 미지의 공간인 여러 외국을 형상화한 죽지사도 있다. 중국을 대상으로 삼은 연행죽지사에서 주목할 만한 한 점은 바로 이전 시기의 작품에는 당시 조선에서 유행하던 존명반청의 의식이 두드러진 것에 비하여 조선 후기에는 보다 개방적으로 나아갔다는 점이다. 이러한 현상은 18세기 후반부터 점차 청에 대한 개방적 태도가 형성되어 간 시대적 동인에 의한 결과이다. 그리하여 청의 우수한 문명을 배우려는 의식이 대두되는 계기로도 작용하였다. 반대로 일본 죽지사에는 조선을 소중화를 따르는 선진국으로 자처하였다. 게다가 일본의 문화를 오랑캐라는 선입견으로 파악하는 성향이 강하였다. 이외에 실제로 가보지 못한 기타 나라들 즉 미지 공간을 읊은 외국죽지사의 창작은 한국 죽지사의 특징적인 면모를 보여준다.

마지막으로 형식과 표현 방식이다. 먼저 형식의 측면에서는 칠언 사구와 연작형이 기본적인 형식이다. 다만 조선 전기로부터 죽지사의 형식에 새로운 변모가 드러나기 시작하였다. 시구 형식의 경우에는 칠언 사구 외에 오언 사구, 오언 율시, 칠언 팔구, 칠언 장편과 전통적인 악부시의 형식 등 다양한 형식을 확보하였다. 또한 연작시의 규모도 한층 확장되는 경향이 나타났다. 이러한 형식상의 변화를 거쳐온 죽지사는 기속 및 서정 외에 기사, 서술, 술회 등 중층적인 성격을 지니기도 하였다. 또한 주석, 서문의 첨가와 장편화 경향이 농후해졌다.

이러한 양상은 고증 학풍의 영향과 함께 북학파를 중심으로 한 박학 풍조의 유행, 성리학의 관념성이 약화되고 실제의 현실을 중시하는 실학적 학풍이 대두되는 등의 복합적인 동인으로 인해 이루어진 것이다. 아울러 소제목의 출현도 하나의 특징으로 꼽힐 수 있다. 하나의 작품에 등장한 여러 소제목은 병렬관계로 나온 경우가 있고, 소제목과 내용을 짜임새 있게 둠으로써 역사·지리지의 체계성을 농후하게 드러낸 죽지사도 나타났다.

또한 조선 후기에 죽지사를 체계적으로 모아 단행본으로 편찬한 경향도 나타났다. 이들 문인 개인의 죽지사 작품집의 권두와 권말에는 동시대 문인들이 써준 서문이나 발문에 해당 작품의 훌륭함을 강조하거나 미화하는 글을 첨부하였다. 중국의 경우에는 여러 작가의 작품들을 엮으면서도 지역성을 강조하는 특정 지역의 풍속·지리지 성격을 농후하게 드러냈다. 청나라 후기에 죽지사선집과 지역별 죽지사 선집이 서로 접목되면서 죽지사의 문학적 위상이 떨어지게 되었다. 특히 중국과의 비교해 볼 때 조선 후기에 연작형 죽지사가 문인 개인의 작품집으로 편찬되는 동향의 발생은 죽지사가 조선에서 그 위상을 인정받았기에 일어난 현상이라고 볼 수 있다.

아울러 한국 죽지사 표현상의 특징은 토속적 시어의 활용에서 드러났다. 조선 문인들은 민족적 정취를 확보하기 위해서 자국의 특색을 띤 시어들을 활용하는 경향이 두드러졌다. 그 특성은 이른바 시어의 토착화라고 할 수 있으며 내용상의 토착화와 표기상의 토착화로 나눌 수 있다. 내용상의 토착화는 작품에서 한국 특유의 전고, 지명 및 기타 고유 명사의 활용으로 이루어진 바이고, 표기상의 토착화는 훈차, 음차 표기법을 활용한 단어, 한국식 방언체 또는 한글 사용의 산물이자 특성이다.

한국 죽지사는 중국에서 기원한 시가 양식이지만, 유입된 이후 독자적인 발전 경로를 걸어왔다. 고려 말기 수용을 시작으로 조선 전기의 맹아기, 중기의 과도기를 거쳐 후기에 이르러 전성기를 맞이하며 한국 문학사에 깊이 뿌리내렸다. 한국 죽지사는 채시 정신을 계승하면서도 민족의식의 자각, 유배 및 은거 의식, 그리고 조선의 토속적 정서와 풍광을 독창적으로 형상화하였다. 특히 영남 사림파를 시작으로 중인층에 이르기까지 다양한 작가층의 등장과, 중국 및 일본을 소재로 한 외국죽지사, 체계적인 작품집 편찬 등은 한국 죽지사만의 독특한 성격을 부여하였다. 이를 통해 한국 죽지사는 한시 양식으로서의 보편성 외에 조선적 정체성을 성공적으로 정립하였음을 확인할 수 있다.

마지막으로 하나의 죽지사 작품을 소개하며 글을 마친다.

낙랑도호부는 옛 조선이고　　　　　　　　　樂浪都護舊朝鮮
구첩성이 높이 거울 속에 비친다오.　　　　　九疊城高鏡裏懸
전하니 단군과 요 함께 서　　　　　　　　　聞說檀君堯並立
홀로 문물 사천년 전하네.　　　　　　　　　獨傳文物四千年

　　　　　　　　　　　　　　　　　　　張之琬『平壤竹枝詞』其一

【부록】

*〈특정 지명을 시어로 쓴 한국 죽지사〉

순번	작가	작품명	지명
1	金宗直	〈凝川竹枝曲九章書與梁娃〉	凝川, 金銅驛, 馬山港, 靈井山
2	金孟性	〈伽川竹枝曲〉	伽川, 豬邑洞
3	曺偉	〈凝川竹枝曲效佔畢齋贈雲娘〉	凝川, 三郞浦口
4	俞好仁	〈偶製西原竹枝三絶以資新腔〉	西原
		〈咸陽濫溠竹枝曲十絶〉	咸陽, 濫溠, 學士樓, 沙斤城, 頭流山
5	申欽	〈昭陽竹枝歌三章〉	昭陽, 席破嶺, 新淵江
6	李洪男	〈楊花渡竹枝歌八章〉	楊花渡
7	權鞸	〈春江詞效竹枝歌〉	喜雨亭, 楊花渡
8	金錫冑	〈龍灣雜詠十絶和副使〉	龍灣, 九龍淵
9	申厚載	〈龍潭竹枝詞〉	龍潭
10	徐宗泰	〈龍灣雜詠十首次息菴集中龍灣十絶韻〉	龍灣
		〈羅山雜詠〉	羅山
11	李時恒	〈龍灣雜詠〉, 〈次約齋龍灣詠韻〉, 〈續和龍灣詠韻〉	龍灣
12	趙文命	〈龍灣雜詠〉	龍灣
13	崔成大	〈儒州雜詞〉	儒州, 聚勝亭
14	申光洙	〈關西樂府〉	關西(平壤, 大同門, 浿江, 永濟橋, 箕城, 檀君祠, 七星門 등 생략)
15	姜世晃	〈愁州竹枝曲八絶〉	愁州
16	申國賓	〈凝川敎坊竹枝詞八章〉	凝川, 龍頭山, 嶺南樓
17	柳得恭	〈西京雜絶〉	西京
		〈松京雜絶〉	松京
		〈熊州雜絶〉	熊州
		〈二十一都懷古詩〉	平壤府(大同江, 冤山, 樂浪城), 益山郡, 江陵府(大關嶺), 春川府(昭陽江), 益山郡(金馬渚), 成川府, 扶餘縣, 仁川府, 慶州府(昌林寺), 江陵府, 金海府(伽倻, 虎溪), 高靈縣(大伽倻), 開寧縣, 鬱陵島, 濟州, 全州(金山寺), 鐵原府, 開城府(二十八王陵)

18	任天常	〈雨後次劉禹錫竹枝詞〉	至喜亭
19	丁若鏞	〈長鬐農歌〉	長鬐
		〈耽津農歌〉, 〈耽津漁歌〉, 〈耽津村謠〉	耽津
20	趙秀三	〈龍浦襍詠〉	龍浦
		〈隴城雜詠〉	隴城
21	金鑢	〈黃城俚曲〉	黃城
22	姜浚欽	〈關西竹枝詞〉	關西
23	李學逵	〈金官竹枝詞〉, 〈金官紀俗詩〉	金官
		〈南湖戲歌〉	南湖
		〈江滄農歌〉	江滄
24	洪顯周	〈柳京竹枝詞〉	柳京, 永濟橋, 大同門
25	金進洙	〈高興雜絶〉	高興
26	申佐模	〈倣關西樂府體寄按使韓柳下十三絶〉	關西(西平, 箕城, 浿城, 延州, 花江, 大同門)
27	金濟學	〈次申石北關西樂府百八韻〉	關西(생략)
28	徐有英	〈西湖竹枝詞〉	西湖
		〈關東竹枝詞〉	關東
		〈鬥峽竹枝詞〉	鬥峽
29	李尙迪	〈葛山雜絶〉	葛山
30	趙冕鎬	〈鎭嘉竹枝〉	鎭長坊, 嘉會坊, 平康里
		〈弘濟竹枝〉	弘濟橋, 佛光里
		〈龍灣竹枝〉	龍灣, 統軍亭, 雷柳亭
		〈追補龍灣竹枝〉	龍灣, 美山亭, 秋月庵
31	申錫愚	〈伊珍竹枝〉	伊珍
		〈平壤懷古〉	平壤
32	張之琬	『平壤竹枝詞』	平壤
33	姜溍	〈帶方竹枝〉	帶方
		〈阿珍竹枝〉	阿珍
34	朴珪壽	〈江陽竹枝詞十三首拜別千秀齋李公之任〉	江陽
35	尹濟奎	『平壤竹枝詞』	平壤
36	高聖謙	〈漢城樂府二十八絶〉	漢陽城
37	尹廷琦	〈金陵竹枝詞〉	金陵

38	李裕元	〈臨瀛竹枝詞〉	臨瀛
		〈岐城竹枝詞〉	岐城
39	朴致馥	〈戲作金陵竹枝詞十二章送許士咸炋赴崇善殿祠官之任〉	金陵, 燕子樓, 龜旨峰, 神魚山
40	金允植	〈歸川紀俗詩〉	歸川
		〈松京雜絶〉	松京
		〈西京雜絶〉	西京
41	李壽瀅	〈西洲雜絶〉	西洲
		〈寧州雜絶〉	寧州
42	鄭東植	〈竹枝詞〉	湖南
43	鄭載星	〈擬賦娥林竹枝詞六十八章〉	娥林(枕流亭, 春風樓, 養賢齋, 蓮桂齋, 巢父川, 五愼壇, 節婦里, 長發里, 茂村驛, 邢氏孝旌, 演水寺, 里仁亭, 甘隱臺, 國農所, 熊谷, 大雅田園, 琴川, 漁適亭故址, 霽月齋, 心蕉亭, 金貴峯, 葛古業莞, 文山齋, 登科樓故址, 五子巖, 靑蓮故居, 茅谿遺址, 望月堂, 長仙洞, 舍人古垈, 畢命巖, 勝戰坪, 三峯山, 雙淸堂, 褒忠祠, 新倉, 金光山, 龍溪寺古址, 申昉所, 香子巖, 龍山, 落帽臺, 寶文遺庄, 龍泉精舍, 加召古縣, 原泉亭, 屛山, 任令古址, 晩鶴亭, 朴儒山, 見巖寺, 水瀑臺, 永慕齋, 醉睡亭, 龍溝, 芝山舊庄, 古占坪)
44	李𡊡	〈南海竹枝詞〉	南海
45	權宅容	〈大坪竹枝詞〉	大坪
46	李根洙	〈西京竹枝詞〉	西京, 浮碧樓, 牧丹峯, 永明寺, 靑陽館, 乙密臺
47	崔永年	〈海東竹枝〉	亭臺樓閣(75개), 殿廟祠墓(48개), 壇所祀享(10개) 등(생략)
48	李容根	〈烏飛村竹枝詞〉	烏飛村

** 〈조선 후기 죽지사 목록〉

순번	작가	작품(수)	출처
1	金錫冑(1634~1684)	龍灣雜詠十絶和副使 (10)	『息庵遺稿』卷之六
2	崔承太(?~1684)	竹枝詞 (2)	『雪蕉遺稿·七言絶句』
3	申厚載(1636~1699)	龍潭竹枝詞 (1)	『葵亭集』卷之二
4	徐宗泰(1652~1719)	龍灣雜詠十首次息菴集中龍灣十絶韻 (10)	『晚靜堂集』第四
		羅山雜詠 (8)	『晚靜堂集』第三
5	金昌業(1658~1721)	龍灣雜詠和息庵 (5)	『老稼齋集』卷之五
6	鄭栻(1664~1719)	竹枝詞 (1)	『明庵集』卷之二
7	李時恒(1672~1736)	龍灣雜詠 (2)	『和隱集』卷之二
		次約齋龍灣詠韻 (1)	『和隱集』卷之二
		續和龍灣詠韻 (3)	『和隱集』卷之三
8	李縡(1680~1746)	代李太白魂誦傳竹枝詞 (1)	『全人詩詞』
9	趙文命(1680~1732)	龍灣雜詠 (8)	『鶴巖集』冊二
		瀋陽雜詠 (10)	『鶴巖集』冊二
10	李喜之(1681~1722)	漁父詞(漁父竹枝詞) (5)	『凝齋集』卷之一
11	金時敏(1681~1747)	三疊和栢堂效竹枝體 (1)	『東圃集』卷之三
12	申維翰(1681~1752)	日東竹枝詞 (34)	『青泉集』卷之二
13	曺夏望(1682~1747)	竹枝詞 (4)	『西州集』卷之二
14	姜必愼(1687~1756)	元朝紀俗二十絶 (20)	『慕軒集』卷之二
		上元紀俗十四絶 (14)	『慕軒集』卷之二
15	李匡德(1690~1748)	夢傳竹枝詞 (1)	『冠陽集』卷之二
16	姜樸(1690~1742)	元朝紀俗 (20)	『菊圃集』卷之五
		寒食紀俗 (4)	『菊圃集』卷之五
		上元紀俗 (15)	『菊圃集』卷之五
17	崔成大(1691~1762)	村田雜詠 (5)	『杜機詩集』卷之一
		秋村雜詠 (5)	『杜機詩集』卷之一
		儒州雜詞 (5)	『杜機詩集』卷之四
		鄕村雜絶別體 (13)	『杜機詩集』卷之四
		儒州雜詞 (4)	『杜機詩集』卷之五

18	吳達運(1700~1748)	竹枝詞(2)	『海錦集』
19	黃後榦(1700~1773)	戲吟竹枝(1)	『夷峯集』卷之一
20	南龍萬(1709~1784)	效唐詩體-竹枝詞(1)	『活山文集』卷之二
21	申光洙(1712~1775)	關西樂府(108)	『石北集』卷之十
22	姜世晃(1713~191)	愁州竹枝曲八絶(8)	미상
23	洪愼猷(1724~1784)	效尤桐外國竹枝詞(14)	『白華子集抄』
24	申國賓(1724~1799)	凝川敎坊竹枝詞八章(8)	『太乙菴集』卷之二
25	趙榮順(1725~1775)	效竹枝詞體(1)	『退軒集卷』卷之一
26	範慶文(1738~1800)	效白香山竹枝詞(2)	『儉巖山人詩集』卷之一
		元朝雜體(6)	『儉巖山人詩集』卷之二
		元夕雜體(2)	『儉巖山人詩集』卷之二
27	柳得恭(1748~1807)	西京雜絶(15)	『泠齋集』卷之一
		松京雜絶(9)	『泠齋集』卷之一
		熊州雜絶(3)	『泠齋集』卷之一
		端陽雜絶(3)	『泠齋集』卷之一
		田家雜詠(5)	『泠齋集』卷之二
		二十一都懷古詩(43)	『泠齋集』卷之二
		熱河紀行詩(49)	『泠齋集』卷之四
		遼野車中雜詠(33)	『泠齋集』卷之五
28	任天常(1754~1882)	雨後次劉禹錫竹枝詞(1)	『窮悟集』卷之四
29	朴齊家(1750~1805)	旅次襍絶(13)	『貞蕤閣』五集
		瀋陽襍絶(7)	『貞蕤閣』三集
		遼西襍絶(3)	『貞蕤閣』三集
30	洪仁謨(1755~1812)	竹枝詞效晩唐體(1)	『足睡堂集』卷之四
31	成海應(1760~1839)	竹枝詞(1)	『研經齋全集』卷之二
		詠土俗之倣燕者用替竹枝(8)	『研經齋全集』卷之三
32	南公轍(1760~1840)	竹枝詞(1)	『金陵集』卷之一
33	丁若鏞(1762~1836)	長髻農歌(10)	『與猶堂全書』卷四
		耽津農歌(10)	『與猶堂全書』卷四
		耽津漁歌(10)	『與猶堂全書』卷四
		耽津村謠(15)	『與猶堂全書』卷四

34	趙秀三(1762~1849)	上元竹枝詞 (15)	『珍珠船襍存』
		外夷竹枝詞 (133)	『珍珠船襍存』
		高麗宮詞 (22)	『珍珠船襍存』
		海甸竹枝詞 (5)	『經畹叢集』
		松京道中雜詠 (8)	『秋齋詩稿』上
		龍浦襍詠 (10)	『秋齋詩稿』上
		瀋陽雜詠 (10)	『秋齋詩稿』上
		瀋陽雜詠 (3)	『秋齋詩稿』上
		道中襍詠 (2)	『秋齋詩稿』上
		瀋河雜詠 (3)	『秋齋詩稿』上
		道中襍詠 (2)	『秋齋詩稿』上
		道中襍詠 (4)	『秋齋詩稿』上
		隴城雜詠 (22)	『秋齋詩稿』上
35	金鑢(1766~1822)	黃城俚曲 (204)	『藫庭遺藁』卷之二
		上元俚曲斅李玄同體二十五首 走筆簡雲樓兪子範 (25)	『藫庭遺藁』卷之二
		牛山雜曲 (33)	『藫庭遺藁』卷之八
36	姜浚欽(1768~1833)	關西竹枝詞 (1)	『三溟詩集』五編
37	李學逵(1770~1835)	金官竹枝詞 (30)	『洛下生全集』冊四
		南湖漁歌 (10)	『洛下生全集』冊四
		江滄農歌 (10)	『洛下生全集』冊四
		上東樵歌 (8)	『洛下生全集』冊四
		金官紀俗詩 (78)	『洛下生全集』冊十三
38	洪顯周(1793~1865)	柳京竹枝詞 (10)	『海居齋文集』
39	金進洙(1797~1865)	燕京雜詠 (314)	『碧蘆集』
		高興雜絶 (5)	『蓮坡詩鈔』卷上
40	申佐模(1799~1871)	倣關西樂府體寄按使韓柳下十三絶 (13)	『澹人集』卷之七
41	洪錫謨(1781~1857)	西山雜詠 (7)	『游燕藁』
		皇城雜詠 (100)	『游燕藁』
		演城雜詩 (37)	『游燕藁』
		都下歲時紀俗詩 (126)	『都下歲時紀俗詩』

42	趙秉鉉(1791~1849)	又和竹枝詞五疊 (5)	『成齋集』 卷之六
		又和竹枝詞四疊 (4)	『成齋集』 卷之六
43	金濟學(1791~1860)	次申石北關西樂府百八韻 (108)	『龜菴集』
44	柳晚恭(1793~1869)	歲時風謠 (200)	『閭巷文學叢書10』・『歲時風謠』
45	洪翰周(1798~1868)	讀尤侗外國竹枝詞戲成一絶書寄李允執基中燕行 (1)	『海翁詩槁』 卷一
46	徐有英(1801~1874)	西湖竹枝詞 (9)	『雲皐詩抄』
		關東竹枝詞 (11)	『雲皐詩抄』
		鬥峽竹枝詞 (4)	『雲皐詩抄』
		海東樂府竹枝詞 (수백 수 유실됨)	『錦溪筆談』 (2수 전함)
47	李尙迪(1804~1865)	葛山雜絶 (2)	『恩誦堂集』 詩・卷四
		日本竹枝 (20)	『恩誦堂集續集』 詩・卷一
48	趙冕鎬(1804~1887)	竹枝 (3)	『玉垂集』 卷之一
		竹枝 (3)	『玉垂集』 卷之一
		倣甕社竹枝 (3)	『玉垂集』 卷之九
		鎭嘉竹枝 (10)	『玉垂集』 卷之十
		端陽絶句 (5)	『玉垂集』 卷之二十二
		弘濟竹枝 (3)	『玉垂集』 卷之十一
		金官竹枝三疊贈權野樵在孝 (3)	『玉垂集』 卷之十七
		龍灣竹枝 (20)	『玉垂集』 卷之二十三
		機務竹枝 (3)	『玉垂集』 卷之二十三
		用竹枝韻又賦一絶 (1)	『玉垂集』 卷之二十三
		追補龍灣竹枝 (5)	『玉垂集』 卷之二十四
		竹枝 (15)	『玉垂集』 卷之二十五
		後竹枝 (3)	『玉垂集』 卷之二十五
		竹枝 (5)	『玉垂集』 卷之二十六
		續竹枝 (2)	『玉垂集』 卷之二十六
49	申錫愚(1805~1865)	伊珍竹枝 (20)	『海藏集』 卷之四
		平壤懷古 (17)	『海藏集』 卷之三
		邊門雜絶 (10)	『海藏集』 卷之十五
50	張之琬(1806~1856)	平壤竹枝詞 (85)	『平壤竹枝詞』

51	姜溍(1807~1858)	帶方竹枝 (5)	『對山集』卷之二
		阿珍竹枝 (5)	『對山集』卷之二
52	朴珪壽(1807~1877)	江陽竹枝詞 (13)	『瓛齋集』卷之一
53	朴永輔(1808~1872)	瀛寰竹枝詞 (1000)	미상
		燕行雜言 (100)	『燕槎小草』
54	高聖謙(1810~1886)	漢城樂府二十八絶 (28)	『甪里集』卷之四
55	尹濟奎(1810~1879)	浿江竹枝詞 (11)	『扔堂遺稿』
		平壤雜詠 (13)	『扔堂遺稿』
		平壤雜節 (13)	『扔堂遺稿』
56	尹廷琦(1814~1879)	金陵竹枝詞 (25)	『舫山遺稿』
57	李裕元(1814~1888)	異域竹枝詞 (30)	『嘉梧藁略』冊一
		臨瀛竹枝詞 (10)	『嘉梧藁略』冊三
		岐城竹枝詞 (20)	『嘉梧藁略』冊五
58	姜瑋(1820~1884)	薊州雜絶 (4)	『古歡堂收艸詩稿』卷之十三
59	朴致馥(1824~1894)	戲作金陵竹枝詞十二章送許士咸烒赴崇善殿祠官之任 (12)	『晩醒集』卷之二
60	金綺秀(1831~1894)	龍灣竹枝 (25)	미상
61	金奭準(1831~1915)	和國竹枝詞 (22)	『紅藥樓詩集』
62	金允植(1835~1922)	歸川紀俗詩 (20)	『雲養集』卷之一
		松京雜絶 (12)	『雲養集』卷之三
		東京雜絶 (10)	『雲養集』卷之六
		西京雜絶 (4)	『雲養集』卷之六
63	徐應潤(1837~1897)	竹枝詞 (2)	『徐孺子文集』
64	李壽瀅(1837~1908)	西洲雜絶 (5)	『曉山文集』卷之二
		寧州雜絶 (7)	『曉山文集』卷之二
65	鄭東植(1850~1910)	竹枝詞 (1)	『慕隱先生文集』
66	張錫英(1851~1929)	竹枝詞一闋和贈宋致車 (1)	『晦堂集』
67	崔永年(1856~1935)	海東竹枝 (560)	『海東竹枝』
68	鄭載星(1863~1941)	擬賦娥林竹枝詞六十八章 (68)	『荀齋先生文集』
69	孔學源(1869~1939)	竹枝詞 (3)	『道峯先生遺集』
70	李垕(1870~1934)	南海竹枝詞九絶 (9)	『朗山先生文集』

71	李根洙(18??~18??)	西京竹枝詞 (8)	『守庵集』
72	崔東泰(?~?)	效竹枝詞體贈盧竹農 (20)	『日溪先生文集』
73	權宅容(1903~1987)	大坪竹枝詞 (12)	『惕窩先生文集1』
74	趙時琢(?~?)	竹枝詞 (1)	『閭巷文學叢書10』·『風謠續選』卷五
75	李容根(?~?)	烏飛村竹枝詞 (3)	미상

참고문헌

1. 자료
(한국 자료)
姜樸, 『菊圃集』; 『한국문집총간』續70, 한국고전번역원, 2008.
姜浚欽, 『三溟詩集』; 『한국문집총간』續110, 한국고전번역원, 2010.
姜溍, 『對山集』; 『한국문집총간』續128, 한국고전번역원, 2011.
姜必愼, 『慕軒集』; 『한국문집총간』續68, 한국고전번역원, 2008.
權宅容, 『惕窩先生文集1』; 景仁文化社, 1999.
金九容, 『惕若齋學吟集』; 『한국문집총간』6, 민족문화추진회, 1988.
金德承, 『少痊集』; 『한국문집총간』續26, 민족문화추진회, 2006.
金孟性, 『止止堂詩集』; 『한국문집총간』續1, 민족문화추진회, 2005.
金尙翼 등, 『兩都八道民隱詩』; 한국학중앙연구원 장서각 소장본.
金錫冑, 『息庵遺稿』; 『한국문집총간』145, 민족문화추진회, 1996.
金時敏, 『東圃集』; 『한국문집총간』續62, 한국고전번역원, 2008.
金時習, 『梅月堂集』; 『한국문집총간』13, 민족문화추진회, 1988.
金允植, 『雲養集』; 『한국문집총간』328, 민족문화추진회, 2004.
金濟學, 『龜菴集』; 국립중앙도서관 소장본.
金宗直, 『佔畢齋集』; 『한국문집총간』12, 민족문화추진회, 1988.
金進洙, 『碧蘆集』; 세종대왕기념사업회.
朴珪壽, 『瓛齋集』; 『한국문집총간』312, 민족문화추진회, 2003.
朴趾源, 『燕巖集』; 한국고전번역원.
朴致馥, 『晩醒集』; 『한국문집총간』續136, 한국고전번역원 2012.
范慶文, 『儉巖山人詩集』; 『한국문집총간』續94, 한국고전번역원, 2010.
徐居正, 『四佳集』; 『한국문집총간』10~11, 민족문화추진회, 1988.
成俔, 『虛白堂集·虛白堂風雅錄』; 『한국문집총간』14, 민족문화추진회, 1988.
成海應, 『研經齋全集』; 『한국문집총간』273~279, 민족문화추진회, 2001.
申光洙, 『石北集』; 『한국문집총간』231, 민족문화추진회, 1999.
申國賓, 『太乙菴集』; 『한국문집총간』續88, 한국고전번역원, 2009.
申錫愚, 『海藏集』; 『한국문집총간』續127, 한국고전번역원, 2011.
申維翰, 『靑泉集』; 『한국문집총간』200, 민족문화추진회, 1998.

申翊全, 『東江遺集』; 『한국문집총간』105, 민족문화추진회, 1996.
申佐模, 『澹人集』; 『한국문집총간』309, 민족문화추진회, 2003.
申 欽, 『象村稿』; 『한국문집총간』71~72, 민족문화추진회, 1988.
白文寶, 『淡庵逸集』; 『한국문집총간』3, 민족문화추진회, 1996.
安 軸, 『謹齋集』; 『한국문집총간』2, 민족문화추진회, 1996.
柳得恭, 『泠齋集』; 『한국문집총간』260, 민족문화추진회, 2000.
俞好仁, 『㵢谿集』; 『한국문집총간』15, 민족문화추진회, 1988.
尹廷琦, 『東寰錄』; 한국학중앙연구원 장서각 소장본.
＿＿＿, 『舫山遺稿』;(林熒澤,『茶山學團 文獻集成3』, 成均館大學校 大東文化硏究院, 2008.)
尹新之, 『玄洲集』; 『한국문집총간』續20, 민족문화추진회, 2006.
李匡德, 『冠陽集』; 『한국문집총간』209, 민족문화추진회, 1998.
李圭景, 『五洲衍文長箋散稿』; 한국고전번역원.
李根洙, 『守庵集』; 景仁文化社, 1994.
李器之, 『一菴集』; 『한국문집총간』續70, 한국고전번역원 2008.
李德懋, 『靑莊館全書』; 『한국문집총간』259, 민족문화추진회, 2000.
李晩秀, 『屐園遺稿』; 『한국문집총간』268, 민족문화추진회, 2001.
李 穡, 『牧隱藁』; 『한국문집총간』3, 민족문화추진회, 1996.
李睟光, 『芝峯類說』; 한국고전번역원.
李時恒, 『和隱集』; 『한국문집총간』續57, 한국고전번역원, 2008.
李裕元, 『嘉梧藁略』; 『한국문집총간』315~316, 민족문화추진회, 2003.
李齊賢, 『益齋亂稿』; 『한국문집총간』2, 민족문화추진회, 1996.
李春元, 『九畹集』; 『한국문집총간』79, 민족문화추진회, 1988.
李學逵, 『洛下生集』; 『한국문집총간』290, 민족문화추진회, 2002.
李洪男, 『汲古遺稿』; 『한국문집총간』續2, 민족문화추진회, 2005.
李喜之, 『凝齋集』; 『한국문집총간』續62, 한국고전번역원, 2008.
張錫英, 『晦堂集』; 『한국문집총간』續149, 한국고전번역원, 2012.
張之琬, 『平壤竹枝詞』; 한국학중앙연구원 장서각 소장본.
鄭 栻, 『明庵集』; 『한국문집총간』續65, 한국고전번역원, 2008.
丁若鏞, 『與猶堂全書』; 『한국문집총간』281~286, 민족문화추진회, 2002.
鄭東植, 『慕隱先生文集』; 景仁文化社, 1990.
鄭夢周, 『圃隱集』; 『한국문집총간』5, 민족문화추진회, 1996.
鄭載星, 『荀齋先生文集1』; 景仁文化社, 1995.
鄭 誧, 『雪谷集』; 『한국문집총간』3, 민족문화추진회, 1996.
崔鳴吉, 『遲川集』; 『한국문집총간』89, 민족문화추진회, 1988.

趙文命,『鶴巖集』;『한국문집총간』192, 민족문화추진회, 1998.
曺文秀,『雪汀詩集』;『한국문집총간』續24, 민족문화추진회, 2006.
趙秀三,『秋齋詩稿』; 서울대학교 규장각 소장 필사본.
＿＿＿,『珍珠船襏存』; 연세대학교 소장본.
＿＿＿,『經畹總集』; 동국대학교 소장 필사본.
趙冕鎬,『玉垂集』;『한국문집총간』續125~126, 한국고전번역원, 2011.
趙榮順,『退軒集』;『한국문집총간』續89, 한국고전번역원, 2009.
曺 偉,『梅溪集』;『한국문집총간』16, 민족문화추진회, 1988.
曺夏望,『西州集』;『한국문집총간』續64, 한국고전번역원, 2008.
蔡濟恭,『樊巖集』;『한국문집총간』235~236, 민족문화추진회, 1999.
崔東泰,『日溪先生文集』; 景仁文化社, 1994
崔永年,『海東竹枝』; 民昌文化社, 1989.
許 筠,『惺所覆瓿藁』;『한국문집총간』74, 민족문화추진회, 1988.
＿＿＿,『國朝詩刪』, 서울대학교 규장각 소장 목판본.
許蘭雪軒,『蘭雪軒詩集』;『한국문집총간』67, 민족문화추진회, 1988.
黃 㾾,『漫浪集』;『한국문집총간』103, 민족문화추진회, 1996.
黃後榦,『夷峯集』;『한국문집총간』續76, 한국고전번역원, 2009.

『東文選』
『仝人詩詞』, 서울대학교 규장각 소장본.
林基中,『燕行錄叢刊』, 2016년 6차 개정증보판.
林榮澤,『李朝後期閭巷文學叢書』, 驪江出版社, 1986.
『三國史記』
『三國遺事』
『承政院日記』
『新增東國輿地勝覽』
『新編類聚大東詩林』
『朝鮮王朝實錄』

(중국 자료)
顧 光,『橘頌堂集』.
顧瑤光,『虎丘竹枝詞』.
瞿蛻園,『劉禹錫集箋證』, 上海古籍出版社, 1989.
屈大均,『翁山詩外』.
郭茂倩,『樂府詩集』(中華書局1991年版), 第八十一卷.

郭　翼, 『林外野言』.
林　芳, 『竹佃閒話錄』.
茅　維, 『東坡先生詩集注』.
白居易, 『白氏長慶集』.
師　範, 『金華山樵詩前後集·汎舟吟稿鈔』.
徐德諒, 『桂門詩鈔』.
徐世溥, 『楡溪詩鈔』.
石德芬, 『惺庵遺詩』.
蘇　轍, 『欒城集』.
宋　犖, 『燕石集』.
吳祖修, 『柳塘詩集』.
李　馥, 『滴水集』.
李　白, 『李太白文集』.
任半塘, 『唐聲詩』, 上海古籍出版社, 2006.
任　淵, 『山穀內集詩注』.
倪　瓚, 『倪雲林先生詩集』.
王士禎, 『帶經堂詩話』, 乾隆二十七年(1762)刻本.
王廷相, 『梁園風雅』.
袁宏道, 『瀟碧堂集』.
錢伯城, 『袁宏道集箋校』, 上海古籍出版社, 2008.
定晉岩樵叟, 『成都竹枝詞』, 嘉慶刊本.
張問安, 『亥白詩草』.
張　澍, 『養素堂詩集』.
張　潮, 『昭代叢書』.
朱彝尊, 『鴛鴦湖棹歌』, 乾隆年間刊本.
周霆震, 『石初集』.
何景明, 『大復山人詩集精華錄』.
許　楚, 『青岩詩集』.
何　采, 『南澗詞選』.
韓　愈, 『韓昌黎集』.
華鼎元, 『梓裏聯珠集』.
黃庭堅, 『山穀詩集』.

『都門匯纂』
『明史』

『史記』
『辭海』, 2020年 重刊本.
『山海經』
『宋金元明四朝詩, 禦選明詩』
『搜神後記』
『詩經』
『神仙傳』
『禦定全唐詩』
『全唐詩』
『全宋詞』
『中華全國風俗志』
『晉書』
『楚辭』

2. 번역서
강준흠(저)/민족문학사연구소 한문학분과(역), 『三溟詩話』, 소명출판, 2006.
김상익 등(저)/신익철, 김건곤, 조융희, 어강석(역), 『역주양도팔도민은시』, 한국학중앙연구원출판부, 2021.
유득공(저)/실시학사 고전문학연구회(역), 『역주 이십일도회고시』, 도서출판 푸른역사, 2009.
_____, 『영재 유득공의 영재집 1』, 학자원, 2019.
유만공(저)/임기중(역), 『우리세시풍속의 노래』, 집문당, 1993.
유몽인(저)/신익철, 이형대, 조융희, 노영미(역), 『於于野談』, 돌베개, 2006.
허난설헌(저)/김지용(역), 『歷代女流漢詩文選』, 大洋書籍, 1975.
홍석모(저)/이관성(역), 『달빛아래 연경에서 노닐며』, 도서출판 문진, 2010.

3. 단행본
(한국 단행본)
김경숙, 『조선 후기 서얼문학 연구』, 소명출판, 2005.
김명순, 『조선 후기 한시의 민풍 수용 연구』, 보고사, 2005.
박혜숙, 『형성기의 한국악부시 연구』, 한길사, 1991.
신장섭, 『석북 신광수와 〈관서악부〉 연구』, 북스힐, 2008
_____, 『한국의 악부시와 작품 세계』, 이치, 2008.
심경호, 『한국문화』 2, 서울대학교 한국문화연구소, 1981.
안대희, 『18세기 한국 한시사 연구』, 소명출판, 1999.

장동익, 『元代麗史資料集錄』, 서울대출판부, 1997.
조동일, 『한국문학통사』, 『지식산업사』, 1989.
조융희, 『조선 중기 한시 비평론』, 한국문화사, 2003.
지영재, 『서정록을 찾아서』, 푸른역사, 2003.

(중국 단행본)
季羨林, 『談國學』, 華藝出版社, 2008.
顧炳權, 『上海洋場竹枝詞』, 上海書店, 1996.
丘良壬, 潘超, 孫忠銓, 丘進, 『中華竹枝詞全編』, 北京出版社, 2007.
雷夢水, 潘超, 孫忠銓, 鍾山, 『中華竹枝詞』, 北京古籍出版社, 1997.
孫 傑, 『竹枝詞發展史』, 上海人民出版社, 2014.
翁聖峰, 『清代臺灣竹枝詞之研究』, 臺北·文津出版社, 1996.
王利器, 王慎之, 王子今, 『歷代竹枝詞』, 陝西人民出版社, 2003.
王輝斌, 『唐後樂府詩史』, 黃山書社, 2010.
錢鐘書, 『談藝錄』, 中華書局, 1986.

4. 논문
(한국 논문)
구순순, 「竹枝詞發展的重要裏程碑 元代楊維禎等著〈西湖竹枝集〉研究」, 『동양예학』 제30집, 동양예학회, 2013.
권진옥, 「陶菴 李縡의 「代李太白魂誦傳竹枝詞」 일고」, 『고전과 해석』 제23집, 고전문학한문학연구학회, 2017.
김덕수, 「택당 이식의 한시 비평 양상 -『설정시집』 소재 시비평을 중심으로」, 『韓國漢詩研究』 제9권, 한국한시학회, 2001.
김상조, 「靑泉 申維翰의 일본 인식과 雨森芳州 이해」, 『영주어문』 제23집, 영주어문학회, 2012.
김명순, 「朝鮮後期 紀俗詩 연구 : 聯作型 紀俗詩를 중심으로」, 경북대학교 박사학위논문, 1996.
김성진, 「이학규의 〈금관죽지사〉 연구」, 『문창어문논집』 26권, 문창어문학회, 1989.
김영숙, 「조선 후기 악부의 유형적 연구」, 『어문학』 44·45합집, 한국어문학회, 1984.
김영죽, 「秋齋 趙秀三의 「外夷竹枝詞」 소고」, 『민족문학사연구』 제36집, 민족문학사학회, 2008.
_____, 「秋齋 趙秀三의 燕行詩와 「外夷竹枝詞」」, 성균관대학교 박사학위논문, 2008.
_____, 「秋齋의 紀俗에 대한 관심과 기록 -「歲時記」, 「上元竹枝詞」를 중심으로-」, 『반교어문연구』 제24집, 반교어문학회, 2008.

김영죽,「秋齋 趙秀三의 竹枝詞類 創作에 대한 一考察」,『한문학보』제21집, 우리한 문학회, 2009.
_____,「19세기 中人層知識人의 海外體驗一考: 碧蘆齋金進洙의 燕行과「燕京雜詠」을 중심으로」,『韓國漢文學硏究』제48집, 한국한문학회, 2011.
_____,「조선 후기 竹枝詞를 통해본 18, 19세기 중인층 지식인의 他者인식 -조선 후기 胥吏 출신 秋齋 趙秀三의 竹枝詞類 작품 연구를 중심으로」,『한문학보』, 우리한문학회 제24집, 2011.
_____,「韓國 竹枝詞 資料 集成의 필요성과 의미-그 방법론을 겸하여」,『한문고전연구』제40집, 한국한문고전학회(구 성신한문학회), 2020.
김용태,「옥수 조면호의 '기속시' 연구」,『동방한문학』제24권, 동방한문학회, 2003.
_____,「玉垂 趙冕鎬의 시문학에 담긴 開港 10년」,『고전과 해석』제1집, 고전문학한문학연구학회, 2006.
김원모,「19세기 韓英 航海文化交流와 朝鮮의 海禁政策」,『文化史學』제21호, 한국문화사학회, 2004.
김은정,「玄洲 尹新之의 생애와 시문학 연구」,『韓國漢詩硏究』17권, 한국한시학회, 2009.
김지용,「丁茶山 文學의 詩語에 대한 一考察」,『어문연구』제71회, 한국어문교육연구회, 1989.
김현주,「中唐 劉禹錫 詞의 내용 분석」,『세계문학비교연구』제29집, 세계문학비교학회, 2009.
맹영일,「기속시를 통해 본 18C 민간생활상 - 菊圃 姜樸과 慕軒 姜必愼의 기속시를 중심으로」,『漢文學論集』제31집, 근역한문학회, 2010.
박은옥,「竹枝詞의 한,중 비교 연구」,『한국음악사학보』제47집, 한국음악사학회, 2011.
박인성,「唐代 竹枝詞 板論」,『중국어문논총』제23집, 중국어문연구회, 2002.
_____,「北宋代 竹枝詞 內容考 - 唐代 竹枝詞와의 비교를 겸하여」,『중국어문논총』제24집, 중국어문연구회, 2003.
박종훈,「徐振의「朝鮮竹枝詞」에 보이는 朝鮮認識」,『溫知論叢』제29집, 온지학회, 2011.
_____,「淸 柏葰의〈朝鮮竹枝詞〉에 드러난 朝鮮認識」,『한국언어문화』제44집, 한국언어문화학회, 2011.
백원철,「「金官紀俗詩」연구」,『한국한문학연구』13권, 한국한문학회, 1990.
박혜민,「조선 후기 유럽에 대한 지리적 상상력 -〈외이죽지사〉와〈이역죽지사〉를 중심으로」,『洌上古典硏究』제49집, 열상고전연구회, 2016.
신익철,「18~19세기 연행사절의 북경 천주당 방문 양상과 의미」,『敎會史硏究』, 06,

　　　　　 한국교회사연구소, 2014.
신익철, 「18-19세기 한국과 대만의 죽지사 창작 양상에 대하여」, 從『全臺詩』到全臺詩-國際學術硏討會論文集, 國立臺灣文學館, 2020.
양　령, 「金進洙의 「燕京雜詠」과 得興의 「都門竹枝詞」·「京都竹枝詞」 비교 연구」, 『장서각』 제46집, 한국학중앙연구원, 2021.
양뢰뢰, 「徐振의 朝鮮竹枝詞에 나타난 實境의 풍격」, 『인문과학논집』 제22집, 강남대학교 인문과학연구소, 2011.
양훈식, 「阮攸의 蒼梧竹枝歌 연구」, 『국제어문』 제82집, 국제어문학회, 2019.
여승환, 「淸末 上海竹枝詞에 표현된 上海 京劇戱園의 공연활동 특징」, 『中國文學硏究』 제57집, 한국중문학회, 2014.
유영혜, 「申佐模의 倣關西樂府體, 寄按使韓柳下 연구」, 『동방한문학』 64권, 동방한문학회, 2015.
윤재환, 「日帝强占期 新聞 所載 漢詩의 性格 -『朝鮮日報』와 『東亞日報』所載 懷古 漢詩를 中心으로」, 『일본학연구』 제38집, 단국대학교 일본연구소, 2013.
＿＿＿, 「18세기 전반 燕行錄에 나타난 뒤얽힌 인식과 下民의 묘사」, 『韓民族語文學』 제85집, 한민족어문학회, 2019.
이동환, 「조선후기 漢詩에 있어서 민요취향의 擡頭: 조선후기 漢文學의 역사적 변화의 一局面」, 『韓國漢文學硏究』 제3집, 1978.
이은주, 「평양 죽지사의 새로운 모색 張之琬과 金濟學의 작품을 중심으로」, 『규장각』 제56집, 규장각한국학연구원, 2020.
이제희, 「韓國竹枝詞 硏究」, 인하대학교 석사학위논문, 2001.
이종묵, 「16-17세기 漢詩史 연구-시풍의 변화 양상을 중심으로」, 『정신문화연구』, 23권 4호, 정신문화연구, 2000.
이철희, 「방산 윤정기의 기행시에 나타난 두 가지 경향 - 역사유적의 경물화와 비애의 서정화」, 『한문고전연구』 제19권, 한국한문고전학회, 2009.
임영길, 「금령 朴永輔『燕槎小草』 연구」, 『제5회 성균관대-남경대 연행록 국제학술대회』 발표자료집, 2022.
장효현, 「조선 후기 竹枝詞 연구」, 『한국학보』 제10집, 일지사, 1984.
＿＿＿, 「徐有英의 竹枝詞에 關한 고찰」, 『사회과학연구』 제4집, 호서대학교 사회과학연구소, 1985.
전수연, 「張之琬의 性靈論과 詩世界」, 『東洋古典硏究』 제3집, 동양고전학회, 1994.
전청순, 「朝鮮後期 日本竹枝詞 硏究」, 부산대학교 석사학위논문, 1998.
정생화, 「우동의 「朝鮮竹枝詞」에 대하여」, 『한국한문학연구』 제48집, 한국한문학회, 2011.
정은진, 「조선 후기 지식인의 暹羅[泰國]에 대한 관심과 문학적 형상화」, 『대동한문학』제46집, 대동한문학회, 2016.
최고경, 「조선 초기 '조선 죽지사' 연구」, 『한국한시연구』 제26집, 한국한시학회, 2018.
_____, 「조선 죽지사의 두보 「기주가」 변용 양상 연구」, 『인문과학연구』 제60집, 강원대학교 인문과학연구소, 2019.
하우봉, 「조선 후기 통신사행원의 일본 고학 이해」, 『日本思想』 제8호, 한국일본사상사학회, 2005.
황수연, 「杜機 崔成大의 民謠風 漢詩 硏究」, 연세대하교 박사학위논문, 2000.
황윤하, 「淸代 北京竹枝詞 硏究: 市井風俗을 중심으로」, 이화여자대학교 석사학위논문, 2011.

(일본 논문)
有井智德, 「朝鮮初期の徭役」, 『朝鮮學報』 30·31, 朝鮮學會, 1963.

(중국 논문)
吉文斌, 「依聲制辭──試論楊維楨首倡的西湖竹枝詞創作與〈西湖竹枝集〉的編錄」, 『蘭州學刊』, 第10期, 2012.
_____, 「古代巴楚〈竹枝〉的歌聲形態」, 『蘭州學刊』, 第11期, 2014.
羅 傑, 「比較文學視域下竹枝詞中的雲南少數民族形象書寫」, 『中國比較文學』, 第2期, 2017.
_____, 「關於竹枝詞比較文學形象學研究的思考」, 『南華大學學報(社會科學版)』, 第20卷, 第2期, 2019.
梁穎珠, 「論淸代竹枝詞之俗美特質」, 『廣西大學學報(哲學社會科學版)』, 第29卷, 2007.
_____, 「論淸代竹枝詞的題材創新」, 『閱讀與寫作』, 第3期, 2011.
_____, 「論淸代竹枝詞的文學價值」, 『廣西大學學報(哲學社會科學版)』, 第1期, 2014.
馬稚青, 「竹枝詞研究」, 『津逮季刊』, 1932.
莫秀英, 「從唐代到淸代文人竹枝詞題材內容的發展演變」, 『中山大學學報論叢』, 第2期, 2002.
範明英, 「巴渝竹枝詞的雅俗文化互動研究」, 『海南師範大學學報(社會科學版)』, 第11期, 2015.
傅如一, 張琴, 「宋代文人竹枝詞的變遷」, 『山西大學學報(哲學社會科學版)』, 第3期, 1994.
楊 穎, 「宋代文人竹枝詞題材內容分類研究」, 『黑龍江教育學院學報』, 第11期, 2009.
楊 玲, 「中韓竹枝詞比較研究」, 吉林大學 碩士學位論文, 2018.
嚴奇岩, 「從竹枝詞看淸代貴州民族家庭中的女性角色」, 『湖北民族學院學報(哲學社會科學版)』, 第3期, 2010.

葉 曄, 「竹枝詞的名_實問題與中國風土詩歌演進」, 『中國社會科學』, 2014.
_____, 「'效體'誤讀與高麗朝鮮詞的另一種活力」, 『國學學刊』, 第2期, 2021.
伍聯群, 「論唐宋文人竹枝詞的新變」, 『齊齊哈爾大學學報(哲學社會科學版)』, 第1期, 2011.
吳玲玲, 「從竹枝詞看貴州清代酒文化(一)」, 『牡丹江大學學報』, 第1期, 2020.
熊 篤, 「竹枝詞源流考」, 『重慶師範大學學報(哲學社會科學版)』, 第1期, 2005.
曹順慶, 曾詣, 「比較詩學如何開創新格局」, 『西南民族大學學報(人文社科版)』, 第8期, 2016.
趙 妍, 「比較文學視野下的中韓樂府詩研究」, 中央民族大學 博士學位論文, 2010.
李良品, 「竹枝詞源流考」, 『重慶教育學院學報』, 第4期, 2000.
李肖銳, 「清代竹枝詞類組詩研究」, 蘇州大學 碩士學位論文, 2017.
王慎之, 王子今, 「清人竹枝詞所見女軍史料研究(上)」, 『中華女子學院學報』, 第4期, 1997.
_____, 「清人竹枝詞所見女軍史料研究(下)」, 『中華女子學院學報』, 第1期, 1998.
王 忠, 「元末〈竹枝詞〉的繁榮及其文化意蘊」, 『中州學刊』, 第4期, 1999.
王輝斌, 「楊維楨與元末西湖竹枝酬唱」, 『重慶教育學院學報』, 第1期, 2011.
魏素素, 「元代西湖詩詞文研究」, 浙江工業大學 碩士學位論文, 2019.
張 琴, 「論唐代文人竹枝詞」, 『山西大學師範學院學報(綜合版)』, 第1期, 1993.
田永紅, 「巴人竹枝詞源流及其藝術特色(上)」, 『銅仁學院學報』, 第3期, 2007.
_____, 「巴人竹枝詞源流及其藝術特色(下)」, 『銅仁學院學報』, 第4期, 2007.
鄭俊華, 林晨辰, 「從竹枝詞看明清浙江瀕海民生——以海洋漁業爲中心」, 『浙江海洋大學學報(人文科學版)』, 第4期, 2020.
趙 舒, 「論〈竹枝詞〉的源流及雅化」, 紀念辛棄疾誕生870周年"辛棄疾與詞學"國際學術論壇論文集, 2010.
朱易安, 「清代中期竹枝詞的市井化趨向及其意義」, 『複旦學報(社會科學版)』, 第1期, 2016.
_____, 「論清代竹枝詞創作範式轉變與地位提升」, 『文藝理論研究』, 第2期, 2017.
周維強, 「縱有微風吹不亂 青山織在浪花中——楊維楨與〈西湖竹枝詞〉」, 『西湖』, 第2期, 2005.
曾羽霞, 「〈九歌〉傳統與唐代〈竹枝詞〉」, 『湖北師範大學學報(哲學社會科學版)』, 第2期, 2019.
陳正平, 「巴渝〈竹枝歌〉與文人擬作的〈竹枝詞〉」, 『達縣師範高等專科學校學報』, 第3期, 2002.
齊柏平, 「竹枝研究及其理論構建」, 『音樂藝術』, 第4期, 2020.

彭延波, 「從淸代土家族竹枝詞中看音樂藝術之美」, 『北方音樂』, 第24期, 2009.
彭恩, 吳建勤, 「從淸朝鄂西土家文人竹枝詞看土家族婚俗」, 『涪陵師範學院學報』, 第6期, 2006.
夏田嬌, 「18, 19世紀中韓竹枝詞的比較硏究」, 曲阜師範大學 碩士學位論文, 2017.
向柏松, 「巴人竹枝詞的起源與文化生態」, 『湖北民族學院學報(哲學社會科學版)』, 第1期, 2004.
胡懷琛, 「辨竹枝詞非詠風俗」, 『小說世界』, 1926.
花宏豔, 「〈申報〉洋場竹枝詞考論」, 『暨南學報(哲學社會科學版)』, 第9期, 2018.
黃崇浩, 「'竹王崇拜'與〈竹枝詞〉」, 『黃岡職業技術學院學報』, 第1期, 1999.
黃昌英, 「淸代宋慶常〈石阡竹枝詞〉的史料價値硏究」, 貴州師範大學 碩士學位論文, 2021.
黃賢忠, 「巴渝竹枝詞內涵三論」, 『湖北民族學院學報(哲學社會科學版)』, 2016.

찾아보기

ㄱ

가실왕(嘉悉王) 245
갑신정변(甲申政變) 176
강박(姜樸) 131, 132, 182, 184, 186, 188, 256
강서시파(江西詩派) 78
강준흠(姜浚欽) 131, 142, 190
강진(姜溍) 119, 121, 137, 173, 243
강필신(姜必愼) 131, 132, 182, 184, 186, 188
고린(顧璘) 55
고병(高棅) 99
고요광(顧瑤光) 30, 35
고증학(考證學) 11, 31
고황(顧況) 82, 91
곽무천(郭茂倩) 35
곽익(郭翼) 45
곽충룡(郭翀龍) 60
광의적 죽지사 41~45, 48~52, 54~58, 123, 135, 139, 272
국한문체(國漢文體) 269
굴대균(屈大均) 32
굴원(屈原) 26, 27, 60, 79, 110, 150
권택용(權宅容) 117, 154, 168, 243

권필(權韠) 83~85, 100, 104, 111, 150, 151, 275
권한공(權漢功) 63, 130, 191
기윤(紀昀) 47
김가기(金可紀) 147
김계운(金繼運) 220
김구용(金九容) 130
김기수(金綺秀) 137
김덕승(金德承) 83, 84, 95, 96
김려(金鑢) 119, 121, 182, 186
김맹성(金孟性) 15, 70, 72, 73, 75, 158, 232
김부식(金富軾) 245
김상익(金向翼) 134
김상헌(金向憲) 147
김상헌(金尚鉉) 147, 234, 250
김석주(金錫冑) 190, 197, 198
김석준(金奭準) 112, 218, 220, 223, 224, 232~234, 241, 243, 250
김시민(金時敏) 56, 232
김시습(金時習) 70, 79, 81, 160, 232, 274
김윤식(金允植) 116, 118, 190
김제학(金濟學) 122, 124, 190, 196

김종직(金宗直) 12, 15, 36, 68~76, 80, 111, 125, 140, 157, 158, 160, 200, 232, 274
김진수(金進洙) 14, 113, 122, 124, 146, 211, 212, 215, 216, 228, 241, 243, 250
김창업(金昌業) 190, 197

ㄴ

남병길(南秉吉) 250
남조국(南朝國) 48
노공(路工) 253
뇌홍희(賴洪禧) 56

ㄷ

당시풍(唐詩風) 15, 59, 85, 98, 106, 126, 275
두대경(杜臺卿) 65
득여(得輿) 29

ㅁ

목대흠(睦大欽) 28, 83, 84
문교(文敎) 216, 217
문필진한・시필성당(文必秦漢・詩必盛唐) 97
민사평(閔思平) 60

ㅂ

박규수(朴珪壽) 119, 121, 177, 201, 205, 243, 244, 246, 261
박영보(朴永輔) 211, 241
박제가(朴齊家) 112, 113, 147, 211

박지원(朴趾源) 134, 246
박치복(朴致馥) 119, 121, 122, 201, 207, 243
반정균(潘庭筠) 142
방개(龐塏) 55
방외인 83, 104, 148, 151, 155, 156, 275, 278
백거이(白居易) 67, 82, 85, 86, 88, 91, 106, 107, 153
백문보(白文寶) 64, 130
범경문(範慶文) 106, 112, 139, 153, 182~184
범성대(範成大) 82, 131
병자호란(丙子胡亂) 196, 214
북학파(北學派) 217, 246, 270, 280

ㅅ

사대교린(事大交隣) 209
사범(師範) 56
사행 체험 156, 278, 279
산유화(山有花) 136, 258, 259
삼당시인(三唐詩人) 98
상령(湘靈) 80, 81
서거정(徐居正) 68, 69, 79, 125, 191, 273
서덕량(徐德諒) 28
서보광(徐葆光) 114
서세부(徐世溥) 46
서유영(徐有英) 14, 116, 122, 125
서종태(徐宗泰) 190, 197
서진(徐振) 114
서호수(徐浩修) 113

석덕분(石德芬) 47
석원관(釋圓觀) 82, 85, 88
설장수(偰長壽) 65, 130
성리학(性理學) 64, 223, 246, 280
성해응(成海應) 243, 248
성현(成俔) 70, 79, 80, 160, 161, 232, 274
소구(蕭璆) 62
소상(蘇庠) 80
소상(瀟湘) 81
소식(蘇軾) 11, 24, 26, 27, 31, 32, 60, 76, 78, 79, 82
소왕(昭王) 147
소중화(小中華) 146, 147, 148, 223, 225, 230, 278, 279
소지왕(炤智王) 185, 256, 257
소철(蘇轍) 28, 82
손광헌(孫光憲) 34, 82, 90, 94
손연창(孫燕昌) 253
송경(宋褧) 27
송순기(宋淳夔) 251
송진익(宋晉翼) 154
수로왕(首露王) 203, 208, 257
순(舜) 26, 27, 79, 81
숭명의리(崇明義理) 147, 214, 217
숭정제(崇禎帝) 147
신광수(申光洙) 38, 52, 118, 121, 124, 141, 190, 193, 199
신국빈(申國賓) 132, 152, 201, 242~244
신상(申恦) 83, 84
신석우(申錫愚) 119, 121, 137, 170, 173, 177, 178, 190, 196, 243
신위(申緯) 147
신유한(申維翰) 38, 112, 146, 218, 219, 221, 222, 241, 243
신좌모(申佐模) 142, 190, 195
신진사류(新進士類) 71, 75, 126
신후재(申厚載) 152
신흠(申欽) 83~85, 100, 102, 104, 148, 149, 150, 275
실학(實學) 11, 31

ㅇ

아황(娥皇) 60, 80, 81, 110
안응덕(安應德) 250
안축(安軸) 36, 130
양만리(楊萬裏) 82
양사홍(楊士弘) 99
양유정(楊維楨) 11, 62, 253
양작(楊焯) 27
양화도(楊花渡) 84, 100, 104, 107, 131, 151, 166
어곡(於鵠) 66
여영(女英) 60, 80, 81, 110
연행죽지사 113, 210, 212, 213, 217, 230, 279
염거상(冉居常) 82
염복(閻復) 62
엽일진(葉日蓁) 56
영남 사림파(嶺南士林派) 6, 12, 14, 15, 59, 68~71, 74, 79, 82, 83, 104, 111, 115, 118, 125, 126, 130, 200, 258, 274~276, 281

예찬(倪瓚) 27
오경석(吳慶錫) 220
오조수(吳祖修) 33
왕구(王構) 62
왕몽두(汪夢斗) 55
왕보심(王葆心) 253
왕사정(王士禎) 30
왕인(王仁) 224, 225
왕정상(王廷相) 97
왕집(汪楫) 114
왕증익(王曾翼) 46
왕질(王質) 82
외국죽지사 97, 111, 113~115, 126, 140, 209, 210, 217, 228~230, 234, 241, 276, 279, 281
요(堯) 81, 282
요수(姚燧) 62
우동(尤侗) 39, 114, 228, 234
우집(虞集) 61, 62
원굉도(袁宏道) 46
원명선(元明善) 61
유길준(俞吉濬) 269
유득공(柳得恭) 112, 113, 122, 123, 142, 143, 182, 190, 191, 202~204, 211, 212, 221
유리왕(儒理王) 245, 246
유만공(柳晚恭) 112, 186, 250
유비(劉備) 88
유상운(柳尙運) 197
유선(儒仙) 77, 140
유우석(劉禹錫) 5, 11, 24, 25, 30~32, 40, 47, 60, 66, 67, 81, 82, 85~88, 90~93, 96
유종원(柳宗元) 96
유호인(俞好仁) 28, 55, 70, 75, 76, 78~80, 126, 131, 140, 159, 166, 177, 200, 232, 233, 255
육유(陸遊) 131
육차(陸次) 34
윤근수(尹根壽) 99
윤득우(尹得雨) 134
윤신지(尹新之) 83, 84, 90~92, 98, 99, 162
윤예(尹藝) 48
윤정기(尹廷琦) 116, 117, 164, 169, 170, 179, 201, 207, 243, 260
윤정현(尹定鉉) 250
윤제규(尹濟奎) 190
윤치겸(尹致謙) 113
윤희구(尹喜求) 251
음악성 32~37, 39, 40, 271, 272
음차(音借) 254, 259, 270, 281
음향각주인(吟香閣主人) 253
의고파(擬古派) 85, 97~100, 275
이고위신(以故爲新) 78
이경호(李景祜) 134
이광덕(李匡德) 28, 108, 232, 237, 239
이규경(李圭景) 174
이근수(李根洙) 123, 124, 164, 190, 196
이기지(李器之) 211, 214
이덕무(李德懋) 37, 52, 54, 123, 220
이노준(李魯俊) 121

이민성(李民宬) 83, 84, 96, 97, 209
이방헌(李邦獻) 82
이백(李白) 103, 107, 108, 149, 150, 237
이복(李複) 32, 35, 82
이비(二妃) 60, 110, 233
이사금(尼師今) 245, 246
이상적(李尙迪) 112, 218, 220, 223
이색(李穡) 64, 130, 171
이서우(李瑞雨) 210, 213, 214
이섭(李涉) 82, 85~87, 95
이시항(李時恒) 143, 190
이식(李植) 102
이식(李埴) 82
이유원(李裕元) 53, 54, 119, 120, 137, 153, 218, 221, 226, 227, 243
이재(李縡) 28, 37, 108~110, 232, 237, 239
이정(李定) 69
이정구(李廷龜) 102, 147
이정산(李靜山) 46
이제현(李齊賢) 12, 60~62, 111, 129, 137, 273
이지연(李止淵) 211
이춘원(李春元) 83, 84, 92, 162
이학규(李學逵) 112, 119, 120, 135, 136, 144, 167, 168, 177, 179, 182, 201, 204, 242
이해(李楷) 56
이홍남(李洪男) 83~85, 100, 102, 104, 126, 131, 150, 166, 177, 178, 242, 244, 275

이후(李垕) 243
이희지(李喜之) 51, 115, 116, 151, 243
임인창(林麟焻) 114
임반당(任半塘) 30
임사홍(任士洪) 72
임진왜란(壬辰倭亂) 196, 255

ㅈ

장군철(張群哲) 141, 255
장길(蔣吉) 82
장문안(張問安) 47
장석영(張錫英) 154, 232, 240, 243
장시(蔣詩) 47
장양호(張養浩) 61
장유(張維) 99, 102
장주(張澍) 48
장지완(張之琬) 112, 123, 124, 190, 243, 259, 282
전후칠자(前後七子) 275
정동식(鄭東植) 116, 118, 232, 236
정영위(丁令威) 77
정만조(鄭萬朝) 251
정백이(程百二) 113
정식(鄭栻) 110, 232, 233
정약용(丁若鏞) 119, 120, 134~136, 190, 263
정재성(鄭載星) 117, 201, 208, 243, 249
정지상(鄭知常) 52, 53
정진암초수(定晉岩樵叟) 46
정팽(丁澎) 34

정포(鄭誧) 64, 130
정홍명(鄭弘溟) 99
조국박(曹國樸) 55
조두순(趙斗淳) 250
조맹부(趙孟頫) 61, 62
조면형(趙冕衡) 251
조면호(趙冕鎬) 29, 116, 117, 122~124, 136, 137, 143, 144, 173~177, 182, 190, 200~202, 243, 257, 263
조문명(趙文命) 190, 198, 199
조문수(曺文秀) 83~86, 92~95, 99, 106, 162
조선시(朝鮮詩) 134, 135
조선풍(朝鮮風) 12, 59, 115, 126, 134, 276
조수삼(趙秀三) 14, 112, 138, 182, 184, 211, 212, 215, 218, 221, 226, 242, 243, 247, 248
조시탁(趙時琢) 232
조영순(趙榮順) 163
조위(曺偉) 70, 74, 201
조위한(趙緯韓) 89
조하망(曺夏望) 106
존명반청(尊明排淸) 213, 230, 279
주이존(朱彝尊) 49, 50
주덕윤(朱德潤) 62
주정진(周霆震) 45
주희(朱熹) 42
죽지체(竹枝體) 41, 43, 55~57, 272
중서층(中庶層) 111~115, 126, 212, 276

지방지(地方志) 11, 47
진걸(陳傑) 82
진기(陳祁) 253
진시관풍(陳詩觀風) 130, 132, 134, 138
진옥참(陳玉轞) 34
진유숭(陳維崧) 34
진초(陳樵) 62

ㅊ

차등방(車騰芳) 56
창오(蒼梧) 81
채시(採詩) 129~132, 134~140, 155, 254, 277, 281
채시관풍(採詩觀風) 130, 139, 277
채제공(蔡濟恭) 121, 134
초원희(焦袁熹) 34
초회왕(楚懷王) 27, 60, 79
최동태(崔東泰) 155, 241
최명길(崔鳴吉) 83~86, 88, 89, 92, 162
최성대(崔成大) 118, 119
최영년(崔永年) 28, 53, 123, 124, 186, 243, 248, 250, 265, 268, 269
최치원(崔致遠) 77, 140, 147, 255
충선왕(忠宣王) 61~63

ㅌ

탕병룡(湯炳龍) 61
토가족(土家族) 5, 11

ㅍ

파초(巴楚) 5, 25, 36, 40, 58, 68, 70, 79, 82, 84~86, 89, 98, 105, 106, 121, 258, 271, 273~275, 277
풍이(馮夷) 80, 81
풍토시 42, 44, 45, 49, 51, 57, 58, 272

ㅎ

하경명(何景明) 97
하주(賀鑄) 82
하채(何采) 33, 34
한광조(韓光肇) 134
한자문화권(漢字文化圈) 12, 13, 21, 271
항안세(項安世) 82
항우(項羽) 26, 27, 60, 79
해약(海若) 80, 81
허겸(許謙) 61
허난설헌(許蘭雪軒) 83~90, 92, 93, 98, 111, 147, 161, 162, 274
허식(許烒) 122, 207
허왕후(許王后) 203, 257
허초(許楚) 27
허혼(許渾) 147
현석규(玄碩圭) 72
협의적 죽지사 41~43, 58
홍양호(洪良浩) 134
홍석모(洪錫謨) 211, 212, 215, 228
홍신유(洪愼猷) 112
홍지해(洪趾海) 134
홍현주(洪顯周) 147, 190, 196, 242
환골탈태(換骨奪胎) 78
황대림(黃大臨) 82
황보송(皇甫松) 34, 82
황성신문(皇城新聞) 269
황여헌(黃汝獻) 70, 79, 232, 234, 274
황자운(黃子云) 114
황정(黃霆) 253
황정견(黃庭堅) 31, 32, 35, 82, 107, 108, 237
황종현(黃鍾顯) 250
황호(黃㦿) 210, 214
황후간(黃後幹) 152, 232
훈차(訓借) 254, 258, 260, 268, 270, 281

양령(楊玲)

중국 호남성시대학교 중문학과 교수이며, 호남사범대학교 중문학과에서 포스트닥 프로그램을 진행 중이다. 호남사범대학교 한국어학과에서 학사 학위를 취득하였고, 길림대학교 한국문학전공에서 석사 학위를 취득하였다(재학기간 고려대학교에서 교환학생 프로그램 수료). 이후 한국학중앙연구원 한국학대학원 한문학과에서 박사 학위를 취득하였다. 주요 연구 분야는 중·한 고전문학 비교 연구이다.

한국 죽지사 연구

2025년 11월 28일 초판 1쇄 펴냄

저　자　양령(楊玲)
발행인　김흥국
발행처　보고사
책임편집　이소희
표지디자인　김규범
등록　1990년 12월 13일 제6-0429호
주소　경기도 파주시 회동길 337-15 보고사
전화　031-955-9797　　**전송**　02-922-6990
메일　bogosabooks@naver.com
http://www.bogosabooks.co.kr

ISBN 979-11-6587-947-1 93810
ⓒ 양령, 2025

정가 30,000원
사전 동의 없는 무단 전재 및 복제를 금합니다.
잘못 만들어진 책은 바꾸어 드립니다.